# 봉중근의
## 야구공 실밥 터지는 소리

관람석에서도 중계석에서도
절대 모르는 진짜 야구 이야기

# 봉중근의
## 야구공 실밥
## 터지는 소리

봉중근 · 최종선 지음

이덴슬리벨

봉중근 선수는 든든한 마무리 투수이면서 언제나 좋은 분위기를 만들어 주는 분위기메이커다. 늘 넉넉한 모습으로 후배들을 챙기고, 동료들을 독려하는 그가 있기에 얼마나 다행인지 모른다. 그런 그가 이번에는 자신이 걸어온 굴곡 많은 야구 인생과 팬들이 몰랐던 야구의 뒷이야기를 엮어 책으로써 팬들과 만나려고 한다. 이 책을 통해서 많은 팬이 야구를 좀 더 깊이 이해하고 가까워질 것이라고 생각하며, 2013년에는 그와 함께 LG의 신바람 나는 야구로 팬들의 성원에 보답하고 싶다.

― 김기태 감독

세월은 참 많은 것을 바꾼다. 혈기왕성했던 젊은 양준혁을 이제는 중년이 되어 야구인으로서 또 다른 삶을 준비하게 하였으니 말이다. 그래서일까? 야구팬들이 원하는 야구의 재미는 참으로 다양해진 것 같다. 스포츠에서 이제는 하나의 문화로 자리 잡아가고 있는 듯하다. 봉중근 선수의 흥미진진한 야구 이야기 《봉중근의 야구공 실밥 터지는 소리》가 팬들이 원하는 새로운 야구의 재미를 알게 해주리라 생각한다.

― 양준혁

중근이 형과 나는 지금은 투수와 타자로 각자의 자리에 있지만, 서로의 자리에 대한 향수를 가졌다는 공통점이 있다. 야구 실력만큼이나 좋은 입담을 가진 그와 함께하는 자리는 언제나 유쾌하고, 즐거움의 연속이다. 이 책을 통해 내가 경험했던 그 즐거움이 여러 사람에게도 전달되기를 바란다.

― 추신수

야구 역사가 오래된 미국과 일본에는 야구와 관련된 많은 콘텐츠가 있다. 특히 출판 분야에서는 야구를 주제로 에세이, 소설, 경영, 처세와 같이 다양한 형태로 매우 큰 시장을 형성하고 있다. 이 책은 야구를 전문가와 팬의 입장에서 재미있고 독특하게 풀어냄으로써 야구를 즐기는 새로운 시각을 주리라 생각한다. 특히 야구공이라는 작은 매개체에서 시작해 야구가 지향하는 가치관, 경기의 미학, 선수들의 마음속 깊은 고민과 열정까지 재치 있게 풀어냄으로써 야구가 주는 감동과 즐거움을 생생하게 느끼게 해주고 있다. 모든 야구인이 바라는 팬들의 짜릿한 감동을 만들어내는 데 이 책이 반드시 좋은 영향을 주리라 확신한다.

— 박찬호

'야구공 실밥 터지는 소리'를 처음 들었을 때 나는 일단 한바탕 웃었다. 중근이 형다운 제목이었기 때문이다. 언제나 즐겁게 야구를 하고 싶어하는 나에게 형의 넉살과 위트는 야구 실력 외에도 내가 부러워하는 부분이었다. 이 책을 읽다가 꽤 많은 사람이 웃다 지쳐 옆구리가 살짝 터지지 않을까 걱정스럽다.

— 류현진

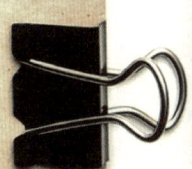

# Contents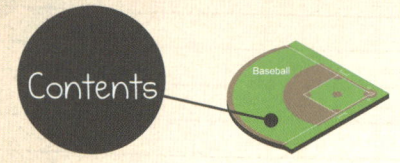

**프롤로그** 야구는 재미있는 놀이이다  10

## Chapter 01
### 봉중근의 야구 이야기

첫 메이저리그 등판  17
우연과 운명 사이  26
괴물 타자 or 괴물 투수  32
실패한 조기유학? 성공한 영재교육?  41
블루 저지에서 레드 저지로 갈아입다  47
타자 봉중근, 투수 추신수  55
별호 열전  61
- 봉중근 의사
- 봉타나
- 봉크라이
- 아이언봉
- 봉미미

 Bong's Baseball Story I  76

## Chapter 02
### 소년에서 청년으로

봉리버 여행기  81
미국에서 만난 죽마고우, 그리고 차별  84
세 가지 믿음  88
깜짝 놀란 그들의 재활훈련  93
장사 밑천을 마련하다  96
사랑의 전령 마이크 피아자  101

 영원한 서울 라이벌 I  104

## Chapter 03
### 야구에 관한 간단한 고찰

야구가 왜 야구에요?  109
세상 모든 재미를 담은 베이스볼  112
- 매력 1: 세상의 모든 스포츠가 담겨 있다
- 매력 2: 누구라도 공평하게 주인공이 되는 경기
- 매력 3: 야구는 인생의 축소판이다
- 매력 4: 숫자와 도형으로 보는 야구
- 매력 5: 끝까지 긴장을 늦출 수 없는 반전의 연속

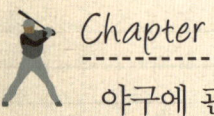

깊은 삶의 굴곡을 간직한 야구공이여… 129
여자들은 좋아하는데, 아내들은 왜 야구를 싫어할까? 136

## Chapter 04
### 야구공 실밥 터지는 소리

'야실소'의 탄생 141
WBC, 그리고 이치로 플래시 사건 141
숨길 수 없는 본능 '쿠세' 이야기 146
MC봉이 전하는 재미있는 사건 사고 151
- 차명석 어록
- 잠자는 신병 김태균
- 달력 보고 포크볼 배운 조정훈
- 음악다방 DJ 김시진
- 책 한 권에서 시작된 구대성의 투구 자세
- 투수 최동수? 최동원이 아니고?
- 이종범이라면 가능한 나 홀로 1구단

MC봉이 전하는 프로야구 10대 진기록 175
- 10위: 박충식의 1993년 한국시리즈 3차전 15회 완투
- 9위: 정경배의 연타석 만루 홈런
- 8위: 방수원의 한국 프로야구 최초의 노히트노런
- 7위: 최동원의 1984년 한국시리즈 4승
- 6위: 삼미슈퍼스타즈의 역대 최저 승률(1982년)
- 5위: 박철순의 세계 신기록 22연승 달성
- 4위: 선동열의 방어율 0.78
- 3위: 장명부의 시즌 최다 30승 36경기 완투
- 2위: 백인천의 4할 1푼 2리의 타율, 유일한 4할 타자
- 1위: 팔방미인 김성한은 10승 투수 3할 타자

책넘버, 등 너머 뒷이야기 202

## Chapter 05
### 봉중근의 먹이사슬
(Thank You & Sorry)

절대 약자와 절대 강자 209
투수와 타자, 그리고 노림수와 타이밍 210
- 최고의 골칫거리 노림수
- 투수와 타자의 야구 궁합?

나는 네가 지난 여름에 기다린 구질을 알고 있다 216
- 1위 박병호
- 2위 최정
- 3위 김태균

내 안에 너 있다! 나만 만나면 펄펄 나는 타자들　224
- 1위 김동주
- 2위 정근우
- 3위 홍성흔

봉중근의 기호 세계　229
- 상대팀
- 포수
- 구장
- 마운드
- 공

영원한 서울 라이벌 2　240

## Chapter 06
### 도대체 뭔 생각들일까?

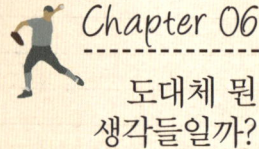

야구선수의 또 다른 모습　245
자, 퇴근 준비해라!　246
카메라에 불이 들어오면　249
더그아웃 착석 & 탈출의 유형　253
나만 아는, 선수들의 이런 모습 처음이야　257
- 류현진
- 최정
- 동안 외모에 마초적인 그들, 베이초 선수들
- 그 선수의 지독한 한글 사랑

야구 두 배로 재미있게 보는 방법　268

## Chapter 07
### 징글징글한 징크스 이야기

스포츠와 징크스　273
봉중근의 침묵 징크스　274
김성근 감독은 징크스의 본좌, 대부, 종결자!　277
박석민 선수의 한대화 감독 악수 징크스　280
손아섭 선수의 방망이 눈빛 교환 징크스　282
최동수 선수의 태극기 부적 징크스　283
김동주 선수의 사인 징크스　284
홍성흔 선수의 왕자 징크스　285
이종범 코치의 월드컵 징크스　286

영원한 서울 라이벌 3　288

## Chapter 08
### 봉중근이 존경하는 야구인

투수편　293
- 이상훈 선배님
- 선동열 감독님
- 류현진 투수
- 오승환 투수

타자편　296
- 박정태 코치님
- 김형석 선수
- 이대호 선수

감독편　299
- 김인식 감독님
- 김성근 감독님

**Bong's Baseball Story II**　304

## Chapter 09
### 나의 가족 나의 인생

오늘은 제가 포수입니다　309
무뚝뚝한 택시기사 아버지　313
내 삶의 4명의 여인　318
미리 보는 야구 뉴스　321
- 마무리로서 성공, 그리고 LG 우승
- 타자 봉중근
- 영구결번식
- 클럽 야구단 창단

**에필로그**　뜯어진 실밥을 꿰매며　328

프롤로그

# 야구는 재미있는 놀이이다

어느덧 우리나라의 프로야구 관람객 수가 700만을 넘어섰다.

인구 5천만의 작은 나라에서 야구장까지 몸소 찾아와서 돈을 내고 3시간은 족히 넘고 때로는 4시간이 넘도록 딱딱한 의자에 앉아서, 아니 필받으면 내내 일어서서 목이 터지라고 응원하는 사람들이 이리도 많아지다니 이게 무슨 조화일까? 시간과 장소의 제약으로 야구장을 찾지 못하고 텔레비전으로 시청하는 팬들까지 더한다면 그 숫자는 족히 2~3배까지는 올라갈 것이다.

야구라는 스포츠에 무슨 매력이 있어서 이리도 좋아하는 것일까? 야구를 하는 사람도 보는 사람도 묘한 마력에 빠져 흥분하게 만들고, 그 둘을 한 발 떨어져 바라보는 사람에게는 이해할 수 없는 광기까지도 느껴지게 하는 야구는 과연 무엇일까? 혹자는 인생이 담겨 있다고 하고, 혹자는 살벌한 비즈니스의 세계와 닮았다고 하며, 또 누군가는 사랑과 배신의 드라마틱한 이야기가 넘쳐나는 곳이라고 한다. 전쟁을 방불케 하는 수많은 전술과 전략, 상업과 스포츠가 어우러지는 최적의 궁합까지…… 야구에는 세상만사 모든 것이 담겨 있다. 한마디로 야구는 재미있는 놀이이다.

프롤로그

하나의 스포츠에 매력을 느끼고 빠져드는 가장 쉬운 방법은 직접 그 스포츠를 해보는 것이다. 그래야만 그 속에 숨어 있는 재미를 모두 느낄 수 있다. 하지만 야구는 실제로 경험을 해보기에는 기회가 매우 한정된 스포츠이다. 간단한 캐치볼조차 맘 놓고 던질 수 있는 곳이 많지 않다. 그럼에도 불구하고 이렇게 많은 사람이 관심을 두는 이유가 무엇일까?

롯데 자이언츠의 광팬이었던 어떤 여성팬의 이야기가 갑자기 생각난다. 그녀는 모든 게임을 무슨 방법을 써서라도 관람하는 사람이었다. 상황이 여의치 않다면 문자 중계라도 확인할 정도로 야구 마니아였다. 그런 그녀가 하루는 뜬금없는 질문을 했다.

"저…… 체인지업 뭐예요?"

이런, 체인지업이 뭐냐니! 물론 체인지업이 쉬운 용어는 아니다. 하지만 광팬이라 불릴 정도라면 삼첩반상에 몇 개의 반찬이 올라가는지 대답할 수 있을 정도의 쉬운 문제다. 그래서 다시 물었다.

"혹시 야구 규칙은 아세요?"

"음…… 어떻게 하면 점수 나는지 정도는 알아요."

어떻게 하면 점수가 나는 정도라는 건 쉽게 말해서 타자가 나가서 홈으로 들어오면 점수가 나는 걸 의미한다. 축구로 따지면 공이 골에 들어가면 점수가 나고, 씨름으로 치자면 모랫바닥에 자빠지면 진다는 정도의 수준이겠다.

물론 경기에 대해 얼마나 깊이 아는가보다 스포츠를 좋아한다는 열정이 더욱 중요할 것이다. 하지만 내가 사랑하는 야구라는 이 오묘한 세계는 알면 알수록 무궁무진한 재미가 있는 스포츠다. 이 책이 만들어진 이유는 바로 여기에 있다.

야구를 좋아하는 사람에게는 더욱 많은 재미를 주고, 야구를 모르는 사람에게는 야구를 좋아하게 만드는 것. 그래서 이 책은 야구를 너무나도 좋아하는 한 명의 팬과 야구를 목숨보다 소중하게 생각하는 너무나도 멋진 야구선수 봉중근이 나눈 이야기로 채워졌다.

어려운 야구 이야기가 아닌 쉽고 재미있는, 관람석과 중계석에서는 절대 알 수 없는 야구와 선수들의 이야기를 통해서 많은 사람들에게 또 다른 시점에서의 야구를 즐기고 사랑하게 하려고 한다. 또한 역사상 가장 많은 별호를 지닌 봉중근 선수의 짧지 않은 야구 인생을 통해 야구선수들의 애환과 기쁨을 이야기하려 한다.

당신은 열혈 야구팬인가? 아니면 야구 선수에게 관심 있는 팬인가? 그 어느 쪽이라도 좋다. 이 책을 보는 동안 야구라는 스포츠를 통해 잠시라도 세상의 복잡한 고민에서 벗어나 웃고, 감동할 수만 있다면 우리는 그것만으로도 만족한다.

자, 이제 우리와 함께 야구의 묘한 매력의 세계로 함께 빠져들어 보자.

"플레이 보오올~~~!"

chapter 01

# 봉중근의
# 야구
# 이야기

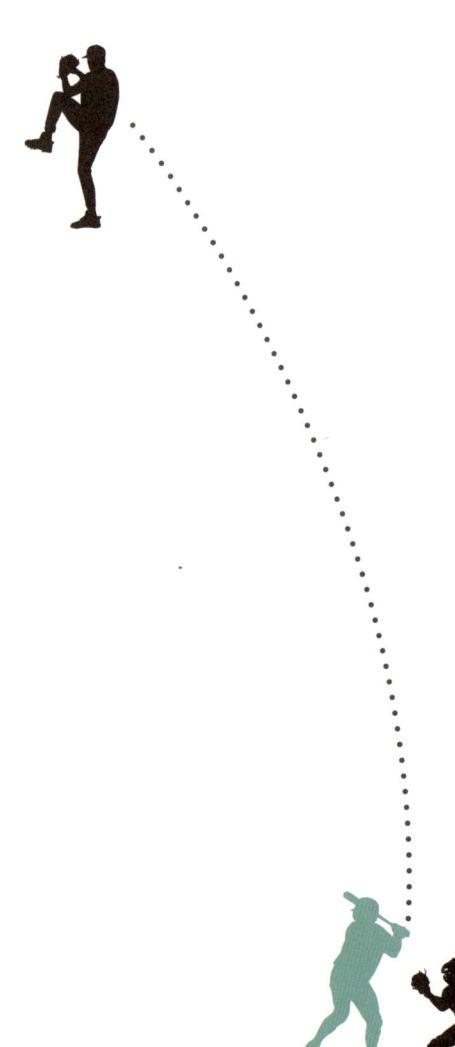

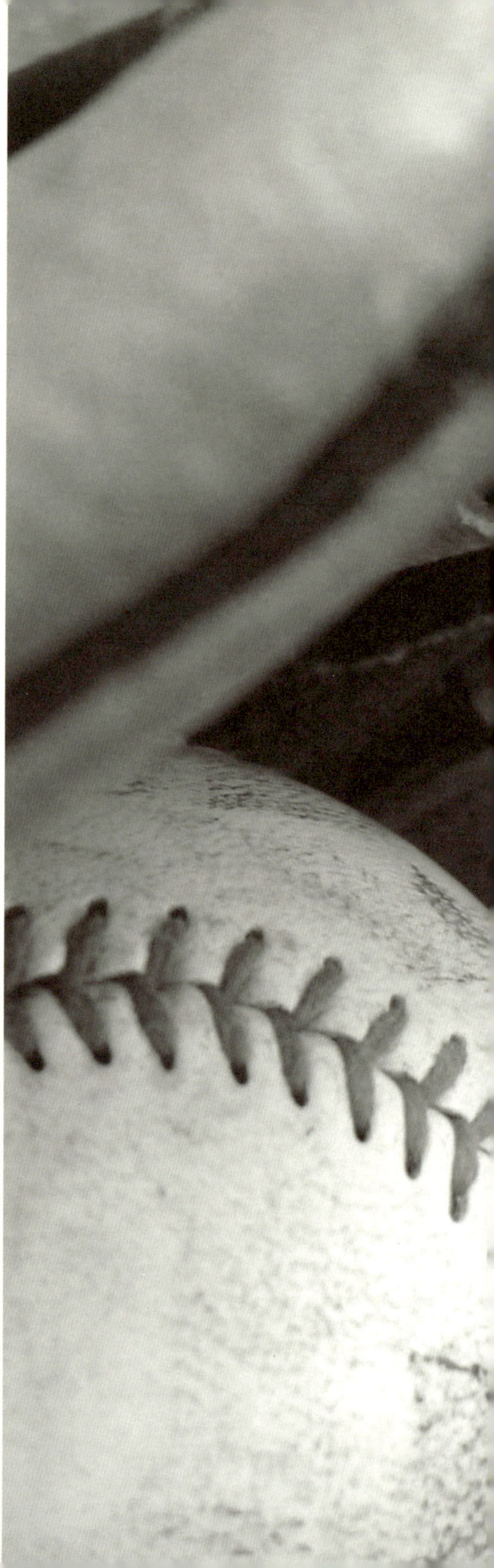

## 첫 메이저리그 등판

관중의 함성이 들린다. 관중석에서 이곳 라커룸까지 꽤 거리가 있음에도 야구를 끔찍이도 좋아하는 팬들의 함성은 시작 전부터 이곳까지 들려온다. 더블A에서 갑작스레 통보받은 메이저리그 데뷔전. 그것도 선발로 데뷔다. 찬호 형도 병현이 형도 하지 못했던 일이다. 한국 선수로는 조진호 선배에 이어 두 번째라는 이야기가 내게 더욱 부담스럽게 다가온다. 야구를 하면서 한 번도 떨었던 기억이 없는 내가 지금은 몸 전체에서 오는 작은 떨림으로 심장은 쉴 새 없이 고동치고 있다.

라커룸에 들어서니 처음 등판하는 루키를 향한 동료선수들의 눈빛이 나에게 집중된다. 격려의 눈빛, 우려의 눈빛 그리고 의례 있는 일이거니 하는 별다른 의미를 느낄 수 없는 눈빛까지 30여 명의 눈빛이 나를 보고 있다. 그리고 잠시 후에는 수만 명의 눈빛이 나에게 집중될 것이다. 나는 그 모든 것을 투수로서, 인간 봉중근으로서, 머나먼 한국에서 온 이방인으로서 받아내야 할 것이다. 이 모든 것이 나에게 많은 생각을 하게 한다.

18세의 어린 나이에 미국에 온 지도 벌써 만으로 5년째가 되었다. 사춘기의 마지막을 나는 이곳에서 보냈고, 성인이 되었으며, 야구선수를 꿈꾸는 사람의 가장 마지막 단계인 프로선수가 되었다. 그리고 세계의 모든 야구선수가 갈망하는 메이저리그에서 2002년 4월

23일, 드디어 나의 첫 등판이다.

더그아웃에서 마운드까지는 30여 미터 남짓. 수없이 걸었던 이 길이 오늘은 너무나 다른 느낌이다. 한 걸음 한 걸음이 머릿속에 각인되는 기분이다. 수많은 세월이 지나도 오늘 이 순간을 나는 생생하게 기억할 것이다. 무의식적으로 움직여왔던 오른발과 왼발의 스텝이 하나하나 온몸을 타고 전해온다. 40센티미터가 채 안 되는 마운드의 높이 역시 오늘 나에게는 다르게 느껴진다. 높은 것인지 낮은 것인지 구분할 수조차 없지만 나에게 오늘의 마운드는 전혀 새로운 것으로 다가온다.

"소개합니다. 오늘 애틀랜타 브레이브스의 선발투수는 메이저리그 첫 데뷔전을 치르는 선수입니다. 백넘버 51번, 한국에서 온 투수 봉중근 선수입니다."

장내 아나운서의 소개에 엄청난 함성이 운동장을 울린다. 처음 이곳에 왔을 때는 그냥 흘러가던 소리가 5년이 지난 지금 내 귀에는 하나하나의 메시지로 다가온다. 귀를 통해 머리로, 가슴으로 그들의 승리에 대한 간절한 바람과 뜨거운 에너지가 실감 나게 전해온다.

'이것이 내가 그렇게도 바라던 메이저리그에서의 나의 첫 데뷔전이구나……'

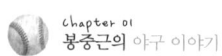

리그 최고의 투수 커트실링과의 대결도 루키의 어설픈 첫 데뷔전도 지금 내 머릿속에는 없다. 그냥 나에게는 '역사적인 첫 데뷔전'일 뿐이다. 포수 미트를 보고 힘차게 던진 공이 나의 왼손을 떠나 포수에게로 날아간다. 이렇게 나의 프로선수로서의 역사는 시작되었다.

1991년 5월, 수업이 끝나 한산한 운동장 구석에 자리 잡은 수유초등학교 야구부 훈련장 옆에는 한 중년 남성이 서 있다. 야구모자에 야구복까지 갖춘 걸 보니 보나 마나 야구부 감독이다. 비닐하우스 형태로 지어진 야구부 연습장은 얼마 전 보수공사를 마친 듯 깨끗한 비닐이 오후 햇살을 받아 촌스런 모양새임에도 사뭇 아름답기까지 하다. 이제 곧 시작될 오후 연습 준비에 한창 바빠야 할 감독은 하루를 쉬지 않고 연습장 옆에서 싸워대는 아이들을 오늘도 심란한 듯 바라보고 있다.

"허허, 저 녀석들 또 여기서 소란이구먼, 왜 하고많은 곳을 두고 야구부 옆에 와서 싸움질들이지?"

한창 자라나는 사내아이들이라면 주체하지 못할 힘을 어디든 쏟아붓는 것이 마땅한 법인데, 저렇게들 매일 싸움으로 그것을 풀고 있으니 말리는 것도 한두 번이고 도무지 그칠 기미가 없었다. 그렇다고 쫓아내자니 눈 밖으로만 사라질 뿐 어딘가에서 계속될 싸움판이다.

 한국의 베이브루스르는 평가를 받으며 나는 18세에 애틀랜타 브레이브로 스카웃되었다. 내가 그렇게도 바라던 메이저리스에서 첫 데뷔전을 치른 그날의 감동을 나는 절대 잊을 수 없다.

chapter 01
봉중근의 야구 이야기

"애들아, 쟤들 누구냐? 우리 학교 학생들이냐?"

마침 옆에서 장비를 옮기던 4학년 야구부 학생에게 감독이 묻는다.

"예! 우리 학교 학생들 맞습니다."

의례 있던 일인 듯 신경 쓸 것 없다는 듯이 오후 연습을 준비하던 학생이 대답한다.

"몇 학년이냐? 왜들 꼭 저기 와서 저러는 거지?"

"저기 오른편에 있는 애들은 3학년들이고, 왼편에 저 녀석은 2학년입니다."

학기 초부터 두어 달 보아온 아이들의 싸움판을 이제는 지겨운 듯 바라보던 감독의 눈이 갑자기 커지면서 다그치듯 다시 묻는다.

"뭐? 저 녀석이 2학년이라고?"

"예, 2학년인데 매번 저렇게 선배들하고 싸움을 합니다. 진짜 버릇없지요? 제가 가서 뭐라고 좀 할까요?"

"아니다. 너 가서 쟤들 좀 데리고 와라. 안 온다고 하면 내가 보고 있을 테니까, 내가 불렀다고 해. 꼭 데리고 와라."

잠시 후 싸우던 녀석들이 다소 겁에 질린듯한 모습으로 감독 앞으로 모여든다. 멀리서 볼 때보다 머릿수가 비는 것을 보니 몇 명은 지레 겁을 먹고 어느 틈에 도망을 갔나보다. 그래도 덩치 큰 2학년생은 감독을 바라보고 앞에 선다.

"너희 왜 매일 싸우냐?"

어린 남자아이들의 싸우는 이유가 불혹을 넘긴 남자에게 무슨 설득력이 있겠는가? 역시나 별다른 이유 같지 않은 이유가 여기저기서 기다렸다는 듯이 터져 나온다. 그리고 그 불평의 상당수는 선배들에게 버릇없이 대들던, 키를 봐도 얼굴을 봐도 도저히 2학년 같지 않은 2학년에게 집중된다.

"음, 너 2학년이라고?(오, 이 녀석 봐라. 눈매도 좋고, 골격도 좋아 보이고, 팔다리도 길고……)"

선배들의 요란스러운 불평에 조금은 긴장되었는지 감독의 물음에 다소 작아진 소리로 이야기한다.

"예."

"너 이름이 뭐니?"

선생님께 이를 수도 있다는 생각에 이름을 이야기하는 것을 망설이고 있는 소년에게 감독은 다시 묻는다.

"혼내려고 그러는 게 아니야. 이름이 뭐니?"

소년은 안 혼낸다는 말을 믿을 수 없지만, 한결 부드러워진 감독의 얼굴을 보자 다소 안심이 된다.

"2학년 봉중근이라고 합니다."

"오, 그래? 너 혹시 야구 안 해볼래? 매일 싸움만 하는 것보다는 훨씬 재미있을 텐데."

혼날 줄 알았던 그 소년은 다소 놀란 듯 눈이 커지더니 잠시 바라보다가 대답한다.

"저 야구 할 줄 모르는데요."

"괜찮아. 이제부터 배우면 되지. 야구는 굉장히 재미있는 운동이야. 해보지 않을래?"

그래도 머뭇거리는 소년에게 감독이 다시 묻는다.

"그럼 여기 서서 잠시 선배들이 하는 걸 보면서 야구가 어떤 운동인지 느껴봐라."

소년은 야구부 감독의 예상외 반응에 당황하다가 이내 시선이 운동장으로 향한다. 매일 관심 없이 지나던 야구부 연습 장면을 이렇게 자세히 보기는 처음이다.

'와! 어떻게 저렇게 빨리 날아오는 볼을 칠 수 있지?'

볼을 치고 전력을 다해 달려가는 주자를 보면서 가슴속에서 작은 흥분이 시작된다. 그리고 슬라이딩을 하는 주자의 모습을 바라보면서 소년의 눈이 커진다.

'와, 멋지다! 재미있겠는데?'

외야 선수들의 수비 모습과 그들을 주시하며 달려가는 주자의 모습들이 모두 그에게는 이전에 알지 못했던 느낌으로 다가온다. 운동을 마치고 연습실 옆으로 휴식을 취하러 온 선수들의 몸과 벗어낸 모자에서 풍겨오는 땀 냄새가 코끝에 닿는다. 이상하게도 소년은 그 냄새가 매우 좋게만 느껴진다. 꽤 오랜 시간 동안 야구부원들의 연습 장면을 홀린 듯이 바라보던 소년에게 감독이 다가와 다시 말을 건넨다.

"너 좋아하는 게 뭐지?"

"저는 그냥…… 막 달리는 걸 좋아합니다. 가만히 있으면 답답해요."

소년의 대답에 감독은 기다렸다는 듯이 미소를 지으면서 이야기한다.

"야구에서 가장 중요한 게 달리기다. 너는 내가 보기에 잘할 것 같은데."

그때야 소년은 환하게 웃으며 이야기한다.

"그래요? 그럼 저 할게요!"

또래보다 월등히 키가 컸고 주체할 수 없던 힘으로 뛰기를 좋아하고, 선배들과 하루가 멀다고 싸우며, 야구가 무엇인지도 모르던 그 소년은 우연히 야구를 하게 된다. 이 만남이 바로 6년 뒤 한국의 베이브루스라는 평가를 받으며 18세에 메이저리그로 스카우트되는 야구선수 봉중근! 내 야구 인생의 시작이다.

야구선수에게는 저마다의 야구선수가 되었던 수많은 동기가 있다. 아빠나 삼촌이 야구선수이거나, TV 중계를 보면서 야구를 좋아하게 되었거나, 더 옛날에는 프로야구 구단에서 운영하던 야구회원 등을 통해서 야구에 관한 관심을 키우고 야구선수가 되는 경우가 일반적이다. 그런데 내 경우는 특이하다. 아니 특이하다기보다 별로라는 표현이 더 맞을 것이다. 많은 기자 분들이나 야구 관계자분들이 내가 처음 야구를 시작했던 이야기를 물어오는데, 실상을 듣고는 실망하거나 크게 웃거나 둘 중 하나의 반응을 보인다. 선배들하고 싸움하다가 눈에 띄어서 야구를 했다는 내 이야기가 그다지 야구선수로서는 어울리지 않아서인지도 모르겠지만, 지금에 와서 생각해보면 내가 야구를 할 운명이었다면 그곳에서 싸움을 했건 안 했건 간에 언젠가는 야구를 했을 것이라는 생각이 든다.

세상이라는 관점에서는 너무나 작은 공간이었던 수유초등학교에서 우리는 언젠가는 만났을 것이고 나는 분명 야구를 했으리라. 그만큼 야구와의 만남은 내게는 운명 같은 대단한 사건이었다.

그 시절 감독님께서 나의 야구 소질을 알아보셔서인지, 매일 싸움하는 것이 안쓰러워서인지 알 수는 없지만 내게 야구를 권유해주시고 이 길로 들어서게 해주신 것에 대해서는 죽을 때까지 잊을 수 없는 은혜로 여기고 있다. 지금의 내가 가지고 누릴 수 있는 것의 시작이 그때이기 때문이다. 그래서 나 또한 받았던 은혜를 후배들에게 갚고 싶고, 작게나마 시간이 있을 때마다 노력하고 있는 것 또한 그런 이유에서다. 그리고 길을 가다가 혹시라도 싸우고 있는 아이들을 보면 남의 일 같지 않으며, 그 아이들에게 꼭 물어보고 싶다.

"자네 혹시 야구 해볼 생각 없는가?"

혹시 아는가? 그중에서 진짜 베이브루스 같은, 사이영 같은 대선수가 나와서 우리나라를 빛내 줄지 말이다. 그건 아무도 모르는 거다.

## 우연과 운명 사이

내 야구 인생의 처음 시작은 정말 우연 중에서도 우연이다.

나는 야구를 좋아하기는커녕 잘 알지도 못했었다. 동네 형들과 하는 일명 '짬뽕'이라 불리는 손야구를 해봤을 뿐이었다. 사실 '짬뽕'은 말랑말랑한 고무공을 쓸 뿐, 글러브도 배트도 없이 오로지 동네 공터에서 치고 달리는 놀이 수준의 운동이니, 이 정도로 야구라는 스포츠의 매력을 알기엔 무리가 있다. 간혹 TV에서 하는 야구 중계보다는 같은 시간대에 하는 만화영화나 코미디 재방송을 못 본다는 슬픔에 야구와 권투는 그 또래 아이들에게는 재앙과 같은 존재인 경우가 더 많았을 것이다.

우연한 기회에 시작한 야구에 대한 처음의 느낌은 야구라는 스포츠의 이미지보다는 던지고 치고 달리는 야구의 기본에 더 많은 관심이 있었던 것 같다. 특히 작은 공을 던지고 빠른 속도로 날아드는 공을 방망이로 쳐내는 것이 가장 흥미로웠다. 내가 야구를 하면서 가장 재미있었던 것은 특히 타자의 움직임이었다. 어떻게 그토록 빠르고 작은 공을 순식간에 쳐내는지 어린 나에게는 신기할 따름이었다. 지금의 나는 결국 투수가 되었지만 내가 정말 관심이 있었던 것은 타자였었다.

물론 아마추어 야구에서는 투수와 타자를 둘 다 할 수 있고, 실제로 나는 투수와 타자를 둘 다 하게 된다. 하지만 역시 나는 타석에

서 공을 치고 있는 힘껏 달리는 타자로서 해야 할 역할이 가장 흥미롭고 즐거운 분야였다.

하지만 야구의 재미에 빠지기도 전에 나에게는 한 가지 어려운 과정이 있었다. 야구부에 들어가기 전에도 이미 선배들과 주먹다짐을 하는 버릇없는 녀석으로 전교에 소문이 나 있었거니와 입단하게 된 동기 역시 그 싸움이었으니 새로 들어온 신입부원에 대한 선배들의 시선이 고울 리 없었다.

 나는 그토록 빠르고 작은 공을 순식간에 쳐내는 것이 무척 신기하고 재미있었다. 지금은 투수가 되었지만 내가 정말 관심이 있었던 것은 타자였었다. 고등학교 때까진 두 포지션을 모두 했다.

특히 지금도 그렇지만 당시에 2학년이 야구를 시작하는 것은 시기적으로 매우 빠른 편이었다. 엄마 품을 간신히 떠나 초등학교에 입학하여 1학년을 보내고 이제야 막 초등학교 2학년이 되어 본격적으로 운동을 시작했으니 매우 심한 조기 교육 사례였던 것이다.

결국, 우연히 시작된 나의 야구부원 생활은 선배들의 강압적인 분위기, 좀 더 구체적으로 말하면 구타 문제로 그리 오래가지 못했다. 지금에야 운동부의 분위기가 많이 좋아졌지만, 당시만 해도 야구부의 규율은 매우 엄한 편이었다. 특히 팀워크와 기본기가 아주 중요한 야구는 특히나 그 정도가 심했다. 야구에서 한 사람 한 사람은 전체 팀을 위한 구성원이기도 하거니와 하나의 아웃카운트를 책임지는 다른 종목에서는 좀처럼 보기 어려운 책임감이 요구되는 스포츠이기 때문이다. 잘하건 못하건 시합에 참가하는 선수는 자신에게 주어지는 기회를 반드시 살려야만 다음 선수에게 기회가 가는 특이한 스포츠이기에 더욱 그 책임이 막중하다 할 수 있다.

결국, 얼마 안 가 나는 야구부를 그만두게 된다. 지금 그때를 생각하면 왜 감독님은 나를 끝까지 말리지 않으셨을까? 막상 시켜보니 소질이 없어 보였던 걸까? 아니면 다시 돌아올 거란 확신이 있으셨던 걸까? 이런저런 많은 생각이 들지만, 아마도 내가 야구를 하고 싶어서 시작한 게 아니었기에 열심히 하지 않았던 것 같다.

짧은 야구부원 생활을 끝내고 그해 2학기를 보내면서 나에게는 이상한 현상이 생겨나기 시작한다. 전에는 무심코 지나쳤던 야구부

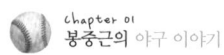

의 훈련 모습들을 보면서 맞았던 기억, 힘들었던 기억보다는 재미있었던 기억들이 생각나고, 그들의 모습들이 하나씩 눈에 들어와 예사롭게 보이지 않았다. 그렇게 외인으로 야구부를 스쳐 가던 중 겨울방학이 다가오면서 어느 날 내 가슴속에서는 다시 야구를 하고 싶다는 생각이 들기 시작한다. 그리고 하고 싶다는 생각이 꼭 해야 한다는 생각으로 바뀌는 즈음에 나는 다시 야구부로 돌아가게 되고, 3학년이 되면서 나의 본격적인 야구선수로 사는 생활이 시작된다. 그때는 내가 메이저리그로 가기 5년 전이었으며 물론 나는 내가 5년 뒤에 그런 어마어마한 사건을 만나리라고는 상상도 하지 못하였다. 그저 야구가 하고 싶었을 뿐이었다.

우연히 만난 감독님의 권유로 시작했던 야구가 내가 하고 싶은 운동으로 바뀐 후부터는 모든 것이 달라지기 시작한다. 엄한 선배들도, 힘든 훈련도 참아내고 이겨낼 수 있었다. 그리고 신기하기만 했던 선배들의 타격을 배우고, 투구를 배우는 것에 관심이 집중되기 시작했다. 물론 좋아해서 하니까 당연히 실력이 늘었다.

그렇게 야구가 좋아지면서 다른 아이들과 달리 왼손잡이였던 것과 또래보다 컸던 키에 감사하기 시작했다. 야구는 왼손잡이에게 유리한 운동이기 때문이다. 특히 투수는 흔하지 않은 경우라 타자들이 타이밍을 잡기가 어렵다. 그래서 미국 야구에서는 "150km를 던지는 왼손투수는 지옥에서라도 데려오라"는 말이 있을 정도다. 나는 어깨도 강하고, 왼손을 쓰는 데다가 키도 크니 당연히 투수 자원

신문 기사 제목 <투타 겸비 만능 될성부른 2년생>.
1997년에 팀으로나 개인으로나 최고의 성적을 기록하게 된다.
그해 신일고는 주요 공식대회 중 무려 3개의 대회에서 우승한다.

으로 훈련을 받게 된다. 하지만 나의 관심은 늘 타자 쪽에 있었다.
   워낙에 치고 달리는 역동적인 움직임을 선호하던 내게 투수는 뭐랄까, 2% 빠진 느낌이었다. 이러한 나의 타자에 관한 관심은 그 이후로도 쭉 이어졌으며, 메이저리그에 스카우트될 때도 세계 청소년선수권대회에서 보였던 타자로서의 활약으로 뽑혀가게 된다. 미국에서

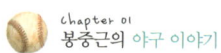

투수로 전향하여 지금까지 투수로서 선수생활을 하고 있지만 타자에 대한 관심과 미련은 이 책을 쓰고 있는 지금 이 순간에도 남아 있다.

가끔은 이런 생각도 한다. 내가 만약 오른손잡이였다면 계속 타자로 남지 않았을까? 꽤 확률 높은 상상이다. 하지만 타자로서 크게 성공했을 수 있을까에 대한 질문에는 섣불리 예상하기 어렵다. 야구는 이러한 예상이 무의미할 정도로 변화가 많은 운동이기 때문이다. 하지만 이것 하나는 분명하다. 내가 하고 싶었던 일을 할 수 있었다는 것이다.

지금도 나는 입버릇처럼 기회가 있을 때마다 은퇴하기 전에 꼭 타자를 해보고 싶다고 이야기한다. 그리고 그 뒤에 하나의 단서는 반드시 달아둔다. 1년만 시간을 달라고. 이러한 기대는 아마 거의 실현 불가능할 것이겠지만, 그냥 내 안에 늘 품고 있는 재미있는 나만의 행복한 상상으로 간직하고는 싶다. 만에 하나, 정말 혹시라도 기회가 온다면 그때 "꿈을 버리지 않길 잘 했어!"라고 기분 좋게 한 번 이야기할 수 있기 때문이다.

우연히 시작된 나의 야구 인생은 어느덧 내 운명이 되었고 지금의 나를 만들어 주었다. "누군가 인생은 우연으로 만들어진 필연의 연속"이라고 했다. 나 또한 우연으로 만들어진 필연이 모여 '야구'라는 운명으로 걸어왔다. 누구에게나 올 수 있던 우연이 내게는 다른 이보다 좀 더 빨리 왔다는 것이 차이라면 차이일 것이다.

## 괴물 타자 or 괴물 투수

수유초등학교를 졸업하고 신일중학교를 거쳐 1996년 야구 명문 신일고등학교에 입학하게 된다. 지금 생각해보면 내가 살던 동네에 신일고등학교라는 야구 명문이 있었다는 것은 내게 있어 살아오면서 만났던 큰 행운 중의 하나가 아닐까 싶다.

당시 신일고는 조성민, 조인성, 김재현 등 기라성 같은 스타들을 배출했던 명문 고등학교였다. 특히 내가 입학했을 때는 안치용, 김광삼, 현재윤과 같은 훌륭한 선수들이 활동할 때였기에 나에게는 더 좋은 성적을 낼 수 있는 좋은 시기이기도 했다. 야구는 투수놀음이라는 말이 있지만 1명의 선수만 잘해서는 여간해서 좋은 성적을 낼 수 없는 스포츠다. 왜냐하면 투수놀음이라는 명제는 다른 팀에게도 같게 적용되기 때문이다. 당연한 이야기이겠지만 좋은 선수가 많으면 많을수록 팀의 전력은 산술적인 계산을 넘어서는 전력 상승의 효과를 본다.

예를 들어 아무리 훌륭한 투수가 점수를 주지 않는다 해도 우리 편이 점수를 내지 않으면 이길 수 없으며, 1명의 훌륭한 타자가 홈런을 치고 싶다 할지라도 다른 타자들이 약하다면 그 타자에게는 제대로 때려낼 기회조차 주어지지 않기 때문이다. 아시아 홈런 신기록을 냈던 이승엽 선배도 자신의 홈런 기록의 배경에는 양준혁이라는 훌륭한 타자가 있기 때문에 투수들은 그와의 승부를 피할 수 없

황금사자기 쟁탈 96 제 50회 전국 고교야구대회 우승. 당시 신일고는 조성민, 조인성, 김재현 등 기라성 같은 스타들을 배출한 야구 명문고였다.

었고, 그래서 그에게 더 많은 기회가 왔다고 이야기할 정도로 야구는 팀 구성원의 개인 전력이 전체 전력에 주는, 서로의 영향력이 매우 미묘하고 복잡하다.

고등학교 입학과 동시에 나는 1학년임에도 선발선수로 시합에 출전하게 된다. 수비에서는 투수와 야수를 맡았으며, 타자로서도 좋은 성적을 낼 수 있었다. 지금 보면 메이저리그를 가기 전 한국에서의 선수생활은 중학교 이전 시절을 빼면 고등학교 1학년과 2학년이 내겐 전부이다. 그 2년간 좋은 성적을 냈기 때문에 메이저리그에 갈

수 있었고, 지금도 그 시절 같이 훈련하고 시합을 뛰었던 신일고등학교 야구부의 선후배와 동기들에 대한 감사한 마음은 변함이 없다. 혹자는 내가 잘해서 선배들을 대학에 보냈다고도 하지만(고교 야구에서는 공식 대회 4강에 들면 대학 진학권이 생긴다) 그것은 야구를 잘 모르고 표면적인 모습만 보고 하는 말이다. 야구는 제일 잘한 성적을 낸 선수는 존재할 수 있지만, 팀의 승리를 어느 한 사람의 수훈으로 돌릴 순 없는 9명의 노력과 열정이 모두 필요한 운동이다.

1996년 황금사자기 때 4승으로 우수투수상을 받게 되는데, 1학년 치고는 대단히 좋은 기록이었던 것 같다. 남자는 중학교에서 고등학교로 넘어가는 시기에 사춘기를 지나며 신체적으로도 성인으로 가는 전 단계까지 발전하게 된다. 물론 기술적인 부분에서도 많은 진전을 보인다. 이런 변화들이 1학년에서 3학년까지 가장 민감하게 발전하는 시기가 바로 고등학교 시절이다.

특히 초등학교에서 야구를 시작하고 길어야 7년 내외의 훈련 기간을 보낸 뒤라 고등학교에서의 기량 향상은 가장 빠르면서도 그런 만큼 매우 중요한 시기이다. 그래서 보통은 1학년이 실전에 투입돼 자신의 기량을 발휘하는 경우가 많지 않다. 하지만 나에겐 특별히 1학년부터 많은 기회가 왔고 그러한 기대에 잘 부응했었다. 열심히 한 결과이기도 하겠지만 남보다 좀 더 유리한 신체조건을 주신 부모님과 그동안 좋은 가르침을 주셨던 감독님, 코치님들 덕이 가장 크다고 생각한다.

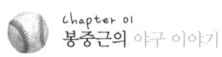

또래보다 큰 키와 신체조건은 투수로서 더 큰 회전력을 통한 빠른 공, 다양한 변화구를 던지게 해주는 장점이 되었다.

근력과 순발력은 둘째 치고라도 큰 키는 타석에서 더 많은 범위의 공을 쉽게 쳐 낼 수 있다는 것을 의미하고, 투수로서는 더 큰 회전력을 통해서 더 빠른 공과 많은 변화를 만들어낼 수 있다는 것을 의미한다. 여기에 오랜 훈련을 통한 순발력과 근력 그리고 기량이 더해지면서 좋은 결과를 만들어낼 수 있었다.

1학년부터 시작한 실전 경험은 내게는 좋은 밑바탕이 되어 2학년이 되던 이듬해인 1997년에 팀으로나 개인으로나 최고의 성적을 기록하게 된다.

그해 신일고는 주요 공식대회 중 무려 3개의 대회에서 우승하게 된다. 부끄럽지만 혹시라도 궁금해하시는 분들을 위해 그때의 성적을 정리해본다.

| 팀 성적 | 개인 성적 |
|---|---|
| 청룡기 우승<br>황금사자기 우승<br>봉황대기 우승 | MVP, 타율 0.688, 타점 1위, 만루 홈런 1<br>4승 무패, 타율 0.571(2위), 도루 1위<br>우수 투수상 |

특히 황금사자기 결승에서는 140m짜리 초대형 홈런을 기록하기도 하고, 청룡기에서는 7할에 가까운 타율을 기록하기도 한다. 그러고 보니 도루 1위의 기록이 있기도 했다. 투수로서 사이클링히트도 기록한다. 투구를 위해서 적극적인 슬라이딩이나 도루와 같은 주루를 하지 않는 투수에게 사이클링히트는 상당히 어려운 기록이다. 그런 이유에서인지 고교 야구에서 투수가 기록한 경우는 최초였으며, 그 이후 현재 메이저리그에서 활약하고 있는 추신수 선수가 두 번째로 기록하게 된다. 뒤에 들은 이야기지만 '이영민 타격상'도 받을 수 있었지만, 미국 진출로 인해서 수상하지 못하게 되었다고 한다.

이영민 타격상은 타자로서 고교 시절에 받을 수 있는 최고의 영예인 상으로 타자에게는 평생에 한 번 있을까 말까 한 대단한 영광 중의 하나이다. 그때는 대수롭지 않게 여겼지만 지나고 보니 서운한 마음이 들기는 한다. 지금 돌아보면 내가 봐도 대견하긴 하다. 하지만 이런 이야기를 한다는 것에 대해 다시 한 번 말하지만, 그냥 고등학교 때의 기록일 뿐 나 자신을 과시하는 기록은 전혀 아니니 함께 즐거운 마음으로 추억해줬으면 좋겠다.

프로야구는 저마다 고교 시절, 또는 대학 시절에 투수와 타자로서 공수 전반에 걸쳐 최고의 기량들을 뽐내던 사람들로만 구성된 곳이다. 당신이 무심코 비난했던 선수들도 한때는 대단한 기량으로 기대를 한껏 받던 선수였다는 이야기다. 그러므로 나의 예전 기록들도 장래가 기대되는 한 고등학교 선수의 대견한 플레이로 부담 없이 인정해줬으면 하는 바람이다.

자, 그럼 이야기를 계속해보자. 2학년 때 좋은 성적으로 청소년 국가대표에 뽑힌 나는 그해 8월 캐나다에서 열린 세계 청소년 야구 선수권 대회에 참가하게 된다. 광주일고의 이현곤(현 NC)과 군산상고의 이진영(현 LG)도 같이 대표선수로 참가했었다. 우리는 그 대회에서 결승 토너먼트에는 진출했으나 5위의 성적으로 마무리한다. 그러나 개인적으로는 최고의 성적을 올리게 된다.

- 4경기 연속 홈런
- 타율 : 0.500
- 타점 : 14
- 대회 MVP
- 투수 베스트 10

고등학교 2학년 때 청소년 국가대표에 뽑힌 나는 캐나다에서 열린 세계 청소년 야구선수권 대회에 참가하게 된다.
광주일고의 이현곤(현 KIA)과 군산상고의 이진영(현 LG)도 같이 대표선수로 참가했었다.

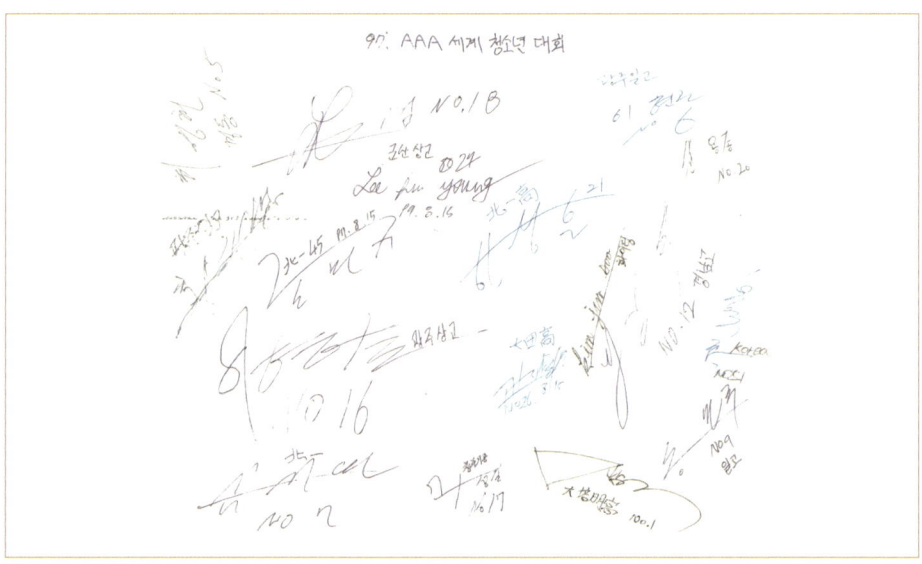

 추억을 위해 남긴 선수들의 사인들.

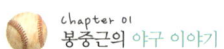

특히 타격 성적이 좋아 우리나라가 5위를 했음에도 이례적으로 우승팀이 아닌 팀에서 MVP로 선출되는 영광을 누리게 된다.

그때는 개인적으로 상을 탔다는 기쁨보다는 아쉽게도 팀이 메달을 따지는 못했지만 우리나라 선수로 세계대회에서 상을 탔다는 게 더 기분이 좋았던 것 같다. 이때의 기록으로 나는 메이저리그 스카우트들의 관심이 집중되면서 그해 메이저리그 애틀랜타 브레이브스와 입단 계약을 하게 된다.

세간에는 나에 대한 많은 평가가 있다. 나름 예전의 모습들을 기억해주는 팬들의 후한 평가가 있는가 하면, 이후 그다지 특출나지 못한 활약으로 실망한 팬들의 가차 없는 혹독한 평가도 있다. 하지만 메이저리그로 가기 전 한국에서 지냈던 내 어린 시절은 지금도 가슴 한쪽에 한없이 즐겁고 행복한 기억으로 남아 있다.

그리고 너무나도 고마운 건 자신의 기억처럼 소중하게 오래도록 기억해주는 팬들의 마음이다. 그들에게는 별 볼일 없이 돌아온 메이저리거가 아닌 그 옛날 최고의 선수였던 봉중근으로 지금도 기억되고 있다는 것이 나에게는 분에 넘치도록 감사한 관심과 사랑이다.

그동안 수많은 부상과 재활에서도 포기하지 않고 다시금 일어섰던 것은 오로지 나를 응원해주고 끝없는 사랑을 보내줬던 팬들이 없었다면 불가능한 일이었다. 그러한 모든 팬들에게 보답하기 위해 나는 선수로서 마운드에 서는 마지막 날까지 끊임없이 노력해서 지금보다 더 오랜 시간이 지났을 때, 팬들의 기억 속에 고등학생 봉중근이 아닌 프로선수 봉중근으로도 최고의 선수로 남을 수 있기를 간절히 바라본다.

다시 한 번 응원해주는 팬들에게 진심으로 감사의 마음을 전하고 싶다.

여러분 정말 감사합니다!
그리고 사랑합니다!

## 실패한 조기유학? 성공한 영재교육?

고등학교 2학년을 마치기도 전에 메이저리그에 진출하는 것에 대해서 당시 야구계에서는 많은 이견이 있었다. 편법을 이용한 메이저리그 진출이라는 의견이 있는가 하면, 너무 이른 진출이다, 또는 오히려 일찍 가서 그곳에 적응하는 것이 낫다는 의견 등 다양했다.

당시 나로서는 다른 경우의 수를 생각하기에는 메이저리그의 제안이 너무나 적극적이었던 게 사실이다. 더불어 고등학교를 졸업하고 난 이후의 메이저리그 진출은 우리나라의 제도상 힘들 수 있다는 판단도 작용했었다. 결과적으로는 메이저리그를 선택한 것에 대해서는 후회 없다. 하루라도 빨리 선진야구를 경험하는 것이 좋다는 생각을 했기 때문이었다. 이후 정식으로 메이저리그에 데뷔하기까지 5년이라는 시간이 걸리긴 했지만, 통상적인 메이저리그 데뷔에 비하면 늦은 게 아니었다.

실제로 미국에서 야구선수로서 진로를 결정한 고등학생 중에서 메이저리그에 데뷔하기까지는 매우 오랜 시간이 걸릴 뿐 아니라 그 확률 또한 매우 낮다. 메이저리그로 가기 위해서는 루키리그부터 트리플A까지 6단계로 이루어진 마이너리그를 통과해야만 한다. 개인의 실력에 따라서 좀 더 높은 리그에서 시작하거나 다른 사람보다 빠르게 통과할 수도 있겠지만, 정상적인 과정을 거친다면 6개의 리그를 거쳐야 한다.

보통 미국에서 13~22세의 아마추어 야구 인구는 400만 명 수준인데 이중 메이저리그에 진출하기 위해 배출되는 유망주 인력만 한 해 10만 명 수준이며, 이 외에도 멕시코, 베네수엘라, 도미니카, 대학리그 Ⅲ급 이상에서만 비공식적으로 20만 명이 배출된다. 이중 메이저리그의 지명은 50라운드까지 해서 1천500~2천 명가량이 지명된다. 이 중 1천600~1천800명가량이 루키리그에서 시작하며 이 중에서 더블A까지 가는 선수는 400명 정도이고, 또 이 중에서 트리플A까지 가는 선수는 200명 수준이다. 그나마 200명 중에서 트리플A에서 풀타임으로 활약하는 선수는 100~120명 수준이라고 한다. 최근에는 메이저리그의 스카우트 대상 범위가 한국과 일본, 대만까지 넓혀져서 미국 본토에서의 메이저리그 입성은 날이 갈수록 힘들어지고 있다.

| 미국 마이너리그의 단계 |

| 단계 | 리그명 | 팀 개수 | 로스터 | 평균 연봉 |
| --- | --- | --- | --- | --- |
| 1 | 트리플A | 42개 | 1,050명 | 6만 ~ 15만 $ |
| 2 | 더블A | 34개 | 850명 | 5만 $ |
| 3 | 하이싱글A+ | 30개 | 750명 | 4만 $ |
| 4 | 싱글A+ | 29개 | 725명 | 1.5만 $ |
| 5 | 싱글A- | 22개 | 550명 | ? |
| 6 | 루키 | 80개 | 3,000명 | ? |

6개의 마이너리그를 통과해 메이저리그에 가더라도 30개 팀의 750명의 풀타임 로스터에 들어가기 전에 1.5군 개념의 부분 로스터 450명에 들기도 쉬운 일은 아니다. 미국의 한 야구 전문가가 위와 같은 산술적인 자료에 근거해 분석한 자료를 보면 메이저리그의 문턱을 밟을 확률은 0.03% 정도이며, 풀타임 메이저리거가 되는 확률은 0.03% ~ 0.014% 정도밖에 안 된다고 한다.

　이렇게 보면 우리나라의 박찬호 선수나 김병현 선수는 물론이고 김선우, 조진호, 추신수 선수처럼 메이저리그 로스터에 가입했던 이들이 얼마나 대단한 선수였는지 알 수 있다. 자료로 보나 사례로 보나 너무나 멀게만 느껴지는 메이저리그는 그야말로 모든 야구선수에게 있어서 꿈의 무대나 다름이 없다.

　당시 나에게는 메이저리거가 된다는 것은 아직 꿔본 적도 없는 꿈과도 같은 것이었다. 그래서 오히려 부담이 덜했는지도 모르고, 또한 더 쉽게 결정을 했었던 것 같다. 더욱이 마침 세계대회에서 다른 나라 선수와의 대결을 통해서 세계 무대에 대한 부담감이 없었던 것도 이유였다. 위의 계산처럼 희박한 확률에 대한 인식도 전혀 없었던, 혈기 왕성한 18세 소년에게 메이저리그 도전은 머리가 깨질지언정 한 번은 들이대고 싶은 세계였다.

　하지만 지금 돌아보면 한 가지 간과했던 것이 있었다. 한국과 미국의 훈련 방식에 대한 차이였다. 지금이야 주변에 누군가가 미국 진출을 한다고 하면 아주 자세하게 그 차이점을 설명해줄 수 있을 테지만, 당시에는 미국 야구에 대한 세심한 차이까지 꿰고 있는 사람이 거의 없던 시절이었다. 특히 선수만이 느낄 수 있는 차이점은 선수로서 직접 생활해본 사람이 아니라면 알 수 없다.

개인별 신체적 상황에 맞는 각각의 스타일에 대해서 존중하고 의논하는 것이 미국의 방식이다. 물론 개인의 특성을 존중하고 자율에 맡기는 훈련 문화는 매우 긍정적으로 본다. 그 어떤 코치도 나의 스타일을 무시하거나 무리하게 자신의 스타일로 바꾸려고 하지 않았다. 다만 내가 오랜 시간을 두고 경험으로 알게 된 차이점은 훈련을 받는 대상의 차이였다. 좀 더 쉽게 이야기하자면 미국 야구의 훈련 방식은 철저하게 서양인에게 맞춰진 것이었다. 미국인과 한국인은 체형과 체질이 많이 다르다. 평균 신장이 다르고, 체중이 다르고, 그에 따른 근력에 차이가 있다. 이러한 훈련 주체의 기본 신체 능력은 훈련 방법을 설정함에 있어 아주 중요한 기준이 된다. 내 경험에 의하면 한국 훈련이 그 강도나 양에서 미국보다 앞선다. 이는 기본 체력이 월등한 그들과의 대결에서 지지 않는 운동 능력을 위해서 반드시 필요한 요소라고 할 수 있다.

기본 체력이 절대적으로 중요한 이유는 메이저리그가 아주 많은 스테미너를 필요로 하기 때문이다. 게임 수가 많고 이동 거리가 멀어 미국은 한 시즌을 치르기 위해서는 기술 이외에도 오랜 시간을 버틸 수 있는 체력이 매우 중요한 요소이다. 한국인이 그들과 대등한 체력을 가지기 위해서는 그들 기준으로 만들어진 훈련 프로그램

으론 부족하다고 할 수 있다. 이러한 차이점들은 후에 메이저리그 데뷔 이후에 잦은 부상과 시즌 후반 성적 저하로 나타났고, 결과적으로 메이저리그생활을 오래 하지 못하는 결과를 만들었다.

안타깝게도 이러한 훈련 방법 차이의 부작용을 깨달은 것은 미국에 있을 때가 아니라 한국으로 복귀한 이후이다. 2006년 LG 트윈스에 입단한 후 나는 몸이 만들어지지 않아 시합에도 나가지 못했고, 이듬해인 2007년에도 메이저리거 출신다운 활약을 하지 못했다. 하지만 한국식 훈련을 제대로 소화한 2008년에는 전혀 달라진 모습을 보이게 된다. 이러한 활약은 2008년 베이징올림픽, 2009년 WBC까지 이어지게 되는데, WBC 때 우연히 만난 애틀랜타 시절 트레이닝 코치는 달라진 나의 구위를 보곤 놀라면서 도대체 한국에서 어떤 훈련을 했는지 묻기도 했다.

만약 내가 다시 1997년으로 돌아갈 수 있다면 나에게 맞는 훈련 프로그램을 설계할 것이다. 혹시라도 주변에 미국 진출을 희망하는 어린 선수가 있다면 내 경험을 꼭 참고했으면 한다. 메이저리그의 조기 진출은 이같은 야구 내적인 어려움 외에도 언어 문제를 비롯해서 혼자서 감당하기에는 쉽지 않은 일이 많다. 하지만 개인적으로는 선배들의 시행착오를 잘만 보완한다면 가능성 있는 후배들의 진출을 찬성하는 편이다. 많은 전문가가 한국에서 경험을 쌓고 진출하는 것도 늦지 않다고 말한다. 나도 그분들의 의견에 공감한다. 하지만 한 가지 아쉬운 점은 군대 문제에, FA 확보까지 너무나 많은 시간이 걸려 결국 전성기를 넘긴 시기에 기회가 주어지는 것이다. 한화의 류현진 선수는 고등학교 졸업 후 바로 프로에 진출하고 군 면제 혜택까지 얻어서 가장 빠른 케이스이긴 하나 정식으로 FA를 획득하고 나면 29세가 된다. 한창 선수생활을 할 수 있는 나이이긴 해도 늦은 감이 있는 건 어쩔 수 없다. 하루라도 빨리 더 큰 무대에서 활약하는 모습을 보고 싶지만 어쩔 수 없는 부분이 있는 것도 사실이다.

 2009년 영광스런 순간의 비결은 오로지 '훈련'이었다. 한국식 훈련을 제대로 소화해 전혀 달라진 나의 활약은 WBC까지 이어진다.

모든 선수에게 해당하는 것은 아니지만 한국 야구의 위상을 높일 기회라고 생각한다면 좀 더 많은 기회의 문이 열렸으면 하는 것이 개인적인 바람이다. 그렇게 된다면 한국 프로야구의 자산인 어린 선수층이 더욱 두터워져서 국내외로 활약할 수 있는 경우의 수가 많아지는 이상적인 모습이 될 거라 생각한다.

정리해보면 나의 빠른 진출은 성공이냐 실패냐를 평가하기보다는 이후에 있을 후배들을 위한 좋은 사례로서 그 의미를 두었으면 하며, 동시에 미국이나 일본에 뒤지지 않는 훌륭한 야구 인프라와 시스템 개발의 밑거름이 되었으면 한다.

## 블루 저지에서 레드 저지로 갈아입다

나는 엄밀하게 말하면 크게 성공한 선수는 아니라고 생각한다. 지금은 먼 이야기인 흔히 말하는 소싯적 경력과 몇 번의 이슈를 통해 본의 아니게 팬들에게 큰 사랑을 받고 있다는 것이 내가 나에게 내리는 야구선수 봉중근으로서의 정확한 평가다.

성적으로만 평가받는다면 지금 누리고 있는 사랑은 너무나 과분한 것이 사실이다. 물론 온 힘을 다해 노력하는 것에 대한 칭찬이라면 감사하게 받을 수 있겠으나 나 이상의 노력을 하는 선수들이 너무나 많기에 이 또한 나에게는 과분할 뿐이다.

이런 부족한 나를 사랑해주는 팬들의 관심 중에서 재미있는 것은 투수인 나에게 타자 봉중근에 대한 향수를 느끼는 분들이 아직도 너무나 많다는 점이다. 이러한 묘한 관심은 일반 팬뿐만 아니라 전문 기자와 야구 관계자한테도 심심찮게 듣는 이야기이다. 이미 투수로 14년이라는 세월을 보낸 나에게 왜, 아직도 기대 아닌 기대를 하는 걸까? 타자로서의 기량은 고등학교 2학년 때까지 보여준 게 다인데 그것이 그렇게도 그분들에게 각인된 걸까? 다시 타자를 해보라는 이야기는 수도 없이 들었고, 2007년 성적이 시원찮을 때는 매우 심각하게 봉중근 타자 전향론에 대한 갑론을박이 있기도 했다.

정작 타자 봉중근에 대한 투수 봉중근의 생각은 어떤가 묻는다면, 앞서 말한 것처럼 타자에 대한 미련은 나 역시도 여전하다. 그것은 아마도 초등학교 꼬마였을 때 별 고민 없이 야구를 시작하고 고등학교 2학년 때 훌쩍 메이저리그로 떠났던 것처럼 투수로서 정식으로 진로를 결정할 때도 어찌 보면 너무 간단하게 결정된 것이기 때문이기도 하다.

그러고 보니 나의 야구 인생의 중요한 포인트에서의 결정에는 매번 다른 사람들처럼 오랜 기간의 고민과 반대 의견을 이겨내기 위한 투쟁이나, 가능성을 찾기 위한 과정이 없었던 것 같다. 명확한 답안이 늘 2개 이상을 넘지 않았고, 무엇을 선택해도 오답이 아니었던 풀기 쉬운 시험문제 같았다.

언론을 통해서 수차례 소개되었던 것처럼 처음 메이저리그 애

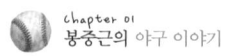

틀랜타 브레이브스와 나는 타자로서 계약했다. 물론 이제 시작하는 초년병의 계약서에 타자니 투수니 하는 세부 사항은 명시되지 않았다. 세계청소년야구선수권 대회에서 투수로는 그 귀하다는 왼손으로 153km짜리 공을 던지고, 타자로는 4게임 연속해서 홈런을 치고, 190cm의 키와는 어울리지 않은 빠른 발까지 보여주고, 그리고 무엇보다 동양인으로 흔하지 않은 하드웨어가 그들의 관심을 끌었다. 구단에 나의 스카우트를 적극 권했던 빌 클라크 스카우트 역시 이 모든 것들을 유심히 보고 있었다.

그는 나에 대한 평가로 '한국의 베이브루스'라고 말했다. 감히 베이브루스에게 비교된다는 것이 가당치도 않겠지만 그의 의견이니 그저 고맙게 여길 뿐이다. 빌 클라크는 베이브루스의 기록을 넘어설 재목이라고 종종 흥분해서 말하기도 했으며, 그러한 그의 의견은 최근까지도 언론을 통해서 가끔 소개되고 있다. 이미 투수를 하고 있는 나를 향한 그의 관심은 타자 봉중근을 기억하는 한국의 팬들처럼 평생 놓지 못하는 아쉬움으로 표현한다.

2009년 베이징올림픽에서 우리나라가 9전 전승으로 금메달을 땄을 때도 빌 클라크는 미국의 한 일간지인 〈컬럼비아 트리뷴〉에 실린 자신의 칼럼에서 나를 언급하였다. 칼럼에서 그는 한국이 올림픽에서 미국과 쿠바를 누르고 9전 전승으로 금메달을 땄다는 것을 상기시켰고, 미국전 투수였던 봉중근은 과거 내가 스카우트했던 '한국의 베이브루스'였다며 과거를 회상하고 있었다. 그는 당시 나의 영입을 두고 경쟁하던 LA다저스를 제치고 애틀랜타가 나를 선택할 수 있었던 비결을 다음의 한 문장으로 소개했다.

"LA다저스로 가면 두 번째 한국인이지만, 애틀랜타에서는 영원한 첫 번째 한국인이다."

잊고 있었던 이야기였는데 언론을 통해 소개된 칼럼을 통해서 당시에 진지했던 그의 눈빛이 다시금 생각이 날 만큼 그의 칼럼은 매우 진지했다. 칼럼 뒤에 그는 타자 봉중근에 대한 회한을 남긴다.

"나는 영원히 내가 베이브루스를 잡았다고 믿을 것이다. 그게 아니라면 최소한 스탠 뮤지얼을 잡았다고 믿을 것이다. 어깨 부상 때문에 타자로 전향해 슈퍼스타가 된 스탠 뮤지얼 말이다. 나는 영원히 메이저리그 홈런 기록을 깨뜨릴 주인공과 계약했다고 믿을 것이다. 빅리그 스카우트 경력 36년 동안 나는 그런 재능을 가진 선수를 본 적이 없었다."

나보다 더 타자 봉중근에 대한 미련을 가지고 있는 그는 칼럼을 다음과 같이 마무리한다.

"내가 (강타자가 필요한) 캔자스시티 로열스 단장이라면 봉중

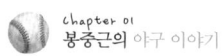

근에게 올 가을 애리조나 교육 리그행 비행기 표를 보내겠다. 그리고 방망이 한 꾸러미를 봉중근에게 주고 97년 클라크에게 보여준 것을 내게 다시 증명해보라고 말하겠다. 서울에서 애리조나 피닉스까지의 편도 비행기 표 값은 돌아올 보상에 비하면 그리 비싼 게 아닐 것이다."

2009년이라면 타자를 그만두고 12년이나 지난 시점인데 그는 나에게서 아직도 베이브루스의 가능성을 기대하고 있었다. 물론 그의 의견이 옳고 그름을 떠나서 그토록 변함없는 그 관심이 나는 그저 고마울 뿐이다.

그렇다면 나는 왜 타자에서 투수로 전향했을까? 앞서 소개한 것처럼 나는 일단은 타자로서 미국으로 갔다. 그리고 도착 후 플로리다에 있는 마이너리그 훈련캠프에서 야수가 입는 블루 저지(jersey: 훈련 때 입는 경기용 셔츠)를 입었다. 나는 당연히 야수가 되어 타자가 될 거로 생각했었다. 그런데 첫날 훈련에서 사건이 생기게 된다. 늘 그랬던 것처럼 단발적이며 우연스럽게, 그리고 길지 않은 시간에 사건은 정리된다.

타격 훈련 때 정식으로 나무배트를 사용해본 것은 그때가 처음이었다. 알루미늄 배트는 나무배트와 많은 차이가 있는데, 일단 부러지지 않고, 타격 포인트가 나무배트보다 3배 정도 넓어서 좋은 타구를 만들기 쉽다. 하지만 프로에서는 사용하지 않는다. 타구 비거리가 너무 잘 나와서 투수에게 불리하게 되어 재미없는 시합이 될 수 있기 때문이다.

타석에 선 나는 처음 쳐보는 나무배트로 늘 하던 식으로 배팅했는데, 이건 뭐 생각보다 비거리가 안 나올 뿐 아니라 10개의 볼을 치는데 배트가 4자루나 부러지는 것이었다. 배트가 부러진다는 것은 두 가지를 의미한다. 투수의 공의 변화가 좋아 타자 쪽으로 휘어 들어온다든가, 타자가 타격 포인트를 잘못 맞추고 있다는 것이다(변화구 중에 뉴욕 양키스의 마무리투수인 마리아노 리베라가 잘 구사하는 커터Cutter라는 구질이 이런 경우로, 직구인 줄 알고 치지만 타자 쪽으로 살짝 휘면서 배트에서 가장 약한 부분인 손잡이 쪽을 맞추기 때문이다).

부러진 배트와 길지 않은 비거리를 보면서 당황하고 있는 나에게 선수 훈련을 총괄하는 코디네이터가 다가와 물었다.

"투수도 해봤나?"

"예, 투수도 했었습니다."

"내가 보기에 당신은 왼손잡이고, 신체 조건도 좋고, 구속도 괜찮으니, 장기적으로 봤을 때 메이저리그에서 투수로서 성공할 수 있는 확률이 더 높다고 생각하는데, 투수를 해보면 어떨까?"

멀고 먼 동양에서 날아와 생전 처음 쳐보는 나무배트에 당황하고 있는 18세의 어린 야구선수에게 당시의 상황은 그리 쉽지 않았다. 무엇인가를 주장하고 말하기보다는 그동안 무수히 서 왔던 타석에서 '이렇게 해서 성공할 수 있을까'라는 두려움마저 느꼈던 순간이었다.

결국, 다음날부터 나는 블루 저지에서 투수들이 입는 레드 저지로 갈아입게 된다. 그리고 그것이 타자 봉중근이 투수 봉중근으로 바뀌는 순간이었다. 소속팀이 투수도 타석에 서야 하는 내셔널 리그(National League)에 속해 있어서 종종 타석에 섰긴 했지만, 부상 위험 때문에 적극적인 타격을 권하지 않는 경기 분위기상 타자 봉중근이라기보다 타석에 선 투수 봉중근의 모습으로 남았다고 하는 것이 맞을 것이다. 실제로 타율도 메이저리그 공식 경기에서는 열한 번 나가서 1개의 안타도 치지 못하였으며, 마이너리그에서 그나마 안타를 칠 수 있었다. 결국, 나는 투수 평균 타율인 1할 8푼대를 간신히 넘기는 수준으로 평균 타율은 0.189였다.

지금 돌아보면 10개의 공으로 너무 쉽게 판단한 것이 아닌가, 메이저리그라는 대단한 세상에 있는 전문가들은 단 10개의 공으로 그렇게 간단히 결정할 수 있는 건가라고 생각하는 사람들이 있을 것이다. 하지만 그때의 상황에는 그것 말고도 다른 이유가 있었다. 당시 애틀랜타에는 왼손투수 자원이 부족할 때였다. 그래서 아마도 투수 자원으로 활용하는 게 훨씬 이득이라는 판단이 섰을 것이다. 나는 지옥에 가서라도 데려온다는 150km를 던지는 왼손투수였기 때문이다. 바로 눈앞에 와 있는 그런 가능성을 그냥 덮어버리기는 아까웠을 것이다. 이후 나는 한때 투수 왕국 애틀랜타의 선수였던 왼손투수 '톰 글래빈'에 비교되는 호사까지 누렸으나 잠깐의 활약으로 아쉬움을 남기고 투수로서의 메이저리그 기록은 끝나게 된다.

블루 저지에서 레드 저지로 갈아입다.

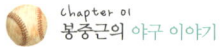

chapter 01
봉중근의 야구 이야기

아마도 타자 봉중근에 대한 미련은 오히려 투수로서 아쉬운 모습을 보여줘서 더 그들의 미련을 자극하는지도 모르겠다. 하지만 타자를 했으면 더 잘 했겠다든지, 투수를 한 걸 후회한다든지 하는 생각은 없다. 무엇을 해도 야구선수라는 사실에는 변함이 없으며 늘 빠르게 판단하고 후회하지 않는 것이 내 스타일이기 때문이다.

## 타자 봉중근, 투수 추신수

많은 사람이 나에게 타자로서의 가능성을 포기하지 못하는 것처럼 현재 타자로서 좋은 활약을 하는 추신수 선수에게는 투수로서의 가능성을 포기 못하는 사람들이 꽤 있는 것 같다. 하지만 추신수 선수는 타자로서 좋은 활약을 보이고 있기 때문에 나보다는 그 정도가 덜한 것 같다. 하지만 야구라는 주제로 이런저런 이야기를 하다 보면 간혹 등장하는 것이 타자 봉중근과 투수 추신수에 관한 이야기이다.

2년 후배인 추신수와 나는 공통점이 많다. 일단 우리는 왼손잡이다. 그것도 150km를 던질 수 있는 좌완투수다. 야수로는 우익수를 맡았으며 타격에 일가견이 있었다. 고등학교 2학년 때 세계청소년야구선수권 대회를 통해서 메이저리그 스카우트의 눈에 띄어 메이저리그와 계약한 것도 같다. 하지만 우리의 닮은꼴은 여기까지다. 나는 투수보다는 타격에 더 관심이 많았고 추신수는 투수에 관심이 더 많

 나는 지옥에 가서라도 데려온다는 150km를 던지는 왼손투수였다. 한때 투수 왕국 애틀랜타의 왼손 투수 톰 글래빈에 비교되는 호사까지 누렸던 메이저리그 시절의 연습 투구 모습.

았다. 나는 타자로 스카우트되었으나 추신수는 투수로 스카우트되었다. 하지만 나는 투수로, 그는 타자로 전향하게 된다.

추신수의 타자로의 전향은 그가 재능이 너무 많은 것이 오히려 그의 진로를 타자 쪽으로 굳혀버리는 계기가 되었다. 2000년 세계 청소년야구선수권 대회 이후 미국의 시애틀 매리너스의 스카우트가 추신수의 투구를 보기 위해 부산고를 찾는다. 그런데 안타깝게도 대통령배에서 무리한 투구로 팔꿈치 통증이 있었던 추신수는 타격 테

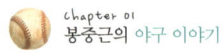

스트만을 받게 된다. 그 테스트에서 추신수는 100m를 11.8초에 주파하고, 부산고 운동장을 훌쩍 넘겨버리는 타격을 보이게 된다. 당시 관계자는 최고 170m까지 날아가는 초대형 타구라고도 말하는 이가 있는데, 정확하지는 않지만 운동장을 넘겨버릴 정도였으니 프로에서도 보기 힘든 대단한 타격을 보인 것은 분명하다.

그때 그들의 머릿속에는 이미 투수 추신수보다는 완벽한 파이브툴 플레이어(five-tool-player)를 찾았다는 감격으로 꽉 차 있었을 것이다. 엄청난 비거리를 자랑하는 힘에 정교함까지 갖춘 타격, 세계 대회에서 최우수 좌완투수상을 수상할 정도의 강한 어깨와 안정되고 정확한 송구 능력, 빠른 발까지…… 야구에서 필요한 모든 것을 다 갖춘 선수였던 것이다. 아마도 다섯 가지가 아니라 몇 가지를 더 갖다 붙여도 어울리는 선수였을 것이다. 결국 추신수는 투수로서의 성공을 품고 미국으로 건너갔지만, 투구 훈련을 위해 마운드를 오르는 그에게 "왜 타자가 마운드에 올라가나?"라는 말을 듣고 자신의 보직이 타자로 바뀐 것을 알게 되고, 그 이후로 쭉 타자로서 활약하게 된다.

나는 몇몇 사람에게 하나의 가능성으로 '타자였더라면' 하는 이야기가 종종 나온다면, 추신수는 마이너리그 시절 그의 강한 어깨를 탐내던 투수코치들에게 끊임없이 러브콜을 받는다. 물론 그때마다 타격코치들의 화들짝 놀랜 반대로 무마되기 일쑤였지만 말이다.

2005년 어느 날 있었던 그의 일화다. 포지션을 양보해주지 않던 우익수 이치로 덕에 트리플A에서 뛸 때의 일이다. 평소 그의 강한 어깨를 탐내던 투수코치는 훈련 시간에 그를 마운드에 세웠다. 처음에는 그냥 장난삼아 세웠던 것인데 추신수가 첫 번째 던진 직구가 142km를 기록한다. 2구째엔 143km, 3구째는 148km, 몸이 완전히 풀린 뒤에는 스피드건에 최고 151km까지 찍하게 된다.

투수가 던지는 공과 타자가 던지는 공에는 차이가 있다. 그것은 공의 회전수인데, 투수가 던지는 공은 일반 야수가 던지는 공보다 훨씬 많은 회전을 먹는다. 그렇게 하지 않으면 공의 저항이 높아져서 속도를 높일 수가 없다. 흔히 직구라고 불리는 빠른 공(fast ball)의 속도 증가에 가장 중요한 요소 중의 하나가 진행 방향과 반대 방향으로 돌아가는 회전수이다. 이러한 회전력이 없다면 속도는 있되 치기 쉬운 가벼운 공이 되고 만다.

깜짝 놀란 투수코치가 당장 투수로 전향하라고 권한 것은 당연한 반응이었다. 물론 타격코치가 "타격에 소질이 있는데 무슨 소리냐?"라고 바로 받아치면서 재미있는 일화로 끝나게 된다. 150km를 넘겼다는 것은 그가 아직도 여전히 투수로서 투구 메커니즘을 잊지 않았다는 것이다. 실제로 투수를 그만둔 지 10년이 넘은 지금도 그는 150km를 던질 수 있다. 그러한 그의 능력은 외야 수비의 꽃인 보살 부분에서 엄청난 송구를 통해 보여주고 있다. 정확할 뿐 아니라 빠른 속도로 포수의 미트에 노바운드로 꽂히는 공은 때로는 3루 주자가 열 발자국 남짓 갔을 때 이미 포수에게 전달되곤 한다. 투수를

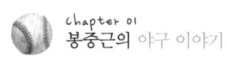

못한 한을 마운드보다 3배는 멀리 있는 외야에서 풀고 있는 건 아닌지 모르겠다.

이 일이 있고 얼마 후 시범경기를 앞두고 추신수를 만난 이만수 코치(현 SK 감독)는 그 일화를 듣고 매우 아쉬워하면서 자신의 홈페이지에 투수 추신수에 대한 가능성과 아쉬움을 담은 칼럼을 쓰게 된다.

"메이저리그가 투수 기근에 시달리고 있고, 추신수 같은 왼손잡이라면 더욱 귀하다. 추신수는 3개월 동안 피칭 훈련을 하면 156km까지 던질 수 있다고 했다. 왼손으로 150km를 던질 수 있다면 오른손 투수가 160Km를 뿌리는 것과 맞먹는 위력이다. 그렇다면 메이저리거가 될 가능성이 훨씬 높아질 것이다."

그로부터 몇 년 후 2010년 아시안게임에서 만난 추신수는 나에게 물었다.

"형 투수하는 거 후회하지 않아요?"
"후회까지는 아닌데 미련은 남네."

내 대답에 추신수 역시 고개를 끄덕였다. 나는 그에게 타자하는 게 아쉽지 않냐고 묻지 않았다. 이미 그의 끄덕임에서 나와 같은 마음이었다는 것을 느낄 수 있었기 때문이다. 양쪽에 다 가능성이 있었으니 코치들에게는 행복한 고민이었겠지만 정작 당사자들에게는 하나의 선택이 평생 마음 한쪽에 아쉬움으로 남는다.

왜 그들은 우리에게 서로 다른 반대의 길을 가게 했을까? 이 부분에 대해서 어느 야구 전문가의 분석에 내 생각을 더해서 정리해볼까 한다. 고교 시절 나의 타격은 이미 완성된 수준이라는 평가를 받는다. 스트라이크가 아니면 절대로 방망이가 나가지 않는 선구안과 정확함에 힘까지 갖추고 있었다. 그런데 투수로서는 다소 상체 위주의 투구 자세로 아직은 좀 더 개발해야 할 여지가 있었다. 아마도 미국에서 나를 보던 그들도 같은 생각을 했을 것이다. 타격은 더는 발전할 게 없고, 투수로서는 가능성이 많으니 그쪽으로 키워보는 게 훨씬 성공적이겠다고 말이다. 특히 앞으로 더 성장할 내 키에서 얻을 수 있는 부가적인 효과까지 내다보았을 것이다.

반대로 추신수 선수는 투수로서 완성된 경우였다. 물 흐르듯 자연스러운 투구 자세로 150km를 쉽게 던지는 투수였다. 그러나 이것이 오히려 그들에게는 더 발전을 기대하기 어렵다고 생각했는지 모른다. 또한 투구 외에 엄청난 능력들을 본 후에 타자로서 무궁한 발전 가능성을 발견한 그들 눈에는 상대적으로 작아 보이는 키 또한 점검 대상 중의 하나였으리라. 지옥에 가서라도 데려온다는 150km를 던지는 왼손투수도 귀하지만 완벽하게 다섯 가지 포지션을 구사하는 선수를 만난다는 것은 정말 어려운 일이었기 때문이다. 결과적으로 추신수는 타자로서 잘 성장하고 스타플레이어로서 잘 활약하고 있어서 참으로 대견하고 고맙다.

나 또한 투수로서 여러 우여곡절이 있었지만 한국으로 돌아와

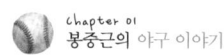

서 사랑하는 가족들과 팬들 옆에서 LG 트윈스의 마무리투수로서 즐겁게 선수생활을 하고 있다. 숫자놀음에 얽힌 성적이 늘 꼬리처럼 따라다니는 우리지만, 가족과 팬들 덕분에 지나간 아쉬움은 야구 뒷이야기의 역할만이라도 그 가치가 있다고 본다.

## 별호 열전

초등학교 야구부 비닐하우스 훈련장 옆에서 감독님을 만나고 우연히 시작한 야구가 올해로 벌써 22년째가 되었다. 그사이 내게는 많은 별명이 생겼다. 모두가 팬 여러분이 지어주신 별명이라 하나하나가 내게는 매우 소중하고 감사한 것뿐이다. 이번 장에서는 그 별명에 얽힌 이야기를 나눠보도록 하자.

### 봉중근 의사

2009년 2회 WBC에서 붙여진 별명이다. 가장 많이 알려진 별명으로 일본과의 경기에서 얻은 별명이다. 당시 우리는 결승전 전까지 총 세 번의 경기를 치르게 되는데 2008년 베이징올림픽에서 일본을 완벽하게 막아낸 김광현 선수를 그들은 철저하게 준비하고 나오게 된다. 일본 TV 특집 프로그램에서도 김광현 선수와 한국 야구 특징을 분석하는 등 두 번째 만남에서는 절대로 질 수 없다는 각오가 대단했었다. 결국, 첫 번째 경기에서 그들은 김광현 선수 공략에 성공하게 된다. 김광현의 컨디션이 나쁘지 않았음을 고려한다면 그들의 공략은 성공적이었다고 할 수 있다. 결국 우리는 12점 차 콜드게임을 당한다. 우리는 두 번째 일본전을 대비하였고 다음 선발투수에 대한 언론의 관심은 아주 높았다. 그런데 무슨 이유에서인지 나는 선발투수를 자청하게 된다. 한국 복귀 후 그때까지 나는 그다지 확실한 믿음을 주는 상황이 아니었다. 김인식 감독님도 나는 왼손투수라 조커 정도로 생각하셨던 것 같다. 나 또한 내 능력에 대한 자신감보다 책임감과 반드시 이기고 싶다는 의욕이 충만했던 상황이었다.

　나의 선발 등판 소식에 많은 사람이 의아해했고 잘할 것이라는 의견보다는 걱정이 앞선 분위기였다. 그만큼 한·일전에 대한 전 국민적 관심이 있었던 절박한 상황이었다. 개인적으로는 예전부터 좋아했던 일본의 이치로 선수의 망언에 가까운 발언으로 자극돼 있었기에 세간의 관심에 아랑곳하지 않고 나는 전력으로 준비했고 게임을 치르게 된다. 총 네 게임에 세 번 등판하게 되며 2승 무패 0.51의 평균 자책점을 기록하게 된다. 그리고 결정적인 사건이 발생하게 되는데, 일명 '이치로 굴욕' 사건이다.

　같은 야구인으로서 굴욕이라는 표현을 쓰는 것이 그리 유쾌하지는 않지만, 한·일전이 갖는 시합 이상의 의미를 생각한다면 당시

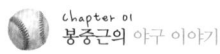

상황에 가장 어울리는 표현이라 생각한다. 그때 많은 분은 내가 이치로를 겁주는 듯한 느낌으로 받아들였지만, 실상은 지극히 평범한 견제 상황이었다. 1루 주자에게 있어서 왼손투수는 굉장히 부담스러운 존재다. 자신을 정면으로 바라보고 있는 투수를 피해 리드하기란 여간한 강심장이 아니고서는 쉽지 않기 때문이다. 더욱이 1루 송구까지 걸리는 시간도 오른손투수보다 훨씬 빠르다. 그리고 나의 견제 능력은 메이저리그에서도 정평이 나 있었고, 이치로 선수도 잘 알고 있었다. 당시 나는 천하의 이치로가 1루로 슬라이딩하는 것을 보고 사실 속으로는 깜짝 놀랐다. 미국에서도 보기 어려운 장면이었기 때문이다.

그런데 그는 관중들로 인해 조금 맘이 상했는지 표정이 좋아 보이지 않았다. 그리고 그 이후 이치로의 리드 길이가 더 길어졌다. 반드시 뛰겠다는 것으로밖에 보이지 않을 만큼 말이다. 그래서 한 번 더 견제했고, 순식간에 슬라이딩으로 귀루한 걸 보고 1루에 송구하지 않았다. 이것이 당시 사건의 사실이다. 하지만 관중과 내 생각에는 차이가 있었던 것 같다. 그럼 당시 상황을 관중이 아닌 투수로서 다시 한 번 설명해보겠다.

## 당시 상황 재연 - 투수 봉중근 관점

1루 주자는 100m를 11.5초에 뛰는 이치로다. 투아웃이니 웬만하면 2루까지 뛰어서 다음 타자 안타에 들어오려는 의지가 느껴진다. 오! 이치로의 눈빛이 활활 타오르는 듯하다.

'나 뛸 거야…… 뛸 거야…… 뛸 거야…….'

아무래도 몇 번 견제로 막아야겠다.

자, 투구판에서 번개처럼 뒷발 빼고 으라차! 이런! 슬라이딩까지 하면서 벌써 1루로 들어가네? 아! 천하의 이치로가 슬라이딩으로 귀루하다니…… 미국에서도 보지 못한 모습이 아닌가! 나의 견제 능력이 인정받았다는 증거.

음, 아까보다도 더 리드가 길어졌구나. 반드시 뛰겠다는 의지. 한 번 더 견제, 으차~! 앗, 벌써 귀루를? 그것도 또 슬라이딩으로…… 던져도 타이밍은 늦었군. 던지지 말자, 자칫 빠지기라도 하면 큰일이야. 후후, 이것은 노련한 투수의 견제 정석이지. 늦은 타이밍에 욕심내지 말자.

### 당시 상황 재연 – 관중의 관점

1루 주자가 이치로네? 음, 앞으로 20년은 한국이 일본을 이기지 못하게 하겠다고 망언했던 녀석이 아닌가? 뭐야? 도루하려는 거야? 투아웃이니 어떻게 해서라도 2루 가서 들어오겠다 이거지? 봉중근 선수, 그 녀석을 잡아줘요! 못 뛰게 해요!

(봉중근 선수 견제 동작) 와! 저거 뭐야! 봉중근 선수가 살짝 겁만 줬는데 정신없이 들어오고 슬라이딩까지 하네? 하하하! 이거 너무 통쾌하다. 봉중근 선수 센스 있는데.

(다시보기 화면 나가고) 아하! 인제 보니 꿀밤 먹이려고 했던 것 같은데? "이놈 어딜 가려고?" 뭐 이런 거 같은데. 오~ 봉중근 선수 멋있다! 이거 완전히 '이치로 굴욕 사건'이구먼!

뭐 이런 관점의 차이가 아닐까? 나는 견제하려 했고 이치로는 아주 재빠르게 1루로 귀루했고, 타이밍을 놓친 나는 견제하지 않았고. 그런데 공교롭게도 송구하지 않고 팔을 내리는 동작과 이치로의 슬라이딩이 팬들에겐 실제와 다른 느낌을 주었던 것 같다. 투수가 견제를 시작하면 던지거나 던지지 않더라도 팔의 균형과 부상 방지를 위해 부드럽게 스윙은 해야 한다. 그래서 나온 자연스러운 동작이다.

하지만 지금 그 영상을 내가 다시 봐도 관중의 관점으로 보이니, 어쩌면 그날 한·일전에 집중된 우리나라 국민의 기운이 그런 분위기를 만들었는지도 모르겠다.

나는 야구선수다. 당연히 절대로 상대 선수를 조롱하는 플레이를 해서는 안 된다고 생각하고 있다. 만약 그날 나의 플레이가 의도된 것이라면 이치로 선수도 느꼈을 것이고, 그 또한 기분 나빠했을 것이다. 그러니 그런 걱정은 전혀 할 필요가 없다. 하지만 언제나 에피소드는 평범한 사실(fact)에서 시작하듯이, 그날의 경기 이후로 나는 팬들의 관심을 받기 시작하며 결국에 우리나라의 광복을 위해 목숨 바쳐 싸우셨던 독립투사 안중근 의사에 빗대어 '봉중근 의사'라는 별명을 얻게 된다. 이름으로 만드는 유치한 장난이란 장난은 다 했었던 초등학교 때도 듣지 못했던 이 별명으로 나는 많은 사람에게 이름을 알리게 됐으니, 개인적으로는 감격스럽기까지 했던 별명이

다. 왜냐하면 그때는 어느 한 팀의 투수가 아닌, 가슴에 태극마크를 달고 있는 대한민국을 대표하는 국가대표이기 때문이다. 그런 이유로 재미도 있고 감동도 있는 '봉중근 의사'라는 별명을 가장 좋아한다.

WBC 이후로 팬들의 관심을 받은 봉중근을 위해 LG에서 특별 제작한 봉중근 의사 티셔츠.
봉중근 의사란 별명은 국가대표로서 내가 가장 좋아하는 별명이다.

### 봉타나

2006년에 한국으로 돌아와 2007년 그다지 좋은 활약을 보이지 못했던 나는 2008년 꽤 괜찮은 투구를 보여주게 된다. 그해 나는 11승 8패에 2.66의 평균자책점을 기록한다. 봉타나는 2년을 기다리던 LG 팬들이 붙여주신 별명이다. 야구를 잘 모르는 분들이 들으면 "봉타나? 야구방망이가 불에 탄다는 건가? 아니면 공이 너무 강력해서 타자들의 야구방망이를 다 태워버린다, 뭐 이런 뜻인가?" 할지도 모른다.

사실 봉타나는 미국 메이저리그 뉴욕 메츠의 투수 요한 산타나와 나의 성을 합성한 것이다. 둘 다 왼손투수고 서클체인지업을 잘 던지는 투구 스타일이 비슷하다고 해서 만들어주신 듯하다. 요한 산타나는 나보다 1살 많은 베네수엘라 출신의 선수로, 메이저리그에서 사이영상을 두 번이나 수상했으며, 얼마 전에는 1962년 창단 이후 뉴욕 메츠의 역사상 첫 번째 노히트노런을 달성할 만큼 훌륭한 투수이다. 그런 좋은 투수와 나를 비교해주는 것은 정말 영광스런 일이다. 특히 몇 년간 풀리지 않는 플레이로 답답했던 내가 한국으로 와서 재기에 성공하면서 얻은 별명 '봉타나'는 실력으로 인정받은 느낌의 별명이어서 야구선수로서 정말 좋아하는 별명이다.

### 봉크라이

봉크라이는 뜻부터 이야기한다면 '봉 + Cry'이며 이 별명이 붙여진 시기는 좋은 플레이를 보이던 2009년이다. 그러고 보니 2009년에는 '봉타나'와 '봉크라이'를 같이 얻었다. 봉크라이라는 별명이 붙은 이유는 잘 던지고도 타선 지원이 없어서 지는 경기가 많았던 때문인데 한 번은 8회까지 무실점으로 잘 막고 승리투수 요건을 갖추고 내려왔는데 팀이 역전당한 적이 있다. 그때 너무 억울해서 나도 모르게 눈물이 흘렀는데 그것이 마침 카메라에 잡힌 것이다. 남자가 운다는 건 창피한 일이지만 어쩔 수 없었다. 그 후에도 세 번이나 이겼던 일본에게 WBC 결승에서 졌을 때도 울었고, 그 뒤로 몇 번 더 있는 것 같다. 그러고 보니 나는 눈물이 많은 편인가 보다. 누가 보면 덩칫값 못한다고 하겠지만 감성이 풍부한 걸로 보아줬으면 좋겠다.

그때 억울함 감정은 점수를 못 낸 타자들에 대한 원망이 아니었다. 그저 열심히 하고 이기지 못한 것이 아쉬웠을 뿐이다. 그런데 이 별명은 팬들에게는 오히려 강한 승부욕을 가진 선수라는 이미지를 주었다고 한다. 실제로 나는 승부욕이 무척 강하다. 그런데 그런 나의 승부욕이 강한 눈빛도, 격렬한 파이팅도 아닌 한줄기 눈물로 표현되었다니……. 요즘 팬들은 별명을 지을 때도 정말 섬세한 것 같다.

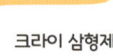

크라이 삼형제

봉크라이는 그 후로 아류작들을 만드는데 올해 LG의 주키치는 '주크라이', 한화의 류현진은 '류크라이'로 불리기도 했다. 그런데 아무래도 봉크라이의 맛은 안 난다. 이래서 원조라는 말이 있는 것이 아닐까?

## 아이언봉

2012년 마무리를 맡으면서 얻은 별명인데, 경기의 마지막을 담당하는 마무리투수라는 특성을 고려할 때나 문학적인 관점에서 볼 때도 매우 적절한 표현이 아닌가 싶다. 2011년 5월 18일 KIA전 등판 이후 나는 팔꿈치 통증을 느끼게 된다. 검진을 위해 미국으로 갔고 결과는 수술해야 하는 상황이었다. 투수에게 팔꿈치 수술은 투수생명과 직결되는 문제였지만 수술을 받기로 하고 일

329일만에 1군 경기 최고 구속 145km

명 '토미 존 서저리'라 불리는 팔꿈치 인대 접합 수술을 하게 된다.

이 수술은 투수에게는 악마의 유혹과도 같은 수술이다. 수술이 잘되기만 하면 전성기 때 구위를 찾거나 오히려 구속이 향상되는 효과를 주지만, 성공이 보장되는 것은 아니기 때문이다. 삼성의 배영수 선수는 수술 후에 예전의 불같은 강속구를 잃었지만, 일본에서 엄청난 활약을 보여준 임창용 선수에겐 성공적인 재활로 160km의 강속

구를 던질 수 있게 해준 수술이다.

　나 또한 많은 걱정이 있었지만 내가 누군가? 쿨한 결정의 달인 봉중근이 아닌가? 과감히 수술을 받았고 재활훈련을 착실하게 소화해냈다. 그리고 2012년에 다시 마운드로 복귀할 수 있었다. 팀에서는 그동안 팀의 골칫거리 중의 하나였던 마무리투수를 요청했고, 나는 기꺼이 받아들였다. 투수의 분업화가 정착한 현대 야구에서 마무리투수의 역할은 갈수록 그 중요도가 올라가고 있다. 예전에는 일정 기간 선발투수를 하고 체력이 떨어질 때 마무리로 전향하는 게 관례로 여겨졌지만, 이제는 마무리는 선발 못지않게 팀 전력의 핵심으로 자리 잡은 지 오래다.

　착실하게 재활훈련을 잘 소화해서인지 올해 나는 전성기 못지않은 구위를 보여주었고 다행히 팀의 마무리로서 괜찮은 플레이를 했다. 그동안 겪었던 수많은 역전패의 쓴 기억 때문인지 마무리투수 봉중근에 대한 팬들의 반응은 기대 이상이었다. 여기에 어려운 수술과 재활을 이겨내고 돌아온 나에게 그들은 영화 아이언맨과 같은 카타르시스를 느낀 듯하다. 그래서 붙여진 별명이 아이언봉이다.

　어느 팬은 아이언맨의 팔을 가진 나를 캐리커처로 그리기도 했고, 20세이브를 달성했을 때는 아이언봉을 주제로 한 대형 축하 현수막을 만들어 구장에 걸어주며 나를 격려하기도 했다. 앞서는 경기의 후반에는 '구해줘요! 아이언봉!'이라는 구호가 들리기도 하는데, 정말 그럴 땐 감격스럽다.

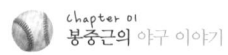

봉타나가 선발투수로서 능력을 인정해준 별명이었다면 '아이언 봉'은 마무리투수가 지녀야 할 능력을 인정받은 별명이라는 생각이다. 늘 느끼는 거지만 팬들의 센스의 끝은 과연 어디인지 모를 정도다. 독창적이며 글로벌한 느낌과 시대적 경향을 잘 반영한 이 별명은 가히 메이저리그급이라 해도 부족함이 없다.

한 가지 아쉬운 점이 있다면 6월 22일 롯데전에서 블론세이브(세이브 실패)를 기록하고 화를 못 이기고 그만 소화전을 때려 오른쪽 손등에 부상을 당해 결국 2주간 게임을 뛰지 못했던 일이다. 마무리투수가 그 정도의 쌈닭 기질은 필요하다고 이야기해주는 분들도 있

오른손등을 다치고 나서 재활 시 썼던 글러브. 안쪽에 스펀지가 있다.

지만, 그거야 마운드 위에서나 해당하는 이야기다. 개인적으로나 팀적으로나 손해가 되는 일이었다. 물론 팬들의 마음에 큰 근심을 줬던 것도 사실이다. 나에게는 또 한 번 큰 교훈을 얻은 실수였고 복귀 후에 더 열심히 할 수밖에 없었다. '봉소화'나 '소화봉', '봉소방', '레알 소방수', '봉주먹' 같은 별명을 지어주지 않은 팬들에게 감사하다. 만약에 그 일로 별명록에 또 하나의 별명이 탄생했다면 오랫동안 두고두고 부끄러웠을 것이다. 너그럽고 항상 아껴주시는 분들에게 다시 한 번 감사 드린다.

### 봉미미

내가 가진 별명 중에서 가장 부드러운 어감을 자랑한다. 여러 별명 중에서 가장 역사가 오래된 이 별명의 유래는 그리 유쾌하지는 않다. 이 별명의 발단은 2007년 삼성의 용병 투수로 왔던 메존 선수의 첫 등판 후 기자와 가졌던 인터뷰다. 그날 마침 상대 팀인 LG의 선발투수는 나였다. 기자는 메존에게 컨디션과 한국 타자에 대한 느낌을 물었고, 뒤이어 한국에 와 있는 용병 중에 친한 사람이 있는지 물었다. 그리고 미국에서 온 선수이기에 자연스럽게 상대 팀 선발투수를 아는가 물었는데 그의 답변이 다음과 같았다.

"전혀 알지 못했다. 미국에서 뛰는 미미한 모든 선수에 대해서

까지 알 수는 없다. 오늘 처음 미국에서 활동했었다는 이야기는 전해 들었다."

분명 영어로 이야기했을 것이고, 누군가 통역했을 텐데…… 원래 단어를 뭐라고 썼을까? 이왕이면 좀 더 완곡한 표현을 썼으면 좋았으련만. 하지만 뭐 난 별로 신경 쓰지 않았다. 왜냐하면, 나도 그 사람 몰랐으니까! (음…… 소심한 복수 같다.)

때마침 2007년이면 성적도 좋지 않았던 때이고, 성적과 비교하면 미국에서 오면서 받았던 적지 않은 연봉으로 팬들에게는 아쉬움도 있었을 때라, 결정적으로 '미미'라는 단어가 눈에 띄었을 것이다. 결국 '봉미미'가 만들어졌다. 내용을 잘 몰랐던 팬들은 어감만 듣고 뭔가 좋은 별명이겠거니 싶어서 계속 물어보고…… 뜻을 알고 난 후에는 다들 표정이 '내가 괜한 걸 물었구먼……' 이런 느낌이었다.

## 아는 사람만 아는 별명들

### 봉주장

2009년 아시안게임 때 주장으로서 수고했다고 지어주신 별명이다. 이전에도 수많은 국가대표 주장이 있었지만 많은 사람의 머릿속에 국가대표 야구팀 주장 봉중근 이미지가 각인된 듯해 매우 흐뭇하다. 2013년 WBC에 참가한다면 또 한 번 주장이 될지도 모르겠다는 기대감과 부담감이 동시에 있으나, 맡겨준다면 봉중근+봉타나+봉크라이+아이언봉의 힘과 영향력을 모두 발휘하여 열심히 할 것이다.

### 한국의 베이브루스

고등학교 때 메이저리그 진출 시 미국 애틀란타 브레이브스의 스카우트 빌 클라크가 타격이 좋다고 붙여준 별명. 감사하지만 부담되는 별명이다. 투수를 하다가 타자로 전향한 베이브루스의 경력때문에 종종 타격코치들의 타격 전환 유혹의 소재로 쓰이기도 한다.

### 봉열사

봉중근 의사가 와전되어 어느 신문에 나온 기사. 아무래도 기자분이 살짝 헷갈리신 듯하다. 안중근 선생님을 안중근 열사라고도 하니 틀린 표현은 아니나 유행어의 기본은 어감의 유지가 아닐까?

### 관중근

관중석에 있던 내 모습을 누군가 인터넷에 올리면서 관중 같다고 해서 붙인 별명. 유행되지는 않지만 이슈성과 구성을 볼 때 문학적 완성도는 매우 높은 별명이다.

지금까지의 별명은 팬여러분이 붙여주신 고마운 별명들인데, 개인적으로 듣고 싶은 별명을 몇 가지 적어본다. 되면 좋고 안 되면 말고~.

**봉동건**
봉중근 + 장동건, 나름 야구계에서는 킹카라 인정받습니다.

**봉유**
봉중근 + 공유, 부드러운 남자 봉중근을 알리고 싶어요~.

**야봉**
김성근 감독님의 '야신', 한대화 감독님의 '야왕'의 계보를 잇는 새로운 야심작으로 의미는 '야구의 최고봉' 뭐, 이런 정도?

# Bong's Baseball Story I

1. 초등학교 국가대표팀 시절.

2. Good(굿)일 세계 야구대회 출전 대표 선수단 결단식 및 출국(1992. 8. 21 김포국제공항 9청사).

3. PONY 야구대회(일본) (1994. 8. 4 ~ 8. 10).

4. 제16회 서울특별시장기쟁탈 중학교 야구대회 우승 축배 (1995. 9. 12).

5. 청룡기 3관왕 우승, MVP, 최우수타격상(1997).

6. 미국에서 만난 하일성 해설위원.

7. 미국 애틀랜타 브레이브스 시절.

chapter 01
봉중근의 야구 이야기

chapter 02

# 소년에서
# 청년으로

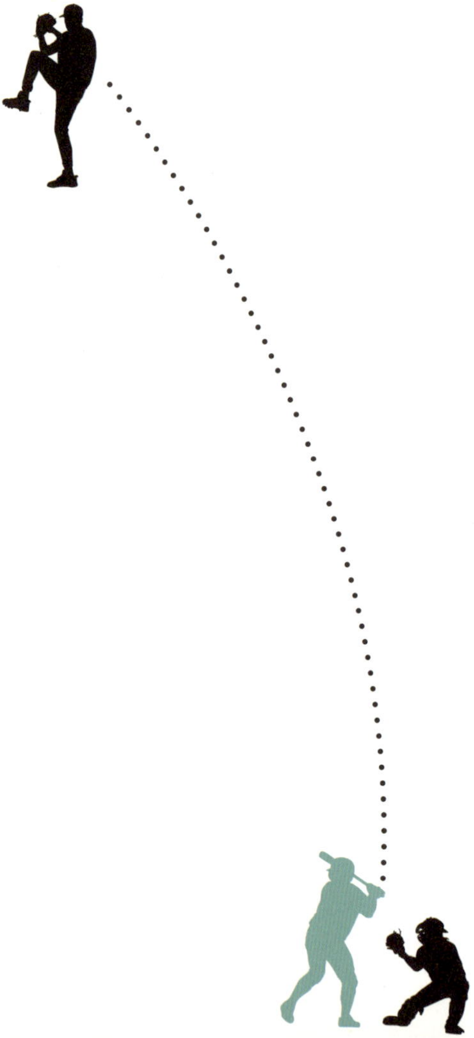

## 봉리버 여행기

18세에 건너간 미국의 생활은 모든 것이 낯설었다. 생소한 곳에서의 생활에 적응하는 것만큼이나 어려웠던 건, 한국에서 인정받았던 모든 것이 재평가받는다는 생각 때문에 들었던 불안감이었다.

일단 한국에서는 남부럽지 않았던 나의 체격이 그곳에서는 가장 작은 축에 속했다. 스포츠에서의 체격 차이는 특히 야구에서 매우 중요한 경쟁력이므로 생전 처음 만나는 거인족들 사이에서 나의 불안감은 더욱 높아져 갔다.

하지만 힘든 생활 속에서도 새롭게 만든 친구와 나를 아끼고 사랑해주었던 많은 분들 때문에 이겨낼 수 있었다. 나는 미국에서 청소년기를 마치고 어른이 되었고, 프로 야구선수로 새롭게 시작하였다. 부모님의 철부지 아들에서 한 여자의 남편이 되었고, 아이를 낳고 아버지가 되었고, 가장이 되었다. 인생에서 가장 중요한 일 중의 절반은 미국에서 이뤘다고 해도 과언이 아닐 것이다.

미국에서의 첫날, 가장 당황스러웠던 일은 녀석들이 너무 크다는 것이었다. 미국 메이저리그의 선수 중에서 키가 큰 선수들을 뽑아 보면 보통 투수가 많은데, 이는 클수록 회전력이 향상되므로 코치진에 의해서 장신의 선수는 투수 쪽으로 훈련하는 때가 많아서 더 그렇다. 나도 키가 더 클 것을 기대하고 투수로 전향시킨 경우다. 그런데 메이저리그 선수들은 키만 큰 게 아니라, 체격 조건은 물론이고 두꺼운 가슴팍, 팔다리에 붙은 근육은 밀가루 반죽을 밀어 넣은 것처럼 크고 탄탄해 나와는 차이가 있었다. 물론 그것이 체력과 힘에 있어서 현저한 차이를 만들어낸 것은 당연한 일이었다.

한국에서 나는 누구를 만나도 기가 죽는 사람이 아니거늘, 그날 나는 마치 거인국에 온 소인 걸리버였다. 지금이야 190cm까지 키가 자라서 아주 작은 수준은 아니지만, 그때만 해도 한창 키가 크고 있었기에 지금보다 작아서 더 그렇게 느꼈을 것이다. 여기서 중요한 점은 체격이 크니까 당연하겠지만 손의 크기와 길이 또한 나와 정말 다르다는 것이다. 투수에게 있어서 손이 크다는 것은 공에 더욱 강한 회전력을 줄 수 있다는 것을 의미한다.

간혹 한국 야구에서 볼 수 있는 메이저리거들이 있는데 내가 지금 하는 이야기가 잘 실감이 나지 않을 것이다. 한국에 오는 선수들

미국에선..

보다 현지에서 보는 선수들은 훨씬 크다. 현재 메이저리그의 전체 선수들의 평균 키는 187.2cm이며 체중은 94.3kg이라고 한다.

그중 가장 큰 선수는 과거 시카고 화이트삭스에서 뛰었던 투수 존 로치로 210.8cm나 된다. 그리고 최단신 선수는 휴스턴 애스트로스의 호세 알투베로 165.1cm이다. 각 팀의 최장신 선수를 보면 거의 투수 자원인데 보통 2m를 넘는 경우가 대부분이다. 내가 가장 존경하는 메이저리그 선수이며, 우리가 잘 알고 있는 전설적인 투수인 랜디 존슨도 무려 208cm이다. 그와 함께 애리조나 다이아몬드백스의 우승을 만들었던 커트 실링 역시 198cm이다. 물론 그랙매덕스(182.9cm), 톰 글래빈(182.9cm)처럼 그들 기준에서 작은 선수들도 있지만 아무래도 불같은 강속구와 큰 키에서 나오는 변화무쌍한 변화구 등은 키가 큰 선수들에게 확률적으로 유리할 수밖에 없다. 메이저리그의 미국 전역을 돌며 치르는 162경기를 감당하려면 이러한 체격 조건은 많은 도움이 된다. 랜디 존슨의 경기를 보면 슬슬 던지는 공인데도 전광판에는 150km가 찍혔던 것을 보면 그들의 투구 메커니즘은 일반인의 것을 초월한다고 할 수 있다.

## 미국에서 만난 죽마고우, 그리고 차별

18세의 나이에 미국에 가면서 나는 야구 말고는 모든 게 새로운 시작이었다. 아니 야구조차도 새롭게 배운다고 생각했으니 갓난아이 같은 상태였다. 팀에서 붙여준다던 통역사도 빠른 적응을 위해 일부러 거절했으니 당시의 어려움은 정말 심각했다. 이렇게 힘들 때에 가장 도움되는 것이 바로 같이 야구하는 친구이다.

홀로 간 미국에서 나의 가장 친한 친구는 호라시오 라미레스라는 선수이다. 올해 잠시 KIA 타이거즈에서 뛰기도 했던 그는 내 룸메이트였다. 이름 같지 않게 미국에서 태어난 그는 처음 하는 미국생활에 낯설어하는 나를 위해 많은 도움을 주었다. 차가 없으면 다닐 수가 없는 많은 곳에 나를 데리고 갔으며, 언어를 배우는 데도 그의 도움이 가장 컸다고 할 수 있다. 말을 많이 해봐야 늘 텐데 도무지 누구 하나 말을 쉽게 붙이지 않았던 그때, 라미레스와 같은 방을 썼다는 건 내게 행운이라고 할 수 있다.

아마도 한국에서 온 어린 선수를 위해서 사람 좋은 라미레스를 붙여준 게 아닌가 생각된다. 나보다 5살이 많았던 그는 나보다 조금 먼저 입단해 있었는데, 우리는 둘다 투수였으며 좌완이었다. 오른손잡이는 모르겠지만 왼손잡이들은 묘한 유대감이 있다. 특히 야구처럼 특정 분야에 있다면 더 그렇다. 내가 존경하는 외국인 야구선수 랜디 존슨과 이치로 역시 왼손잡이다. 야구계에서 귀하다는 왼손투수였던 라미레스와 나는 그렇게 일과 후에는 룸메이트로, 훈련 중에는 경쟁자로 온 힘을 다하게 된다. 그는 동양인에 대한 편견이나 무시하는 마인드가 전혀 없는 좋은 인격의 소유자였기에 그와 했던 경쟁과 생활은 모두 좋은 에너지가 되었다. 후에 메이저리그 승격 통보를 받는 날, 코치는 우리 둘을 불러 세워놓고 "축하한다. 너희 둘이 메이저리그로 간다"라고 했을 때 나의 소중한 친구와 함께 간다는 사실에 더욱 기뻤었다. 라미레스는 선발로, 나는 불펜으로 간다는 말이 조금 서운했지만, 마이너리그에서 메이저리그로 간다는 것 자체가 크나큰 영광이므로 서운함은 이내 사라졌다.

　올해 2월 KIA로 왔을 때 운동장에서 그를 만나고 한참을 껴안고 인사했던 기억이 난다. 그와 인사하는 짧은 시간 동안 머릿속에서는 미국에서의 생활이 주마등처럼 마구 지나갔다. 그가 미국에서 내게 했던 것처럼 나는 그를 데리고 가족과 함께 식사하며 즐거운 시간을 보냈었다. 3개월이라는 짧은 기간이라 아쉬움이 많이 남지만, 평생 잊지 못할 소중한 친구다. 그러고 보니 5살 많은 사람과 친구가 되다니 미국은 이런 부분은 좋은 것 같다. 물론 나도 나보다 어린 친구와 친구가 돼야 하지만 말이다.

　미국에서 라미레스 같은 좋은 친구도 만났지만 상처도 많이 받았다. 당시 미국 프로야구 구단에 가면 크게 세 그룹으로 나뉘는데 백인그룹, 흑인그룹, 그리고 남미그룹이다. 라미레스는 모든 사람과 친한 성격 좋은 친구였고, 나도 동양인이 드문 탓에 세 그룹 모두와 어울릴 수 있었다. 그런데 언젠가부터 라커룸에서 도난사고가 생기기 시작했다. 누군가 다른 선수의 돈을 훔쳐간 것이다. 그때 선수들 사이에서 동양에서 온 녀석이 훔친다는 소문이 돌았다. 나는 너무나 억울했지만, 언어도 불편한 상황에서 그들에게 뭔가 항의하기가 쉽지 않았다. 너무나 속이 상해서 한번은 현금을 찾아와 그들에게 나눠주기까지 하면서 나의 무죄를 표현했지만 이미 나는 깊은 상처를 받은 후였다. 그럼에도 불구하고 나는 이후로 더욱 선수들과 친해지려 노력했다. 선수들과의 유대관계는 메이저리그에서 굉장히 중요한 요소이며, 특히 8명의 수비 지원을 받아야 하는 투수에게는 더욱 중요했기 때문이다.

　요즘은 이렇게 생각한다. 이제 한국에 온 용병들에게 내가 라미레스가 되어주자고 말이다. 수십 명의 동양인 속에 홀로 있는 그들을 위해서 내가 먼저 말을 걸고, 안내하고, 어려움을 들어주고, 라미레스가 나에게 한 것처럼 나이를 떠나 친구가 되어주기로 말이다. 그것이 나의 어려웠던 미국 생활의 추억을 좀 더 가치 있게 만드는 방법이라고 생각한다.

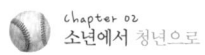

한국에 온 용병선수들에게 나는 먼저 말을 걸고, 안내하고, 어려움을 들어주는 사람이 되려 한다. 그것이 나의 미국생활의 추억을 더 가치 있게 만드는 일일 것이다. ⓒ kuma

## 세 가지 믿음

나는 야구를 시작하고 좋은 기회에 미국에 가게 되었다. 그래서 야구선수임에도 영어를 잘하게 되었다. 대단한 수준은 아니지만, 생활이 불편하지 않을 정도니 만족할 만한 수준은 된다. 대부분 10년을 넘게 영어를 공부해도 쉽지 않다고 하던데, 야구가 내게 덤으로 준 선물이라고 할 수 있다. 덤으로 받은 선물인 영어에서 내가 가장 좋아하는 단어가 바로 '트러스트(trust: 믿음)'이다. 이 단어를 좋아하게 된 사건이 있는데, 그 일은 내 첫 번째 등판에서 일어난다.

2002년 4월 23일 애리조나 다이아몬드백스와의 경기였는데 상대 투수는 랜디 존슨과 원투펀치로 유명한 커트 실링이었다. 애초 불펜투수로 올라왔던 나는 선발투수 제이슨 마키의 어깨 부상으로 선발 기회를 잡게 된다. 그때 너무 긴장된 나머지 1회에만 3실점하게 되는데, 더그아웃으로 돌아와 앉아 있는 내게 '바비 콕스' 감독님은 다가와 어깨를 두드리며 말씀하셨다.

> "봉중근 선수, 나는 당신이 충분히 잘 던질 수 있다고 믿습니다. 당신도 당신 자신을 믿어요."

내게 다가오는 감독님을 보며 꾸중을 들을 줄 알았는데, 그는 나 자신을 믿으라며 격려해주시는 것이었다. 그 이후 정신을 가다듬고

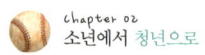

chapter 02
소년에서 청년으로

6이닝까지 교체 없이 던졌다. 비록 추가로 2실점 하면서 패했으나 그날의 경험은 나에게 많은 것을 느끼게 해주었으며, 특히 바비 콕스 감독님의 전폭적인 지지는 지금도 감사하고 있는 부분이다. 이것이 나의 첫 번째 트러스트(Trust)이다.

두 번째 트러스트는 신시내티에 있던 2004년 9월 어깨 수술 후 재활치료를 하면서 만나게 된다. 당시 선배들은 어깨 수술은 재활까지 최소 3년은 걸린다며 웬만하면 수술하지 말고 재활훈련으로 극복하기를 바랐다. 하지만 아직 나이가 어렸던 나는 모험을 결심하고 수술을 받는다. 수술 후에 6개월간의 1단계 재활훈련이 진행되는데, 선배들의 말처럼 정말 다시 투구할 수 있을지에 대한 의문이 들기 시작했다. 숟가락조차 들기 어려웠던 나는 이 팔로 어떻게 다시 공을 던질 수 있을지 도저히 믿을 수가 없었다. 투수에게 가장 중요한 게 어깨인데 이대로 사라지는 것은 아닐까? 예전의 강속구를 과연 던질 수 있을까? 이런 조바심 속에 당시 재활코치에게 나는 조심스럽게 물었다.

"Can I Play?"

근심 어린 표정으로 물어보는 나를 보면서 재활코치는 아무렇지도 않게 대답한다.

"Yes, only trust me!"

그는 정말 대수롭지 않은 일이라는 표정을 지으며 자기를 믿으라는 것이었다. 물론 많은 선수의 재활을 도와준 노련한 전문가였지만 '내 몸은 내가 제일 알 텐데…… 이렇게 아프고 힘이 없는데, 저 사람의 말을 믿어도 될까?'라는 고민이 쉴 새 없이 나를 괴롭혔다. 그리고 지지부진한 재활 프로그램 역시 나의 확신을 방해하는 요소 중의 하나였다. 그 당시 재활 코치와 나의 불안한 질문과 대수롭지 않은 대답은 매일매일 하루의 일상이 되었다.

"Can I Throw?"
"Of cause, trust me!"
"Am I OK?"
"Sure, trust me!"

의심스러운 나의 질문에 그는 언제나 확신에 찬 목소리로 "Trust me"를 외쳤고, 도무지 나아질 것 같지 않았던 나의 어깨는 서서히 회복하여 6개월 후에는 투구를 시작하기에 이르렀다. 결국 다시 투구판에서 예전의 공을 던지기 시작했다.

어린 나이에 투수의 생명을 걸고 받았던 수술과 재활훈련. 만약 그의 확신에 찬 "Trust me"가 없었다면 아마 나는 그 육체적으로 정

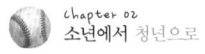

신적으로 고통스러웠던 과정을 무사히 끝내지 못했을 것이다. 이후 다시 메이저리그로 돌아가지는 못했지만, 그때 확신을 하고 견뎌냈던 재활훈련은 이후 국내로 돌아와서도 야구선수로 살아갈 수 있는 바탕이 되었다.

지금도 누군가 그에게 묻고 그는 이렇게 답하고 있을 것이다.

"Can I Play?"
"Yes, You just trust me!!!"

나의 세 번째 트러스트는 사람과의 관계에서 나온 것이 아니다. 아무리 믿으려 해도 재활코치의 대답으로는 확신이 없던 나는 주일마다 교회에서 목사님께 고민을 상담하곤 했다.

"목사님 너무 힘듭니다. 못 견딜 것 같습니다. 나아진다고 하는데 도무지 그럴 기미가 보이질 않아요. 어떻게 해야 하죠?"

그러자 목사님께서는 나의 눈을 바라보면서 말했다.

"중근 형제, 하나님을 믿으세요. 지금의 이 시련과 고통은 반드시 의미가 있을 겁니다. 이 과정을 반드시 이겨낼 거예요. 그리고 그 이후에는 더 큰 기쁨이 있을 겁니다."

그런데 어느 목사님이라도 당연히 했을 그 말이 내겐 너무나 깊이 다가오는 말이었다. 늘 듣던 성경 말씀과 주변의 격려가 그날 따라 내게는 가슴 깊은 곳을 어루만지며 힘들었던 내 삶에 표현할 수 없는 힘을 주었다. 그날 이후 더 열심히 기도하게 되었고, 재활코치가 미덥지 않을 때면 하나님께 기도하면서 그 고통의 과정을 참고 이겨냈다.

지금 돌아보면 야구선수로서 믿어야 할 세 가지 믿음에 대해서 깨닫는 과정이었다. 나에 대한 믿음으로 자신 있는 플레이를 하고, 함께하는 나의 동역자들을 믿으며, 하나님에 대한 간절한 믿음…… 이렇게 3개의 '트러스트'는 그때 당시는 물론이고 그 이후 국내로 복귀해 시한부 선고를 받고 투병하시는 아버지를 간호할 때에도 가족과 함께 우리를 지켜주었던 나에게는 정말 소중한 믿음이 된다.

혹시 지금도 부상의 고통으로 신음하며 다시 그라운드에 서기 위해 재활의 고통을 묵묵히 감당하고 있는 선후배 야구인들이 있다면 그들에게 이 세 가지를 선물하고 싶다.

"Trust! Trust! Trust!"

## 깜짝 놀란 그들의 재활훈련

앞에서 소개한 바와 같이 나는 2004년 어깨 수술과 2011년 팔꿈치 수술을 받았다. 수술은 모두 미국에서 받았지만 두 번의 재활훈련 과정을 어깨는 미국에서 팔꿈치는 한국에서 보내게 된다. 그러다 보니 한국과 미국의 재활훈련의 차이를 몸소 체험하게 되었다.

첫 번째 수술을 받은 나는 그날 바로 퇴원하게 되는데 마취도 안 풀린 상황에서 구단에서 연락을 받는다. 바로 훈련장으로 오라는 것이다. 수술 경과가 궁금해서 그런가 싶어서 바로 훈련장으로 간 나에게 그들은 그날부터 재활훈련을 시켰는데, 수술 뒤에 통증이 있음에도 불구하고 그들은 아주 조금씩 팔을 움직이게 하였다.

보통 이런 경우 한국에서는 병원에서 4~5일간 입원하는 것은 보통이고 퇴원 후에도 10일간은 집에서 꼼짝하지 않고 쉬게 되며 재활훈련은 20일은 지나야 시작하는데, 미국에서는 수술 당일부터 훈련을 했다. 첫 수술에 첫 재활훈련을 받던 나는 그 상황이 이해하기 힘들었지만 그들은 계속 나를 진정시키면서 재활훈련을 하게 했다. 처음엔 빨리 시작해서 최대한 빠른 시간에 끝내려고 그러는 줄만 알았다. 그런데 그런 조심스런 재활훈련은 6개월을 지속하게 된다. 이제는 괜찮아져서 빨리 투구를 하고 싶어해도 그들은 절대로 내가 투구하도록 허락지 않았고, 지지부진한 재활훈련을 반 년 동안 하게 했다.

두 차례의 재활을 모두 경험한 뒤 생각해보니 한국에서는 이미 투구를 시작했을 시기에도 미국에서는 절대로 서둘지 않았으며, 선수의 의견에 휘둘리지 않았다. 한국에서는 선수가 "이제 괜찮은 것 같다. 투구하고 싶다"고 말하면 코치들은 선수의 의견을 들어주기도 하고, 꽤 빠른 시기에 투구 연습을 시작하는데, 미국은 정말 답답할 정도로 오랜 시간을 두고 재활 프로그램을 실행해 나갔다.

지금 돌아보면 그들의 재활 프로그램이 한국보다는 효과적이었던 것 같다. 수술 뒤에 무조건 쉬면서 굳을 수 있는 조직들을 최소한의 운동으로 방지하였고, 무리하지 않는 기다림과 인내의 연속인 재활 프로그램 덕에 수술한지 8년이 되었지만 나의 어깨는 재발하지 않고 견디어 주었다. 반면 수술 직후 너무나 조심스러운 한국의 재활 프로그램은 뒤로 갈수록 템포가 빨라지는 경향이 있었다. 이미 한 번의 훈련을 통해서 재활훈련에 대한 적응과 결과에 대한 확신이 있었기에 두 번째 팔꿈치 재활훈련은 쉽게 받았는데, 만약 미국이었다면 수술 후 1년 만에 경기에 등판하기란 쉽지 않았을 것이다.

 효과적인 재활 프로그램과 시스템 구축은 선수생활을 연장할 수 있는 빛과 같은 존재다. (사진 출처 - LG 트윈스)

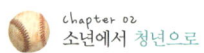

한국의 재활 프로그램이 미국의 것보다 수준이 낮다는 의미는 아니다. 하지만 우리와는 마인드나 시스템상 차이가 있는 미국의 프로그램에서 우리가 몰랐던 노하우가 있다면 도입했으면 좋겠다. 팔꿈치 치료를 받고 1년이 지났으니 앞으로 더 두고 봐야 알겠지만 재활에 있어서 무리하지 않아야 한다는 그들의 타협하지 않는 기준은 반드시 참고할 만한 것이라고 생각한다.

특히 아마추어 때의 혹사로 어깨와 팔꿈치가 상해서 올라오는 어린 투수들에게는 재활은 선수생활을 연장할 수 있는 하나의 빛과 같은 존재이기에 효과적인 재활 프로그램과 시스템 구축은 우리나라의 프로야구 경쟁력을 위해서 꼭 갖추어야 할 필수 요소 중의 하나이다. 일부 구단에서는 부상 방지를 위한 상설 프로그램과 팀이 운영되고 있지만 아직도 많은 팀들이 선수들의 부상 방지와 재활에 대해서 투자가 빈약한 게 현실이다. 이러한 재활 인프라는 나나 오승환 선수처럼 부상과 재활의 경험을 가진 많은 선수들이 앞장서서 만들어가야 할 것이며, 비단 프로야구뿐만 아니라 앞으로 확대될 사회 전반의 야구 인프라 구축에도 중요한 역할을 할 것이다.

지금도 많은 아마추어 선수와 사회인 야구선수들이 야구를 하고 싶어도 고질적인 부상과 잘못된 재활을 통해서 선수로서뿐만 아니라 일상생활에서 불편을 겪고 있다는 사실은 우리 야구인들이 꼭 해결해야 할 또 하나의 숙제가 아닌가 싶다.

## 장사 밑천을 마련하다

투수로서의 나의 주 무기를 물어본다면 나는 두 가지 구질을 이야기한다. 첫 번째는 너클커브고 두 번째는 서클체인지업이다. 특히 너클커브는 커브의 일종으로 일반적인 커브에 비해 구속이 10km나 더 나오며 더 많이 변화하기에 타자로서는 쉽게 공략할 수 없는 구질로, 자타가 인정한 나의 주 무기이다. 이 두 구질은 모두 미국생활에서 배운 것으로 지금까지 나의 주 무기로 활용되고 있는, 쉽게 말하면 나의 장사 밑천이다.

오랫동안 생활한 미국에서 이 두 가지를 건진 것은 내게 매우 의미 있는 일이다. 물론 전설의 투수인 그렉 매덕스와 존 스몰츠와도 같이 선수생활을 하면서 많은 도움을 받았다. 매덕스는 제구력, 자세, 공의 그립 등에 대한 물음에 많은 조언을 주었고, 불펜에서는 존 스몰츠에게 타이밍과 스트레치를 배우기도 했었다. 하지만 지금 나에게 가장 중요한 두 가지 장사 밑천을 알려준 건 그들처럼 레전드가 아닌 싱글A의 어느 늙은 투수 코치였으며, 이름 모를 무명 선수였다. 그럼 평생 밑지지 않는 장사를 할 수 있게 만들어준 두 가지 밑천은 어떻게 마련했는지에 대한 이야기를 해볼까 한다.

미국으로 스카웃될 당시 나는 타자로 뽑혀갔고, 나 또한 타자를 선호했기 때문에 투수로서는 그닥 많은 관심을 가지지 않았었다. 그래서 구질 또한 다양하지 않았는데 시합에서 쓸 수 있는 구질이 직구와 슬라이더 그리고 간간히 섞어 던지던 포크볼 정도였다. 슬라이더야 다른 선수들도 워낙 많이 던지는 구질이라 독특한 것이 아니고 포크볼 정도가 나의 빠른 직구와 어울릴 수 있는 주 무기라 할 수 있었다.

하루 동안의 우여곡절 끝에 투수로 보직이 변경된 나는 새롭게 시작하는 마음으로 훈련에 임했다. 싱글A에 있던 시절이었는데, 하루는 나이가 굉장히 많은 할아버지 투수 코치가 나에게 물었다.

"너, 뭐 던질 수 있느냐?"
"예, 직구랑 포크볼 던집니다."

그러자 그 코치는 표정이 살짝 변하더니 나에게 앞으로 포크볼을 던지지 말라고 했다. 당시 미국에서는 포크볼을 인정하지 않는 분위기였다. 그래서 구사하는 선수도 많지 않았는데, 일본의 노모 선수가 포크볼로 메이저리그에서 성공했던 것도 그런 이유라고 할 수 있었다. 일본과 달리 포크볼을 선호하지 않는 이유는 선수 생명과 관계가 있었다. 팔꿈치에 무리가 많이 가기 때문에 부상의 위험이 크다는 거였다. 그래서 특히 어린 선수들에게는 금기시되었는데, 한국에서 온 10대의 투수에게 포크볼은 허용할 수 없는 구질이었다.

졸지에 주 무기를 잃은 나에게 그는 체인지업을 가르쳤는데 시합에 나가면 반드시 직구와 체인지업 2개만을 구사할 것을 명령했다. 생전 처음 배운 체인지업은 스트라이크존에 넣기도 어려웠고, 던지면 열에 아홉은 볼이 되었다. 상대 선수들도 구질이 2개밖에 안 되는 것을 눈치채고 기다렸다가 직구를 펑펑 때려댔다.

결국 1년에 한 단계씩 리그를 올려가려고 했던 내 계획은 그 할아버지 코치님의 참견으로 다른 구단의 '호구 중의 호구' 투수가 되었고, 다음 시즌 역시 싱글 A에서 시작하게 된다. 즉, 1년 꿀은 것이다. 그런데 다음 해에 기적 같은 일이 일어나게 된다. 힘없이 가다가 툭 떨어지는 이 똥볼에 선수들이 헛스윙하기 시작한 것이다. 목표하는 곳에 마음먹은 대로 들어가는 것은 물론이고, 이 볼 덕분에 직구는 더욱 힘을 발휘하게 되었다. 포크볼을 잃고 실의에 빠졌던 나는 체인지업으로 새로운 무기를 얻었고, 점점 좋은 성적을 거두게 되어 결국 리그 상승과 후에 메이저리그 승격까지 맛보게 된다.

그런데 그 할아버지 코치는 나에게 왜 그랬을까? 우리가 흔히 투수의 덕목을 나눌 때 가장 중요한 것은 제구력이라고 한다. 제구 안 된 160km의 강속구보다는 칼처럼 제구된 140km의 직구가 더 위력적이라고 말들 한다. 하지만 이것은 객관적인 비교일 때의 이야기이고 1명의 투수를 놓고 볼 때 투구 속도는 간과할 수 없는 경쟁력이다. 직구의 구속이 빨라야 다른 변화구들이 효과를 보기 때문이다.

그래서 팔꿈치나 손목에 무리를 주는 변화구를 많이 구사하는 투수들은 오랜 선수생활을 하기 어렵다. 특히 메이저리그처럼 살인적인 이동 거리에 많은 경기 수를 이겨내려면 부상을 피하는 게 매우 중요하다. 만약 내가 마이너리그 시절부터 포크볼을 던졌다면 아마 더 빨리 리그 승격을 이뤘을지 모를 일이다. 하지만 분명한 것은 백발백중 팔꿈치 부상이라는 위험에서 벗어나기는 어려웠을 것이고, 선수 생명에도 많은 영향을 주었을 것이다.

그래서 그 할아버지 코치는 무리가 가지 않으면서도 포크볼과 유사한 효과를 주는 체인지업을 나에게 가르쳤고 1년이라는 시간 동안 실전에서 가다듬게 한 것이다. 의미 없는 개인이나 팀 성적보다는 선수의 장기적인 경쟁력을 생각하고 지도해주신 그 할아버지 코치의 가르침은 지금까지도 나에게 큰 경쟁력으로 남아 있다.

내 주 무기 중에 가장 자랑하고 싶은 구질 중 하나인 너클커브는 2004년 신시내티 시절에 배운 것이다. 신시내티 마이너리그 시절에 동료선수가 던진 공이 이상한 궤적으로 들어오는 것이었다. 더그아웃으로 들어온 그 선수에게 달려가 방금 던진 공이

투구 연속 사진. ⓒ kuma

뭐냐고 묻자 '너클커브'라고 알려주었다. 그립을 보여줄 수 있겠냐고 했더니 그는 순순히 보여주었다. 그런데 이상하게 잡은 그립을 보여주는 것이었다. 장난인 줄 알고 재차 졸랐더니 그는 이게 맞는다며 계속 똑같은 그립을 보여주었다. 마치 검지는 너클볼처럼, 중지는 커브처럼 잡는 이상한 그립이었는데 공을 제대로 잡을 수나 있을지 걱정되는 그립이었다. 그 구질의 이름은 '너클커브'라는 것이었는데 우리가 흔히 알고 있는 너클볼과는 관계없다. 그저 검지를 접어서 너클볼처럼 잡았기에 붙여진 이름이다. 이 볼은 오히려 커브에 가까운데 훨씬 더 많은 회전을 먹고 커브보다 각이 크고 더 많이 떨어지는 볼이다.

커브를 던질 때 각을 크게 하려면 회전수를 높여야 하는데 그러다 보면 무리가 따른다. 그런데 이 볼은 그러한 효과를 독특한 그립으로 가능하게 하는 것이었다. 경기 후에 연습을 해보는데 그 친구가 순순히 그립을 보여준 이유를 알 수 있었다. 던지기 엄청나게 어려운 구질이었다. 투구하는데 자꾸 공이 옆으로 빠졌다. 제대로 잡은 손가락은 중지 하나뿐이니 순간 빠른 속도로 회전하는 투구 상태에서는 옆으로 빠져나가기 일쑤였다. 하지만 꾸준히 연습하였고, 무려 1년 반 동안의 연습을 통해서 마음대로 구사하게 되었다. 우리나라에서는 삼성의 배영수 선수와 변화구 연구소 소장님으로 통하는 KIA의 윤석민 선수도 구사한다.

마무리로 보직을 전향한 이후에는 많은 투구를 하지 않기에 다

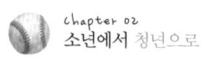

양한 구질을 던질 기회는 없지만, 빠른 직구와 함께 이 두 가지 구질은 늘 나를 든든히 받쳐주는 경쟁력이다. 예전에 중동에 돈 벌러 가신 아버지를 기다리던 친구들이 몇몇 있었는데, 나 역시 미국에 장사 밑천을 마련하러 갔다 온 셈인데, 지금은 이름조차 기억나지 않는 할아버지 투수코치와 신시내티 마이너리그의 동료에게 감사의 말을 전하고 싶다.

아, 그러고 보니 그 할아버지 투수코치도 현역 시절 너클커브가 주 무기였단다. 한곳에서 2개 다 배울 뻔했었네.

## 사랑의 전령 마이크 피아자

마이크 피아자는 미국의 유명한 홈런 타자다. 박찬호 선수의 LA 다저스 시절, 배터리로 호흡을 맞췄던 선수이며 우리나라에도 많은 팬이 있다. 큰 키에 콧수염까지 기른 그가 나에게는 사랑의 전령으로 기억되는데, 그 이유는 다음과 같다.

당시 나는 결혼을 앞두고 있었는데 아내와 함께 예물시계를 사기 위해서 고민하고 있었다. 쇼핑이라고 해봐야 야구용품이나 스포츠용품이었고, 어쩌다가 전자제품 정도나 사봤던 내게 시계 구매는 굉장히 난처한 일이었다. 그냥 시계도 아닌 예물 시계이니 비싼 가격만큼이나 신중을 기할 수밖에 없었다. 일단은 가격도 문제였지만 고

가의 시계일수록 흔히 말하는 '짝퉁'이 많아서 믿고 살만한 곳을 찾는 게 예물 마련에서 가장 중요한 선택 기준이었다. 고민하는 내게 당시 뉴욕 메츠에 있었던 서재응 선수가 새로운 이야기를 해주었다.

"중근아, 마이크 피아자 알지? 그 사람이 시계 모으는 게 취미래. 그 사람 소개로 가면 DC도 받는다더라. 소개해줄까?"

뉴욕 메츠와의 시합 전에 준비 훈련을 하고 있던 그에게 우리는 다가가 진짜 시계를 모으는지 물었고, 나의 결혼 소식을 알리며 시계 사는 걸 도와달라고 부탁하였다.

사람은 누구나 자기가 관심 있는 분야에 누군가 관심을 보이면 신이 나는 것은 당연지사. 마치 택시 기사님께 길을 물었을 때처럼 열정적으로 마이크 피아자는 자신의 단골 가게를 소개해줬다. 덕분에 나는 무려 20% 할인된 가격으로 예물시계를 장만하였다. 무엇보다 '진품일까?'라는 의심 없이 좋은 물건을 샀다는 사실이 기뻤는데, 아쉽게도 포수 피아자와의 추억은 그것이 전부이다.

기회가 되었다면 투수와 포수로 야구 인연도 만들었으면 좋았 겠지만 메이저리그 강타자 마이크 피아자는 나에게 웨딩플래너, 사랑의 전령사, 웨딩컨설턴트 정도로 기억된다. 워낙에 부자 아버지를 둔 부잣집 아들내미 피아자는 지금도 시계를 모으고 있을까?

언젠가 한 번 보게 되면 저녁이나 먹으며 시계 이야기나 나눠

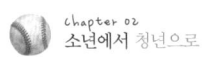

chapter 02
소년에서 청년으로

야겠다.

"피아자, 그땐 정말 고마웠어~."

영원한 서울 라이벌 I  vs

8개 구단은 저마다 각기 연고가 있고 전용 구장이 존재한다. 그중 LG 트윈스를 비롯한 두산 베어스와 넥센 히어로즈는 모두 서울을 연고지로 하고 있다. 워낙 서울이 대도시이고 인구의 4분의 1이 몰려 있다 보니 원년도에 1개 팀으로 시작해서 3개까지 늘어나게 되었다.

특히 두산(OB 베어스)은 창단 시 서울 연고지를 강력하게 희망했으나 MBC 청룡에 밀려 대전을 연고지로 창단되었고 후에 서울로 옮기게 된다.

실상 서울 연고 구단은 3개지만 우리는 서울 라이벌을 말할 때 늘 LG와 두산이 거론된다. 물론 히어로즈가 뒤늦게 생긴 이유도 있겠지만 같은 잠실구장을 쓰고 있다는 사실 때문에 두 팀의 경쟁은 더 심한 것 같다.

### 한 지붕 두 가족

프로 스포츠에서 홈구장은 매우 중요한 의미가 있다. 특히 축구나 야구처럼 원정과 홈 경기가 장기간 치러질 때에는 구장이 갖는 역사성과 상징성은 대단히 크다. 예를 들어 미국의 1923년에 만들어진 양키스타디움은 시설 노후화로 2009년 새 구장을 건립할 때까지 미국 야구의 성지와 같은 곳으로 여겨졌었다. 물론 지금도 양키스타디움은 존재하지만 아무래도 새로 지은 건물이다 보니 예전의 상징성이나 신비감은 많이 사라졌다. 우리나라에도 동대문야구장이 한국 야구의 성지와 같은 곳이었으나 수많은 사람의 반대에도 불구하고 사라져버렸다.

이렇게 구단을 상징하는 구장을 두 구단이 쓰다 보니 자연스럽게 양쪽 팀과 팬 사이에서는 설왕설래 수많은 이슈가 일어나곤 한다. 그래서일까? 유독 두 팀은 서울 라이벌전에서는 평소와 다른 경기력을 보여주곤 한다. 마치 누가 진정한 주인인지를 놓고 벌이는 사생결단처럼 보인다. 또한 본의 아니게 불편한 일이 생기는데, 가장 불편한 게 라커룸 사용이다. 보통 홈팀은 1루쪽, 원정팀은 3루쪽 더그아웃을 쓰는데 당연히 홈팀의 라커룸은 1루쪽 뒤에 배치하게 된다. 그런데 잠실구장엔 홈팀이 2개 팀이니 두 팀이 경기하는 날이면 불편한 상황이 발생한다. 3루쪽 라커룸을 쓰는 LG는 홈경기 때 3루까지 돌아가는 불편을, 1루쪽 라커룸을 쓰는 두산은 원정 경기 때 3루쪽으로 돌아가는 불편을 감수해야 한다. 경기 중에도 빈번히 라커룸에 갈 일이 많은데 그 큰 경기장에서 돌아기란 여간 불편한 게 아니다.

한번은 양팀 선배선수들과 코치들이 두 팀이 경기할 때는 더그아웃을 라커룸에 가까운 곳을 쓰자고 제안했다. 양팀 모두 찬성했으나 정작 벽에 부딪힌 것은 운동장 시스템이었다. 음향 시스템 운영상 두 팀이 더그아웃을 바꾸는 건 문제가 있다고 해서 결국 그대로 유지하게 됐다. 역시 한 집에 두 집 살림은 쉬운 일이 아니다.

둘 중 누구라도 돈을 많이 벌어서 집 사서 나갔으면 하는 바람이다. 그나저나 부동산 경기는 언제쯤 풀리려나…….

최근엔 가족 단위로 야구장을 찾아와 응원하는 경우가 많다. 특히 서울을 연고지로 둔 LG와 두산의 라이벌전엔 팬들의 응원전도 더욱 치열하다. ⓒ 정한범

chapter 03

# 야구에 관한
# 간단한 고찰

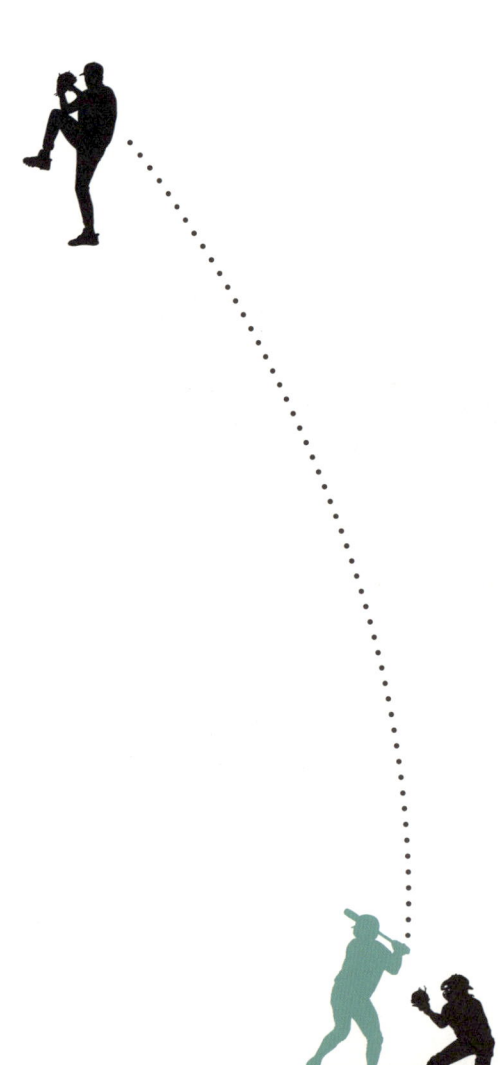

## 야구가 왜 야구에요?

야구가 가장 사랑받는 나라인 미국에서는 야구를 베이스 볼(Base Ball)이라고 부른다. 1루, 2루, 3루, 홈의 4개의 베이스를 사용하기에 붙여진 이름이다. 그렇다면 우리말로 '루구(壘球: 壘는 작은 성을 의미한다. 모양을 보면 야구의 4개 루를 상징하기도 한다)'라고 번역하는 것이 맞겠지만, 동양에서는 '야구(野球)'라고 부르고 있다.

영어 표기가 야구의 기능적 부분이 반영된 느낌이라면 우리의 표기는 '들에서 하는 공놀이' 정도로 표현했으니 어찌 보면 너무 포괄적이라 할 수 있다. 들에서 하는 놀이가 어디 야구뿐일까? 왜 이렇게 표현했을까? 뭐 이런 질문에 대해 누군가에게 물어보고 싶으나 우리가 한번 상상해서 그 의미를 이야기해보는 것도 재미있으리라 생각된다.

야구를 이야기함에 있어 '들' 또는 '들판'이라는 표현은 어찌 보면 상당히 고민 끝에 나온 명칭일 수도 있다. 예를 들어 축구를 보자. '발로 하는 공놀이'라는 표현이 가장 어울릴 수밖에 없다. 간혹 손을 쓰지만 발의 역할을 볼 때 축구는 참으로 적절한 표현이라 하겠다. 그래서 발로 하는 야구를 우리는 발야구라고 하지 않는가?

그런데 야구는 도대체 누가 주인공인지 논하자고 하면 매우 애매해진다. 손으로 한다고 하기도 그렇고, 배트와 글러브 등 다양한 장비가 동원되며, 포수는 마치 전장에 나가는 장수 같은 위엄이 느껴지니 누구 하나로 대표성을 부여하기가 모호하다.

그렇다고 성의 없이 그냥 들에서 하는 공놀이라 정의해도 되는 걸까? 여기에는 야구만의 특색이 가장 잘 반영된 숨겨진 의미가 있다고 할 수 있다. 모든 구기 종목은 기본적으로 플레이가 이뤄지는 공간, 즉 구장에 대한 규격이 존재한다. 하지만 야구는 좀 다르다. 물론 지금은 라인과 펜스를 이용해서 일정 규모의 크기로 제한되지만, 아마도 처음 야구를 시작했을 때엔 그 범위의 제한이 지금처럼 구체적이지 않았을 것이다. 타자가 있는 힘껏 때려내면 가는 만큼 공은 날아간다. 어찌 보면 실시간으로 대인플레이가 이뤄지는 구기 종목에서(골프 역시 구기 종목이긴 하나 그 특색이 다르므로 이러한 기준을 설정하기로 한다) 가장 넓은 공간을 쓰고 있다고 볼 수 있다. 이 얼마나 광활한 스케일을 자랑하는가? 이러한 크기의 감성을 담아내기엔 어쩌면 '야구'가 가장 적절한 표현이 아닐까 싶다.

그 당시를 한번 상상해보자. 서양문물을 전하러 온 선교사가 있다고 하자. 그가 사람들을 모아서 야구를 하고 있다. 그리고 지나가던 구경꾼이 질문한다.

구경꾼: 보시오. 이게 무슨 놀이요?
선교사: 음, 이건 베이스볼이라는 놀이입니다.
구경꾼: 뭐요? 배 있으면 불? 뭔 소리요? 배가 나오면 불이 난다. 뭐 이런 뜻이오?

선교사: 하하 그게 아니고 뭐랄까요. 공을 던지고 방망이로 때리는 공놀이입니다.

구경꾼: 음, 우리말로 뭐라 하오?

선교사: 글쎄요 아직 이곳 이름은 없습니다. 이곳 말로 바로 번역하니 어색합니다. 던지고, 때리고 뛰기도 하고 특징이 너무 많아 아직 이름을 못 만들었습니다.

구경꾼: 그런데 이렇게 넓은 곳에서 해야 하오?

선교사: 아, 예. 넓어야 합니다.

구경꾼: 허허, 그럼 들판에서 하는 공놀이니 야구라고 하시오.

선교사: 오, 그거 그럴듯합니다. 우리나라에서 들을 야드(yard)라고도 하니, 운율감도 있고 뭔가 연결되는 느낌입니다.

구경꾼: 그럼 이 놀이는 '야구'라고 합시다.

선교사: 그런데 선생님은 누구십니까?

구경꾼: 나는 옆 마을에 사는 봉가요.

여기서 잠깐! 위에 나오는 지나던 구경꾼, 즉 야구라는 이름을 처음으로 붙인 봉가라는 사람은 누구일까? 그렇다. 바로 야구선수 봉중근의 증조할아버지일 가능성이 높다(봉씨 성을 가진 사람은 국내에 얼마 되지 않는 희성이다). 또한 대화 내용으로 볼 때 그 호연지기와 재치는 아마도 독립운동하던 독립군일 가능성이 높다. 그렇다면 2009년 WBC에서 '봉중근 의사'로 당대 큰 회자가 되었던 사건과 증조부

님과의 사이에는 평행이론이 성립한다. 아, 그렇구나! 봉중근 선수가 야구를 한 데에는 이런 숨은 이야기가 있었던 것이다.

그럴듯한 이야기지만 이건 아니다, 그냥 상상이다. 재미있는 상상. 그런데 엄밀하게 따져보면 우리나라에 야구를 전파한 것은 선교사 질레트가 1905년 YMCA 회원들에게 가르친 것이 그 시작이다. 하지만 이미 일본에서 160여 년 전 메이지 시대 1878년에 최초의 야구팀 니이바시 아스레틱 클럽이 생겼을 정도로 아시아에서도 오랜 역사를 자랑한다.

## 세상 모든 재미를 담은 베이스볼

야구는 아마 모든 스포츠에서 가장 많은 여자 팬을 가지고 있는 스포츠가 아닐까 싶다. 이유야 많겠지만, 야구가 주는 스포츠로서의 매력 외에도 맵시 나는 유니폼과 모자를 착용함으로써 강렬한 눈빛이 더욱 강조되어 보다 깊은 감성적 교류가 가능한 게 그 이유일 수 있겠다. 일반적으로 10명 중 과반수는 모자를 쓰면 더 잘 생겨 보인다. 운동선수로서 헤어스타일에 신경 쓰기가 어렵다면 이러한 요소는 매우 유리하다 할 것이다.

## 매력 1: 세상의 모든 스포츠가 담겨 있다

야구는 야구 이외의 거의 모든 스포츠에서 일어나는 플레이가 다 담겨 있다. 먼저 사격과 양궁에서 과녁을 향해 활과 탄환을 날릴 때 느껴지는 재미가 있다. 투수는 0.5초 내외의 시간에 포수의 미트를 향해서 빠르게는 160km의 속도로 공을 날린다. 그리고 그렇게 날아간 공은 과녁과 같이 미리 약속된 위치로 날아가 꽂힌다. 그런데 그 날아가는 폼새가 때로는 일직선으로, 때로는 초승달처럼 우아한 곡선을 그리며 날아가며, 때로는 탁구에서나 볼법한 드라이브가 걸려 뚝 떨어지기도 한다.

너클볼이라는 구질은 마치 호나우두의 무회전 킥처럼 야구공의 실밥을 그대로 보이며 불규칙한 변화를 보여주기도 한다. 이렇듯 투수의 공을 떠난 공은 다른 스포츠의 공이 보여주는 그 이상의 변화 무쌍함으로 재미를 선사한다. 외야수가 던지는 공은 어떤가? 마치 투창 선수나 투원반 선수처럼 거대한 포물선을 그리며 날아간다. 세상에 존재하는 날아가는 것들의 모든 재미를 담고 있는 게 야구다.

그러면서도 야구는 매우 정적인 스포츠다. 투수와 포수가 사인을 주고받고 타자와 대치된 순간엔 모든 선수가 조용히 다음 플레이를 기다리며 고요한 시간을 가진다. 하지만 그 긴장감과 곧 이어질 플레이에 대한 기대감은 결코 정적이지 않다. 주자를 안전하게 다음 루로 보내기 위해 번트의 지시라도 내려지면 타자는 온몸의 신경을 배트에 집중시키는데 그때의 긴장감은 보는 사람마저 손에 땀을

쥐게 한다. 심지어 골퍼의 좋은 샷(Shot) 뒤에 "사장님 나이스샷(Nice Shot)"이라고 하는 것처럼 야구에서도 좋은 타격 뒤에는 "나이스 배팅(Nice Batting)"이라고 외쳐준다. 타격 뒤에 추임새의 타이밍과 리듬감 그리고 그 말맛이 골프와 매우 유사하다. 야구장 역시 골프장 그린에 못지않은 규모를 자랑하지 않는가? 심지어 야구를 모태로 변형된 스포츠에는 어린 학생들을 위한 T볼이라는 운동도 있다. 투수가 공을 던지는 것이 아닌 T자형의 공 받침대에 놓고 타격하는 변형된 야구 경기의 일종이다. 이 역시 골프의 드라이브샷(Drive Shot)을 티샷(T-Shot)이라고 부르는 것과 일맥상통한다고 할 수 있다.

또한 야구에는 긴박한 타이밍에는 전력질주, 여유로운 타이밍에서는 장거리 형의 완급형 달리기가 존재한다. 일본 프로야구 주니치 드래건스에서 바람의 아들로 불리던 이종범 선수가 훈련 때 50m 세계신기록을 세웠다는 기사가 스포츠신문의 일면을 장식하기도 했을 만큼 야구는 빠른 스포츠다. 이렇게 육상경기처럼 빠른 야구의 스피드는 슬라이딩이라는 순간적으로 정지하는 기술도 요구된다. 이는 동계올림픽의 컬링과 같은 긴장감을 주는데 앞서 소개한 이종범 선수의 2루수를 절묘하게 피하며 회전하면서 2루를 터치하는 영상은 가히 예술에 가까웠다.

또한 홈으로 쇄도하는 주자와 홈에서 기다리던 포수의 대치는 일본의 국기 중의 하나인 스모와 맞먹는 에너지의 충돌이 있다. 팀 대항 경기인 야구에서 유일하게 1대 1로 몸으로 맞서는 이 장면은 야구를 즐기는 백미 중 하나이다.

공을 들고 뛸 때는 럭비요, 구르는 공이 발에 맞을 때는 축구요(야구는 몸 어디를 맞아도 상관없다), 태그를 하려고 대치할 때는 유도요, 도망가는 주자를 야수가 쫓을 때는 어린 시절 했던 다방구나 술래잡기를 연상시킨다. 그렇다. 야구에는 이런 동심의 감성도 있었던 것이다. 투수와 타자간의 수 싸움은 반상에서 대국하는 바둑의 두 명인을 연상케 하는 포스가 느껴지며, 펜스를 넘어가는 공을 잡기 위해 펜스를 오르는 야수의 모습은 암벽을 올라가는 등반가를 생각나게 한다. 높이 날아가는 공을 잡기 위해 있는 힘껏 점프하는 야수의 움직임은? 그렇다. 높이뛰기다.

타석에 들어설 때 정신을 집중하며 배트를 힘주어 움켜잡은 타자에게서는 목숨을 건 일전을 준비하는 검객의 날 선 기개가 느껴지며, 프로텍터(보호대)로 온몸을 무장한 포수에게서는 아이스하키의 육중한 키퍼의 무게감과 중세 유럽의 무사와 같은 힘이 느껴진다. 무시무시한 속도로 달려드는 공을 배트로 받아치는 모습에서는 테니스의 속도감과 라케팅이 보인다.

가끔 발생하는 벤치클리어링에서는 민주화를 열망하는 군중의 포스와 함께 간혹 권투와 태권도와 같은 격투기의 모습이 보이기도 한다. 야구의 벤치클리어링은 아이스하키의 보디체크처럼 관중이 반기는(?) 재미있는 구경거리 중의 하나다. 물론 정도를 넘어서는 분쟁은 팀과 선수들이 지양하는 바이다. 야수의 볼 릴레이에서는 축구와 핸드볼에서나 볼 수 있는 패스의 재미를 느낄 수 있다.

이처럼 야구가 재미있는 이유는 매우 다양한 기술, 여러 가지 상황과 플레이가 나오기 때문이라고 생각한다. 야구를 좋아하는 사람의 눈으로 봐서 모두 좋게만 보인다고 할 수도 있겠지만, 어찌하겠는가? 야구가 좋은 걸 말이다. 바둑이 가로세로 19줄이 만드는 반상에서 수백만 가지의 승부가 나오는 것처럼 야구는 그 진행과 결과가 예측 불가한 변화가 많은 경기이다. 야구 명언 중에 '야구는 9회 말 투아웃부터'라는 말만 보더라도 그 변화무쌍함을 알 수 있다. 그래서 야구를 들에서 하는 공놀이라고 넓고도 넓은 의미로 명명한 선배들의 지혜는 세상 모든 놀이의 재미를 다 담은 야구의 매력과도 통한다 할 것이다.

### 매력 2: 누구라도 공평하게 주인공이 되는 경기

야구는 한 팀당 9명이 경기를 하게 된다. 프로에서는 지명타자라는 제도가 있어서 10명이 경기를 하기도 한다. 우리나라는 지명타자 제도이기에 10명이라고 할 수 있겠다.

흔히 팀제로 운영되는 경기에는 스포트라이트를 받는 선수가 있기 마련이다. 이는 개인별 성적과는 무관하게 경기를 진행하는 내내 적용되는 관중과 선수 사이에 이뤄지는 교류라고 할 수 있다. 물론 모든 선수가 각자의 포지션에서 맡은 바 임무를 하므로 더 돋보이는 포지션이 있다는 것은 맞지 않는 말일 수도 있다. 하지만 어쩔 수 없이 화려한 플레이를 하는 공격수에게 관심이 집중되게 마련이다. 그러나 야구는 공격과 수비를 번갈아 한다. 시간의 제한을 두지 않고 공평하게 똑같은 기회가 제공된다. 3아웃과 9회라는 기본적인 공격 기회와 방어의 시간이 있다.

먼저 수비할 때를 생각해보자. 물론 야구를 투수놀음이라고 말하는 사람도 있다. 훌륭한 투수 하나가 경기의 흐름을 주도할 수도 있다는 뜻이지만, 아무리 투수가 잘해도 공격에서 점수를 내지 못하면 아무 소용없다. 그럼에도 뛰어난 투수에게는 많은 관심이 가게 된다. 하지만 그러한 훌륭한 투수도 공격 때엔 모두의 관심에서 잠시 사라지기 마련이다. 수비에서 많은 관심과 사랑을 받았으니 공격에서는 잠시 그 자리를 양보하는 것이다. 하지만 투수에게는 수비가 곧 공격과 마찬가지이니 그 역시 수비를 하며 공격하는, 즉 공격과 수비를 동시에 수행하는 훌륭한 플레이어라고 할 수 있다.

야구에서는 수비할 때 각자의 포지션에 따라 영역이 할당되며 그 공간에서 그는 주인공이다. 결국 9명의 주인공이 있는 셈이다. 아무리 뛰어난 투수도 우익수의 영역을 침범할 수 없으며, 3루수의 공을 가로챌 수 없다. 이러한 약속은 때로 서로의 포지션을 보완하며 조연으로서 역할하기도 한다. 투수의 1루 백업, 유격수의 2루 백업, 2루수의 유격수 뒷공간의 백업 등이 그것이다. 치밀하게 짜인 각본으로 서로 돋보이게 하면서 협력하는 게 야구에서 수비의 매력이다.

야구는 서로를 돋보이게 하면서 협력하는 매력이 있는 스포츠다. 각자의 포지션에 따라 그 영역 안에서 모두가 주인공이다. (사진 출처 - LG 트윈스)

공격할 때는 이러한 기회가 더욱 구체적으로 주어지게 된다. 1번부터 9번까지 똑같이 차례로 기회가 부여되며, 3개의 스트라이크와 4개의 볼을 기본으로 자신의 기량을 뽐내게 된다. 흔히 말하는 카메라의 원샷을 공평하게 받는 순간이기도 하다. 이후의 결과는 순전히 자신의 노력 여하에 따라 달라지는 것이다. 공정한 기회와 준비된 기량에 의해 결과가 나오는 매우 지극히 공평한 스포츠가 바로 야구다. 아마도 축구 경기에서 11명의 선수의 이름을 외우는 것보다 야구 경기에서 9명의 선수의 이름을 외우기가 더 쉬운 것도 이런 이유가 아닐까 싶다. 요즘은 보기 어렵지만, 한때 유행했던 야구선수 카드는 다른 어떤 스포츠 상품보다도 인기가 있었다.

### 매력 3: 야구는 인생의 축소판이다

야구를 보면 인생이 보인다. 1개의 루씩 전진해 나가며 성공을 위해 노력하는 모습에서 인생사처럼 고뇌와 기쁨을 느낄 수 있기 때문이다. 집을 떠나 세상에서 한 단계 한 단계 성장해 가는 과정과도 참으로 닮았다.

　　타석에 들어선 타자는 세상을 상징하는 사각의 그라운드를 바라보며 잠시 생각에 잠긴다. 이때부터 타자에게는 뒤를 돌아보는 게 허락되지 않는다. 오로지 전방을 주시하고 자신의 길을 가야 한다. 짧지만 정작 본인에게는 전혀 짧지 않을 시간 동안 투수와 대치하면서 수많은 생각과 계획을 한다. 그리고 투수의 손을 떠나 자신을 향해 찰나의 순간에 날아오는 공을 보면서 온몸의 신경과 머릿속 경험을 총동원해 판단을 내린다. 칠 것인가? 기다릴 것인가?

　　어찌 보면 타석에 있는 순간은 타자에게 너무나 고통스러운 시간일 것이다. 객관적으로 볼 때 투수보다 타자는 약자이다. 그래서 열 번의 기회 중 세 번만 성공해도 좋은 타자로 인정받는 것이 야구다. 또한 타자를 죽이는 스트라이크는 세 번의 기회를, 타자를 살리는 볼은 네 번의 기회를 준다. 약자를 위한 따뜻한 배려라고 할 수 있는 야구만의 특징이다. 아무래도 공을 던지는 것보다는 무시무시한 속도로 날아오는 공을 치는 게 훨씬 힘든 일이니까 말이다.

　　이렇게 천신만고 끝에 첫 번째 여정인 1루에 도착하면 타자는 이제 주자가 되어 다음 루를 가기 위해 한순간도 편할 짬이 없다. 투수의 눈치를 보며 견제의 위험을 이겨내야 하고, 다음 타자의 성공적인 진루를 위해 다양한 방법으로 투수를 괴롭혀야 한다. 오른손투수가 어깨너머 보내는 곁눈질은 사뭇 소름이 돋기도 한다. 왼손투수의 대놓고 바라보는 감시의 눈초리는 소름을 넘어 두렵기까지 하다.

눈치를 잘 봐서 다음 타자의 도움 없이 2루로 진루라도 하면 칭찬받아 마땅한 일임에도 루를 훔쳤다고 하여 '도루'라고 하며 도둑 취급을 받는다. 하지만 그래도 웃는다. 행복해한다. 아, 세상에 이보다 더 잔인한 인생이 있을까?

2루를 밟고 3루를 거쳐 홈으로 들어오면 그때야 타자로서 주자로서 해야 할 일을 마친다. 그럼 동료가 기다리며 손을 들어 환영해 준다. 오랜 인고의 세월을 거쳐 드디어 무엇인가 이뤄낸 환희가 온 몸에 넘쳐흐른다. 이렇게 어려운 과정을 한 게임에 서너 번은 해야 끝난다. 그나마 이러한 기회조차 얻지 못하고 그냥 돌아오는 사람에 비하면 나은 편이라 할 것이다. 관중과 팀의 기쁨을 위해서 오매불망 속을 태우는 그들에게 가만히 서서 아무 반응도 안 보인다면 그건 너무나 잔인한 평가가 아닐 수 없다. 고생하는 그들에게 다시 한 번 감사의 마음을 가져본다.

야구와 인생이 자주 비교되는 이유 중에 또 하나는 다른 스포츠보다 선수 생명이 길다는 것이다. 어떻게 관리하느냐에 따라 오랫동안 젊은 선수 못지않은 경기력을 유지할 수 있는 분야다. 외국에서는 아버지와 아들이 한 팀에서 뛰는 것을 심심찮게 볼 수 있다. 우리나라에서는 부자간은 아니어도 아들뻘 되는 선수와 한 팀에서 동료로 운동하는 경우는 수차례 있었다. 투수로서 22연승에 빛나는 프로야구 원년 스타였던 박철순 선수가 은퇴할 즈음엔, 등판하는 경기장에 숙연한 분위기까지 감돌곤 했었다. 그 선수를 보면서 초등학교 때부터 야구를 시작한 어린 선수들의 존경 어린 눈빛과 말로 형언할 수 없는 감동의 분위기는 팀을 초월한 감동을 많은 야구팬들에게 주었다. 지금도 〈마이웨이〉와 함께 등판하던 그의 모습이 눈앞에 선하다. 스포츠가 삶에 지친 많은 사람에게 힘과 용기를 줄 수 있다는 것을 몸소 느끼게 하는 수많은 사례가 있지만, 야구에서는 좀 더 그 공감대가 큰 것 같다.

또한 야구는 각자 능력과 역할별로 쓰임새가 있는 과학적인 스포츠이다. 쉴 새 없이 전술에 대해 고민해야 하는 감독과 코치진은 그 어느 스포츠보다 경기에 대한 영향력이 크다. 심지어 주루코치는 정식으로 그라운드의 지정된 공간에서 시합에 참여하니 선수로서의 전성기는 있을지언정 하나의 경기를 수행해 내는 구성원의 나이의 폭은 그 어떤 스포츠보다 넓다고 할 수 있다. 또한 감독의 가치관과 연륜과 경험이 무엇보다 중요하고, 선수에게 가장 많은 영향을 끼치는 스포츠이다. 어찌 보면 야구는 평생을 수련해가는 무도인의 길처럼 느껴질 때가 있기도 하다. 또한 《삼국지》의 수많은 영웅호걸의 대결과 제갈공명과 조조와의 지략 대결이 모두 모여 있는 묘한 매력의 결정체이다.

### 매력 4: 숫자와 도형으로 보는 야구

야구엔 많은 수가 등장한다. 점수를 계산하는 것 외에도 많은 숫자와 관련된 이야기가 있다. 먼저 공을 보자. 야구공은 다른 종목의 공과는 다르게 실밥이 밖으로 나와 있다. 이 실밥을 솔기라고 부르는데 모두 108땀으로 이루어져 있다. 108이라는 숫자는 불가에서는 인간이 겪는 고뇌의 수를 의미하며 108번뇌라고 부른다. 야구인 모임에는 108회라는 모임이 있기도 하다. 실제로 야구를 하다 보면 각자의 자리에서 수많은 고민을 한다고 하니 어찌 보면 108땀의 실밥은 야구 속에 숨어 있는 세상만사의 모든 고뇌를 의미하는 듯하다.

그런데 이 108이라는 숫자를 유심히 보다 보니 재미있는 사실을 발견했다. 야구는 타자를 죽이는 3개의 스트라이크와 타자를 살리는 4개의 스트라이크로 9번씩 공격과 수비를 주고받는 경기이다. 이 숫자를 모두 곱하여 보니 신기하게도 108이라는 숫자가 나온다.

$$108땀 = 3\ 스트라이크 \times 4\ 볼 \times 9회$$

삶과 죽음에 얽힌 일들이 인생이 아홉 번이라는 시간 동안 뒤엉키는 스포츠…… 오호! 이거 꽤 설득력이 있다. 왜 공을 108땀으로 꿰맸는지 명확한 답을 모르는 우리에게는 이러한 이야기가 경기 관람 후에 즐기는 시원한 맥주 한 잔과 훨씬 어울리는 화제일 것이다.

위에서 이야기한 3, 4, 9, 108 외에도 야구는 기록의 경기로, 선수마다 개인 기록이 세심하게 기록된다. 승패와 무승부의 수, 홈런 수, 안타 수와 같이 단순한 산술적 계산은 물론 팀 승률을 비롯하여 타율, 장타율, 도루 성공률, 출루율, 평균 자책점 등과 같이 거의 모든 상황과 결과치가 숫자로 기록된다. 이 기록엔 백분율을 넘어서 천분율까지 계산되는 세심한 계산법이 동원된다. 최근에는 기존의 단순 결과치의 계산법이 아닌 OPS(장타율 + 출루율. 안타에 의한 타자의 루 점유 능력에 출루율을 더한 개념이다. 효율적인 타자를 선별하는 수치로, 영화 〈머니 볼〉로도 알려진 저비용 고효율의 야구를 지향했던 미국 메이저리그의 오클랜드 애슬레틱스의 빌리빈 단장이 관심을 두면서 더욱 주목받았다. 이 팀은 우승까지는 못했으나, 이후 보스턴 레드삭스가 이 시스템을 도입하면서 86년 만에 메이저리그 우승을 하게 된다.) 등과 같이 선수의 능력을 좀 더 다각적으로 계산하는 새로운 기술까지 동원된다.

이러한 기록에 대한 야구의 집착은 상대 투수의 상황별 구질 구사까지 집요하게 파고들게 한다. 볼카운트의 상황, 상대 타자별, 심지어는 현재 건강 상태와 최근 기록들과의 상대적인 분석을 통해 다음 공을 예상하기 위해 더그아웃의 코치진은 쉴 새 없이 데이터와 상황 분석에 열을 올리게 되고, 이러한 정보는 실시간으로 타자에게 전달된다. 심지어는 일본식 표현인 '쿠세'라는 투수의 작은 버릇까지도 분석해내는데, 구질별 팔의 각도, 글러브의 위치, 오른손 힘줄의 움직임까지 세세한 것을 하나도 놓치지 않고 찾아내려고 노력한다. 그 어떤 투수라도 마운드 위에서는 마음 놓고 행동하기조차 어려운 것이 사실이다.

타자 역시 마찬가지이다. 타자별 타구 방향 분석을 통해서 수비 시프트라 불리는 수비수의 위치 변화를 매번 조정하게 된다. 팀마다 각종 장비를 동원한 전문 분석팀이 이제는 너무나 당연한 전략의 한 축을 담당하고 있다. 특히 국내에서는 현재 고양 원더스의 김성근 감독님이 독보적인 역량을 자랑하고 계시다. 시합 시작부터 끝날 때까지 쉴 새 없이 계속되는 메모는 분석팀의 데이터와 그만의 오랜 경험에서 나오는 통찰력을 바탕으로 팀 경쟁력 향상에 대단한 영향력을 구사한다. 만약 당신이 이러한 양 팀 더그아웃의 보이지 않는 전술 싸움까지 보는 눈이 생긴다면 야구를 보는 재미는 몇 배로 커질 것이다. 이때부터는 어느 구질을 주로 사용하는지, 상대 투수의 초구에 구사되는 볼 종류의 비율 등도 유심히 관찰하게 될 것이다.

야구는 또한 기하학적으로 볼 때도 다른 종목과 구별되는 독특한 특징을 자랑한다. 다른 구기종목의 경기장은 대부분 사각형으로 이뤄져 있다. 그런데 야구는 거대한 원형 안에 부채꼴 형태의 경기장과 그 안에 사각형(우리말로는 마름모, 미국식으로는 다이아몬드) 모양의 내야로 구성된다. 직선과 곡선의 아름다운 조화라고나 할까? 야구의 전신이라고 불리는 야구와 유사한 형태의 크리켓 구장도 타원형으로 구성되어 야구장과는 다른 모양을 갖고 있다.

정리해 보면 세상을 상징하는 원과 서양에서는 부를 상징하는 다이아몬드, 그리고 동양의 여유와 쉼을 상징하는 부채꼴이 조화를 이룬 형태라고 할 수 있겠다. 지극히 서양적인 스포츠이지만 그 속에 숨어 있는 동양적 미학까지 가미한 모습은 동서양을 불문하고, 사상과 이념을 넘어서 누구든 무한 매력에 빠지지 않을 수 없다.

그런 이유에서일까? 야구복은 거의 정장에 가까운 체계로 구성된다. 셔츠와 팬츠가 전부가 아니라 잘 갖춰진 예의 바른 복장이라는 느낌이다. 모자를 쓰고 경기를 치르는 몇 안 되는 경기이며 역도와 함께 허리띠를 갖추는 경기이다. 아무리 더워도 반바지를 입지 않으며, 오랜 훈련으로 다져진 근육을 자랑하고자 함부로 몸을 드러내는 법도 없고, 찾아온 관객들에게는 간간이 공을 서비스하는 매우 예의 바른 스포츠이다. 야구공이 싸서 그렇다고 생각할 수도 있겠지만, 시합용 공은 사인용 공과는 달리 꽤 고가에 속한다. 축구를 보자. 관중석으로 날아간 축구공을 관중에게 주는 걸 본 적이 있는가? 배구는? 농구공이나 탁구공은 관중석까지 날아오지도 않는다. 야구에는 이런 나눔의 정서가 있다는 사실에 우리는 또 한 번 감동하지 않을 수 없다.

### 매력 5: 끝까지 긴장을 놓을 수 없는 반전의 연속

스포츠에서 가장 감동적이며 극적인 순간은 누가 뭐라 해도 역전의 순간일 것이다. 이런 역전극이 가장 많이 연출되는 스포츠라고 한다면 나는 단연코 야구를 꼽겠다. 야구는 시간이나 점수를 정해 놓고 하는 경기가 아니다. 앞서 말한 것처럼 기본적으로 9회라는 기회를 양쪽이 나눠 하는 경기이다. 간혹 마지막 공격에서 뒤져 있으면 9회 말이 없어지기는 하지만 이긴 자에게는 불필요한 공격 기회이니 한 번의 공격 기회가 없어진다기보다 패자를 위한 배려라는 표현이 어울릴 것이다.

마지막 역전을 위해서 야구에서는 단 한 개의 아웃카운트를 남기고도 수많은 점수 차를 극복해내는 경우가 너무나 많이 있다. 야구장은 보통 7회부터는 무료 입장이 허용된다. 그렇다고 해서 7회전까지 모든 재미가 소진되는 것은 아니다. 7회보다는 8회가, 8회보다는 마지막 9회가 더욱 긴장되기 때문이다. 오죽하면 마지막 회를 지키기 위한 전문 마무리투수의 수준에 따라서 각 팀의 승률에 지대한 영향을 끼치는 게 이미 현대 야구의 매우 중요한 전략 요소 중 하나로 자리 잡았겠는가. 미국 양키스의 마리아노 리베라, 일본의 사사키, 이와세, 한국의 선동열, 오승환처럼 마지막으로 갈수록 역전의 가능성이 커지는 야구에서는 강력한 마무리투수가 승리와 연결되는 공식과 같다.

그럼 왜 몇 개 던지지 않는 마무리투수의 능력이 중요한지 자세히 알아보자. 한 번의 시합에서 타자에게는 보통 네 번 이상의 기회가 오게 된다. 그리고 타자들은 이 네 번의 기회에서 한 번 이상의 안타를 쳐내면 수준급 타자로 인정받는다. 이러한 타자들을 맞아 선발투수는 100여 개의 공을 던지는데, 그렇다 보니 투수의 어깨는 당연히 뒤로 갈수록 지치게 된다. 타자의 눈에는 공이 익숙해지고, 투수의 공은 상대적으로 약해지니 후반으로 가면 승부는 타자에게 유리해진다. 보통 한 게임을 치르고 나면 선발투수의 어깨는 여러 가지 타격을 입게 되는데, 수많은 모세혈관이 끊어지고 망가진다고 한다. 이 피로감이 회복될 때까지 보통 3~4일이 소요되는데 이러한 근거가 선발투수의 등판 일정과 관련 있다.

물론 투수마다 회복력이 다르긴 하다. 전설적인 투수로 평가받는 고 최동원 선수는 보통의 투수는 상상도 할 수 없는 연투 능력을 자랑했는데, 영화 〈퍼펙트게임〉에도 소개됐던 1987년 5월 16일 롯데와 해태의 경기에서 선동열 선수와 4시간 56분 동안 15회까지 가는 혈전을 치르게 되는데, 선동열 선수는 232개, 최동원 선수는 209개의 공을 던지고도 2대 2 무승부로 끝나게 된다. 그런데 놀라운 이야기는 그다음이다. 선동열 선수가 10여 일을 꼼짝도 못하고 있었던 반면 최동원 선수는 이틀 뒤에 또 완투승을 거둔다. 또 1984년 한국시리즈 우승 당시 4승을 올렸는데 다섯 번의 등판에서 무려 40이닝을 던졌다. 즉 4승 1패였던 것이다. 이러한 기록은 지금은 할 수도 없고, 하고 싶어도 팀에서 허용하지 않는, 상상도 할 수 없는 일이다.

이런 무쇠 팔 투수가 아니라면 보통은 7회 정도에서 100개 내외의 투구 수를 채우게 되며, 중간 계투가 투입되고 9회에서 마무리투수가 시합을 마무리하게 된다. 물론 3점 이내의 리드일 때만 세이브라는 마무리투수를 위한 포인트가 계산된다.

하지만 이렇게 고민하고 고민해서 내보낸 마무리투수가 승리를 지켜낸다는 게 그리 쉬운 일은 아니다. 8회를 거치며 타자들은 오히

 팀이 마무리를 필요로 해서 선발투수에서 마무리투수로 보직을 변경했다. 이번 시즌을 치르면서 마무리에 애정이 많이 생겼고 자신감도 충만하다. 더 강한 모습으로 팬들 앞에 돌아와야겠다는 욕심이 생긴다. ⓒ kuma

chapter 03
야구에 관한 간단한 고찰

려 예민해지고 볼에 대한 감각은 더욱 좋아진다. 특히 박빙의 점수 차이거나 한국시리즈와 같은 중요 경기에서의 집중력은 놀랍기까지 하다. 체력은 바닥으로 떨어지고 정신적으로는 예민해지는 이때가 기적 같은 일들이 일어나는 최고의 타이밍이다. 이러한 순간에 1개의 득점 또는 1개의 아웃카운트로 경기가 결정되는, 지구에서 가장 극적인 마무리를 즐길 수 있는 반전의 스포츠가 야구다.

## 깊은 삶의 굴곡을 간직한 야구공이여…

고전이지만, 야구공에 관한 재미있는 이야기가 있다. 어느 날 공들이 모여서 우두머리를 꼽는 자리에서 서로가 자기 자랑에 열을 올리게 된다. 볼링공은 내가 제일 무거우니 적임자라 하고, 농구공은 내가 제일 크니 일등감이라 한다. 골프공은 내가 가장 멀리 날아가니 잘 났다 하고, 옆에 있던 테니스공은 귀족 같은 품격을 자랑하며 진정한 리더감이라고 한다. 그때 잠자코 있던 야구공이 한마디로 평정한다.
"아따, 느그들. 내 얼굴에 흉터 안 보이냐잉?"
나머지 공들이 일제히 "형님"을 외치며 고개를 숙였다는 이야기이다. 가볍게 웃어넘기기에 마땅한데 야구공의 특징을 가장 잘 나타냈다고 할 수 있다. 흉터라고 표현했지만, 야구공은 꿰맨 자국을 밖으로 드러낸 유일한 공이다. 보통은 안쪽으로 숨기기 마련이다. 특히 가죽으로 이뤄진 공들은 꿰매거나 접착하는데, 야구공은 반드시 제일 바깥쪽 가죽은 붉은색 실로 꿰매 마무리한다. 이것을 솔기라고 하는데 108개의 땀으로 이뤄졌다는 이야기는 이미 소개한 바 있다. 보통 속도와 비거리가 필요한 경기에서는 공의 표면이 매끄러운 것보다는 불규칙한 게 더 유리하다.

이것을 이해하려면 공기저항 중에서 공기와 공의 표면과의 마찰저항과 공의 앞뒤에서 발생하는 형상저항이라는 복잡한 이론을 이해해야 하는데 복잡하기 그지없다. 그냥 쉽게 설명하면, 매끄러우면 마찰저항이 적어지므로 매끄러운 것이 유리하나 공이 멀리 가기 위해서는 공간을 이동할 때 발생하는 형상저항을 줄여야 하는데, 이때는 오히려 표면에 돌기나 솔기가 있어 불규칙할수록 저항이 줄어들게 된다. 즉, 공이 멀리 날아가야 할 때는 매끄러운 것보다 거친 표면이 유리하다는 이야기다. 골프공과 야구공이 그런 예이다.

그런데 대칭적으로 형성된 골프공과는 달리 야구공은 그 모양새가 특이하다. 어찌 보면 대칭이고 어찌 보면 비대칭이다. 이러한 모양 때문에 투수가 공을 잡는 방법과 회전의 방향, 팔의 스윙 궤적에 따라 형성되는 공의 성격이 변화된다. 실제로 투수들은 새 공을 받은 후에 공을 이리저리 살피게 되고 실밥의 이상이나 가죽 표면의 이상 유무를 확인하고서, 문제가 있을 때엔 즉각 교체를 요청한다. 야구공에 침이나 글리세린을 바르거나, 실밥을 뜯어서 회전에 변화를 주어 공의 변화를 변형시키는 변화구도 있으나 지금은 금지되어 있다.

이것만 봐도 야구공의 솔기와 매끈한 가죽이 만드는 변화는 참으로 대단하다. 이러한 솔기가 야수에게는 불규칙한 바운드를 만들어내는 골치 아픈 걱정거리 중에 하나이기도 하다. TV 중계에 나오는 선수들이야 오랜 훈련을 통해서 잘도 잡아내는 이 바운드 볼들은 직접 운동장에 나가서 경험해보면 그 변화를 예측하기가 무척 어려워진다. 아마추어 야구선수나, 사회인 야구인들이 초보 시절에 가장 어려워하는 야구공의 움직임 중의 하나이기도 하다.

자, 여기까지는 이론적인 이야기다. 앞서 나는 야구만이 가지는 아름다운 조형미에 대해서 말했었다. 그러한 조형미의 아름다움은 야구공에도 존재한다. 108개의 솔기는 V자의 형태로 그 모양을 유지하는데, 총 54개의 V가 존재한다. 쉰네 번의 승리라…… 마치 야구공이 나에게 "최소한 이 정도는 이겨야 하지 않을까?"라고 보내는 메시지 같다.

실제로 최근 2007년부터 2012년까지의 한국의 프로야구 순위 중에 승수만을 비교해보면 쉰네 번 이하의 승수를 가지면 최하위를 기록했다. 정신없이 돌아가고 방망이에 맞아가며 구장 여기저기로 불려다니는 야구공의 입장에서는 이 정도의 파이팅을 요청하는 게 측은하기까지 하다. 관중을 위해서, 당신의 팀을 위해서 적어도 쉰네 번 이상의 승리를 해달라는 무언의 메시지를 온몸을 던져 우리에게 전달하고 있는 것이다.

| 한국 프로야구 순위별 승수 비교 |

| 순위 | 2007년 | 2008년 | 2009년 | 2010년 | 2011년 | 2012년 |
|---|---|---|---|---|---|---|
| 총 경기 수 | 126경기 | 126경기 | 133경기 | 133경기 | 133경기 | 133경기 |
| 1 | 73승 | 83승 | 81승 | 84승 | 79승 | 80승 |
| 2 | 70승 | 70승 | 80승 | 79승 | 72승 | 71승 |
| 3 | 67승 | 69승 | 71승 | 73승 | 71승 | 68승 |
| 4 | 62승 | 65승 | 66승 | 69승 | 70승 | 62승 |
| 5 | 58승 | 64승 | 64승 | 59승 | 61승 | 61승 |
| 6 | 56승 | 57승 | 60승 | 57승 | 61승 | 61승 |
| 7 | 55승 | 50승 | 54승 | 52승 | 59승 | 57승 |
| 8 | 51승 | 46승 | 46승 | 49승 | 51승 | 53승 |

※ 역대 프로야구 최하위 팀 중 54승 이상을 기록한 시즌은 드림리그와 매직리그로 운영되던 1999년과 2000년 해태 타이거즈가 두 번 기록하나, 단일 시즌으로 운영된 경우 최하위 팀이 54승 이상을 기록한 경우는 한 번도 없다.

    이러한 조용하면서도 처절한 메시지가 담긴 야구공의 솔기는 사실 표면을 감싸고 있는 가죽 모양에서 비롯된다. 2개의 땅콩 모양의 가죽 2개가 만나면서 자연스럽게 생겨나는 이 모양은 마치 2개의 손바닥이 서로 맞물려 있는 듯한 모양새다.

    이러한 묘한 배치는 솔기와 손가락의 각도에 따라서 두 줄이 걸리기도 하고, 네 줄이 걸리기도 하는데 이때 손에 걸려 채이는 정도에 따라 공의 성격에 변화를 주고 결과적으로 회전수에 변화를 가져

온다. 흔히 직구로 불리는 투심이나 포심이라는 명칭은 손가락이 솔기와 만나는 접점의 수로 구분하는데 속도와 움직임은 공을 어떻게 잡느냐에 따라 달라진다.

또 때로는 솔기가 아닌 가죽 부분과 만나는 정도를 조절해 체인지업이나 포크볼, 싱커와 같이 생경한 궤적의 구질을 만들어내기도 한다. 그중 너클볼이라고 불리는 볼 종류는 무회전으로 날아가면서 공기와의 마찰을 극대화하여 변화구 중에 가장 심한 변화를 주는데, 다른 볼과는 달리 공의 회전을 주지 않기 위해 밀어 던지듯이 던진다. 이때 야구공 표면에 있는 유선형 솔기의 변화는 공의 궤적을 더욱 예상하기 어렵게 한다. 이 변화는 똑같은 무회전 궤적을 구사하는 축구의 무회전 킥과는 비교도 안 될 만큼의 다양한 변화를 한다. 오죽하면 공을 던지는 투수조차 어디로 갈지 모르겠다고 할 정도로 어려운 변화구로 통한다.

공의 솔기와 손가락의 각도에 따라서 공의 속도와 움직임이 다양하게 변화한다.
(사진 출처 - LG 트윈스)

상상해본 다양한 공의 솔기 모양

그런데 만약에 야구공이 지금과 같은 모양이 아니라 다른 형태였으면 어땠을까? 여러 가지 타입을 보면서 그 감상을 논해 보기로 한다.

중앙에 한 줄로 돌아간 야구공은 보다시피 해괴망측한 모양이다. 마치 어린 시절 학교 앞 문방구에서 동전을 넣으면 각종 액세서리나 장난감이 들어 있던 볼 같은데 가운데를 톡 쪼개면 안에서 뭔가 나올 것만 같다.

두 개의 줄이 팽팽하게 돌아간 것은 누군가 실수로 떨어뜨린 찐빵이 자동차 바퀴에 깔린 듯한 모양새다. 혹은 자동차 사고 후에 타이어가 미끄러지면서 남긴 타이어 밀린 자국 같다.

오, 농구공 모양으로 솔기를 배치해보니 마치 잘 익은 오렌지 같은 모양이다. 쓱쓱 껍질을 벗길 수 있을 것만 같다. 무엇보다 온몸에 복슬복슬 털이 난 듯해 지저분해 보인다.

악! 이건 정말 너무 지저분하다. 축구공 모양으로 솔기 배치를 하고 보니 일단 공을 잡을 때마다 깜짝깜짝 놀랄 것만 같다. 뽀얀 야구공의 살결의 느낌이 사라져버린 하나의 실뭉치 같은 느낌이다. 무엇보다 차별성이 없다. 마치 공포영화에 등장하는 얼굴 전체에 흉터가 난무한 살인마 같은 느낌. 이건 정말 아니다!

하트 모양으로 예쁘게 솔기를 배치해보니 책상 위에 예쁜 액세서리용으로 딱 맞는 디자인이다. 시합보다는 그냥 기념품용으로 가능한 디자인이라고나 할까. 팽팽한 긴장감으로 대치한 투수와 타자의 신경전 후에 투수가 날리는 하트라…… 너클볼로 던지면 하트가 그대로 보일 텐데, 이거 원 부끄러워서 공을 칠 수가 있겠는가? 역시 이것도 아니올시다.

여러 가지 상황으로 모양을 바꿔보아도 역시 야구공의 솔기 모양은 지금이 가장 아름다운 걸 알았다.

## 여자들은 좋아하는데, 아내들은 왜 야구를 싫어할까?

> 아내들이 다 싫어하지는 않겠지만 내가 본 많은 아내가 야구를 그다지 좋아하지 않았다. 왜 그럴까? 결혼 전 야구를 좋아할 만한 기회를 놓쳐서일 수도 있겠지만, 그들이 보기에 야구는 4시간짜리 낚시와 같아 보일지도 모른다. 여기 실제 있었던 어느 야구팬 아내의 증언을 들어보자.

저는 도대체 야구를 무슨 재미로 보는지 모르겠어요. 물론 남편이 좋아하니까 저도 관심을 가져보려고 노력해봤어요. 그런데 말이죠. 지나가다 보면 그냥 가만히 서 있어요. 투수라는 사람은 포수라는 사람을 보고 가만히 서 있다가 가끔 공을 던지고, 타자도 그렇고, 밖에서 수비하는 사람들도 그냥 가만히 서 있다가 어쩌다 뛰는 것 같기는 한데 너무 한산한 느낌이랄까요?

전에 한 번은 지나가면서 몇 번씩 TV를 봤는데 4시간 내내 서 있기만 한 것 같았어요. 그리고 왜 그리도 길게 하죠? 한번 시작하면 3~4시간은 기본이고 자정을 넘기기도 하던데요. 그걸 가만히 앉아서 보고 있는 남편을 보면 마치 제가 낚시터에 따라와서 옆에서 구경하는 느낌이랄까요? 낚시를 가면 매운탕이라도 얻어먹지요.

그리고 왜 야구는 황금 시간에 하는 거죠? 아이들 교육방송, 애니메이션 그리고 제가 즐겨보는 일일연속극까지 모조리 겹치는 거예요. 이건 약과예요. 아니 여태껏 봐놓고 스포츠뉴스는 왜 또 봐요? 못 본 경기는 물론이고 봤던 경기도 또 보고, 그거 끝나면 요즘에는 케이블에서 하는 야구 하이라이트 프로그램까지……. 특히 케이블 하이라이트 프로그램이 하는 10시 시간대는 제가 정말 재미있게 보는 드라마들이 할 때죠. 집에 TV가 한 대라면 저는 못 살았을 거예요.

제가 가장 힘든 건 말이에요, 월요일 빼고 일주일 내내 한다는 겁니다. 월요일 하루 쉬는데 요즘에는 더블헤더(연속 경기)인가, 잔여 경기 소화한다고 월요일에도 하고. 흠, 어쨌거나 저는 참 이해하기 어려운 스포츠예요.

chapter 03
야구에 관한 간단한 고찰

# 아내 눈에 비친 야구 시합

2시간 20분 경과

4시간 경과

이건 뭐 낚시도 아니고…… 선수들은 가만히 서서 뭐하는 거야?

chapter 04

# 야구공
## 실밥 터지는 소리

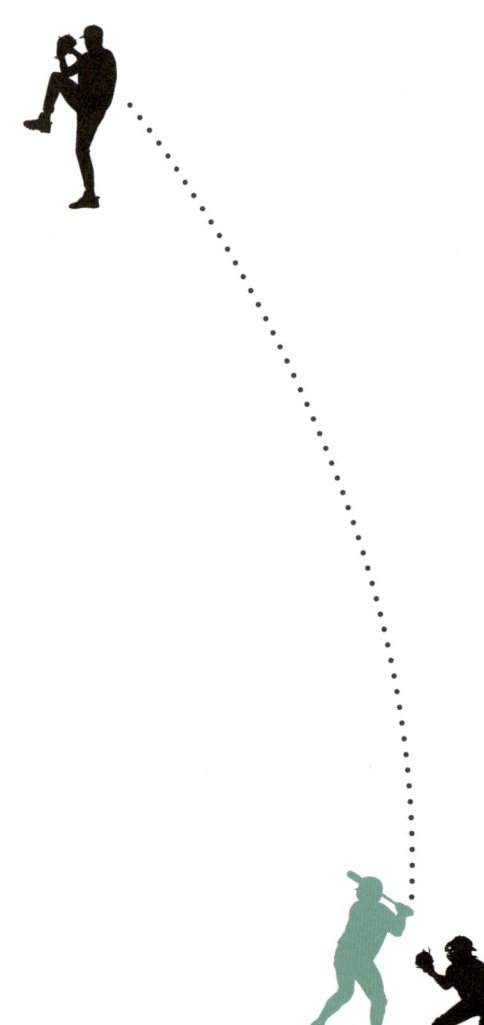

## '야실소'의 탄생

야구에는 공 이외에도 배트, 글러브, 프로텍터 등과 같이 다양한 장비들이 있다. 그럼에도 야구에 대한 철학과 마음가짐을 이야기할 때 공은 늘 그 중심에 있다. '일구일생 일구일사(一球一生 一球一死)'라고. 야구의 시작과 끝이 공 하나에 모두 담겨 있는 것이다.

한때 유행하던 이야기 중에 '김밥 옆구리 터지는 소리'라는 이야기가 있었다. 어떤 일이 잘 진행되다가 어이없이 발생하는 상황에서 쓰이는 말인데, 이번엔 야구에서 발생하는 의외의 이야기에 대해서 나눠보기로 한다. 이 책의 제목으로도 쓰였던 '야구공 실밥 터지는 소리'로 정의하는 우리가 몰랐던 재미있는 야구 속의 또 다른 이야기는 무엇이 있을까? 이제부터 은밀하고도 흥미진진한 이 이야기를 줄여서 '야실소'라고 부르기로 한다.

## WBC, 그리고 이치로 플래시 사건

제2회 WBC 대회에서 이치로 선수와 있었던 일명 '이치로 굴욕 사건'으로 불리는 견제 사건은 별호 열전의 '봉중근 의사' 편에서 상세히 소개한 바 있다. 그런데 그 대회에서 이치로와 또 다른 사건이 발생하는데, 일명 '잉글리시 봉(English Bong)'으로 불리는 심판과의 대화 사건이다.

당시 관중석을 가득 메운 일본 관중은 이치로 선수가 나올 때마다 엄청난 함성을 질렀을 뿐 아니라, 타석에서 방망이를 잡은 오른팔을 쭉 뻗고 왼팔로 소매를 살짝 당기는 이치로 선수의 트레이드마크를 찍기 위해 전쟁터를 불사할 만큼의 플래시를 쏘아댔다. 관중 수가 몇만 명은 족히 되니 플래시 수도 족히 1만 개는 넘었을 것이다. 조명탑 없이도 야간 경기를 할 만큼의 무지막지한 플래시 공세에 우리 팀은 신경이 쓰일 수밖에 없었다. 이는 마치 유명 영화배우의 포토타임을 능가하는 플래시 공세로, 타자는 물론 일본 선수들의 기를 잔뜩 살려줄 수 있었다. 그런 분위기 속에서 급기야 선배들이 나에게 부탁 아닌 부탁을 하게 된다.

"중근아, 네가 영어 잘하잖아. 마침 심판도 미국 사람이니까 네가 뭐라도 좀 어떻게 해봐. 성격을 좀 건드려봐."

어떻게 좀 해보라니…… 관중이 플래시를 터트리는 건 그들의 자유다. 골프라면 'Silence'라는 팻말 하나로 갤러리들의 입을 닫아버릴 수 있지만, 고래고래 소리를 지르고 북과 각종 도구로 응원하는 문화가 자연스러운 야구에서 어떻게 그들을 저지한단 말인가?

하지만 내가 누군가? 대한민국 국가대표가 아닌가? 그 옛날 구국의 사명을 띠고 만주벌판을 누볐던 독립군의 심정이 이랬을까? 나는 마운드에 나가는 내내 고민하게 된다. 마운드에 올라 이치로가 타석에 섰을 때 나는 머릿속으로 계속 어떻게 할까를 생각했고, 언제 타임을 불러야 할지 가늠하는 중이었다. 포수 박경완 선배가 바깥쪽 공으로 첫 사인을 보냈지만 보는 둥 마는 둥 오로지 그 생각뿐이었다. 예상대로 이내 관중석에서 플래시 세례가 시작되었다.

오케이, 바로 이때다 싶어서 나는 타임을 부르고 심판에게 손짓하며 걸어가기 시작했다. 그러자 박경완 선배는 자신을 부르는 줄 알고 자신을 가리키며 "나?"라고 묻기도 했다. 고개를 젓고는 심판에게 손짓했고 우리는 중간 지점에서 만났다.

심판은 투수에게 무슨 일이라도 생겼는지 걱정하는 듯한 표정으로 다가왔다. 많은 사람이 그날 우리가 나눈 대화를 궁금해하는데 이치로 굴욕 사건과 같이 이 사건 역시 두 가지 버전으로 소개해본다.

## 관중의 시선으로 본 플래시 사건

**심판:** 무슨 일이지? 어디 다친 건가? 문제 있어?

**봉중근:** (1루 쪽 관중석을 보란 듯이 손가락으로 가리키며) 관중의 플래시가 너무 많군요. 이래서야 어디 경기를 할 수 있겠어요? 아니, 이치로 선수가 영화배우도 아니고, 사실 그다지 미남도 아니잖아요. 얼굴로 본다면 저를 찍어야 하는 게 맞지 않나요? 나 참…… 그리고 아무리 일본이 가전제품이 싸다지만 몇만 명이 다 하나씩은 가지고 있는가 보네요. 야구 역사 100년의 미국에서는 상상도 못할 일 아닌가요?

**심판 :** (봉중근 선수의 뜻을 알아차린 듯 웃으면서) 이봐 봉, 나도 일본에 와서 아키하바라라는 곳에 가봤다네. 정말 좋은 물건이 많은 데다가 가격 또한 저렴하더군. 미국에서 사려면 운송비랑 관세랑 이것저것 따지면 어디 여기처럼 쉽게 구하기나 하겠나? 한국 물건도 있지만 아무래도 소형 카메라는 일제가 최고 아닌가? 그런데 저 사람들 플래시 보니 정말 성능이 좋구먼. 저 조그만 카메라로 저렇게 밝은 빛을 내다니 말이야. 허허, 그런데 어쩌겠는가? 관중이 아무리 개차반으로 굴어도 어찌할 수 없다는 걸 자네 알지 않는가? 경기장에 들어오면 내쫓기라도 할 텐데. 이건 뭐, 레이저 빔처

럼 광선을 쏴대니 나로선 어찌할 방법이 없네.

**봉중근:** (시원하게 웃으며) 심판께서 그렇게 말씀하시니 저도 더 말하지는 않겠습니다. 그런데 아키하바라 어디서 사셨어요? 저도 나름 싸게 샀는데 가게 이름은 기억하시는지? 하하, 경기 끝나고 한 번 더 물어봐야겠네요. 그런데 어쩔 수 없다고는 해도 저 플래시가 너무 신경 쓰이는데, 하실 수 있으면 이치로 선수가 오른팔 소매를 못 당기게라도 해주시면 고맙겠습니다. 뭐, 이치로가 싫다면 어쩔 수 없지만요. 아이고, 이야기하다 보니 바쁘신데 너무 시간 뺏었네요. 여기까지 오시느라 고생 많으셨어요. 들어가세요. 볼 판정 좀 잘해주시고요.

## 봉중근의 시선으로 본 플래시 사건

\* 봉중근 버전은 당시의 생생한 느낌을 전하기 위해서 영문으로 표현하기로 한다.

**심판:** What's Problem? Something Wrong? Ard you Hurt?

**봉중근:** (1루 쪽 관중석을 보란 듯이 손가락으로 가리키며) Too much flash, I can not focus.

**심판:** (봉중근 선수의 알아차린 듯 웃으면서) Hey Bong, I can't

control their flash, You know it too.

**봉중근:** (시원하게 웃으며) Okay, I know! hhh Please many many strike~!

나는 애당초 플래시를 멈출 수 없다는 걸 알고 있었고, 이치로의 흐름을 한 번 끊는 게 목적이었기에 나 또한 웃으면서 우리의 대화는 끝이 나게 된다. 많은 분이 궁금하게 여겼을 그날의 대화는 그게 다였다. 나는 흐름을 끊고 심판에게 좋은 인상을 주는 게 목적이었고, 심판 역시 웃으면서 돌아갔다. 뭐 이후에 'many many strike'를 주었는지 모르겠지만, 그날 경기는 우리가 승리하게 된다. 나는 잘 모르겠지만, 그날 심판과의 대화가 경기에 좋은 영향을 미쳤다는 게 많은 사람의 의견이니 나로서는 꽤 큰일을 한 것 같아 기분 좋은 사건이었다.

## 숨길 수 없는 본능 '쿠세' 이야기

쿠세는 일본말인데, 우리말로 하면 '버릇', '습관' 정도로 이해하면 된다. 즉 선수들의 버릇과 습관에 관련된 것으로 고양 원더스의 김성근 감독님은 한 인터뷰에서 "쿠세를 모르면 야구는 끝난다"고 말씀하시기도 했다. 대부분의 야구 용어를 영어나 한국어로 쓰는 데 반해 쿠세는 현장에서도 그대로 쓰이고 있는 독특한 용어다. 야구 용어이지만 공식적인 표현이라고 보기에는 무리가 있다. '쿠세'의 은밀한 성격상 그저 '쿠세'라고 부르는 게 훨씬 그 용어의 이미지와 맞아 보이기도 한다. 미국에서는 상대 선수의 쿠세를 분석하는 게 비신사적이라고 보는 성향이 있지만 일본과 우리나라에서는 이기기 위해 꼭 필요한 전략 중의 하나로 인식하고 있다.

나도 쿠세가 있는데, 미국에서는 아주 많았다. 보통 야구 글러브에서 검지는 밖으로 빼서 잡는 게 일반적이다. 왜냐하면 빠른 송구를 잡을 때 검지의 부상을 방지하기 위해서 밖으로 빼서 조금이라도 충격을 줄이기 위해서다. 그런데 이 검지가 골칫덩어리였다. 보통 투수들이 패스트볼(직구)을 던질 때와 변화구를 던질 때 이 검지가 미세하게 변화하는데, 글러브가 타자 쪽을 향하고 있어서 타자는 투수의 글러브를 잘 볼 수 있다. 강한 직구를 던질 때 투수들은 자기도 모르게 검지를 움켜지고, 변화구를 던질 때는 느슨하게 놓는다. 공을 쥔 손에는 힘을 주면서 다른 손에는 힘을 빼기가 어렵고, 반대의 경우도 그러하니 검지의 움직임을 내 마음대로 조절하기란 여간해서 쉽지 않다. 나도 해당하는 쿠세였다.

그래서 내가 데뷔하던 당시 미국의 투수 글러브는 검지 자리가 다른 야구 글러브와 똑같았지만 요즘에 나오는 글러브는 밖으로 뺀 검지를 위한 덮개(cover)가 추가로 달려나온다. 정말 이런 것까지 신경 써야 하니 투수는 괴로울 수밖에 없다.

그런데 덮개로 가리니 또 다른 것을 잡아낸다. 덮개가 있어서 한

결 마음이 편해진 투수들이 방심하다 보니 나머지 세 손가락에 변화가 오는 것이다. 세 손가락을 꽉 움켜쥐면 직구, 느슨하게 풀면 변화구라는 것이다. 이건 덮개고 뭐고 방법이 없다. 그저 조심할 수밖에. 한국에서는 더욱 세밀하게 분석하고 게임에 들어오기에 반복 훈련을 통해서 상당수의 쿠세를 없앴지만, 요즘도 시합 후에 전력분석팀에 확인차 물어보곤 한다.

"형! 나 쿠세 있어요?"

"응, 너 엄청나게 많아."

이상하게도 계속 나온다. 특히 고속카메라까지 동원한 전력분석원들에게는 침을 삼킬 때 생기는 미세한 근육 움직임까지 잡힐 것만 같다. 그런데 간혹 이러한 쿠세를 역으로 이용하기도 하는데, 반대의 쿠세를 보여주고 공을 던지면 타자들은 이내 '아! 이 녀석이 장난하는구나!'라고 생각하고 그들 역시 쿠세에 신경 쓰지 않는다. 하지만 아무리 해도 무의식중에 나오는 쿠세를 없애자니 보통 힘든 게 아니고, 무엇보다 투구 밸런스에 영향을 주니 정말 고민거리다.

나도 견제구를 던질 때 쿠세가 작용하는데, 견제구는 나의 주 무기 중의 하나라고 할 만큼 많은 주자가 두려워하는 나만의 장기이다. 보통 주자는 투수의 얼굴을 보면서 투구 동작을 읽게 되는데 나는 이걸 역으로 이용해 시선을 활용한 페인트를 쓴다. 즉, 포수를 보면서 뒷발은 투구판에서 쓱 빼는 방식이다. 그런데 나의 이 속이기 동작(Feint motion)에 쿠세가 있다는 걸 알게 됐다. 그냥 속일 때는 그냥 포수를 바라보지만 정말 투구할 생각일 때는 한번 아래로 시선이 머문다는 것이다. 아! 꿈에도 몰랐던 이걸 잡아내다니……. 고치기 어렵지는 않겠지만 정말 상대 분석원들의 시선은 부담스럽다. 그런데 중요한 건 내 속임수가 노출됐음에도 주자들이 잡힌다는 것이다. 이건 뭐, 역시 견제는 나의 최강 무기가 아닌가 싶다.

그런데 투수 중에서도 이런 쿠세가 없기로 유명한 선수가 몇 있는데, 그중에 대표적인 투수가 류현진이다. 류현진은 늘 똑같은 폼으로 직구와 변화구를 구사하는 것으로 유명해 도무지 공략하기가 쉽지 않다. 게다가 구질까지 뛰어나니 가히 대한민국 최고의 투수라 할 수 있다. 여기에 한 술 더 떠 변화 없는 표정까지…… 완벽 그 자체다.

다른 사례로는 삼성의 오승환 선수이다. 이 친구 역시 무표정에 늘 한결같은 모습과 마무리투수라서 자주 만나기 어려운 까닭에 눈

에 익기 어려우며, 여기에 두 번 킥하는 독특한 투구 동작까지 곁들여져 공략이 어렵다. 설사 오승환 선수의 공을 예측한다 해도 쉽사리 칠 수 없는 공을 구사하는 그는 쿠세의 세계에서 멀찌감치 벗어난 투수다. 그러고 보면 누구보다 많은 이닝을 소화하는 류현진 선수에게서 위협적인 쿠세를 발견하지 못하는 걸 보면 또 한 번 그의 능력에 감탄하게 된다.

쿠세의 진정한 희생양은 용병이다. 특히 메이저리그 출신의 용병들은 생소한 한국 야구 적응에 꽤 애를 먹는데, 한번은 상대 용병 투수의 구질을 더그아웃의 코치님이 다 맞혀버리는 것이다. '직구' 하면 '직구'가 들어오고, '커브' 하면 '커브'가 들어오니 제아무리 용을 써도 일단 지고 들어가는 싸움이 되고 마는 것이다.

만약 용병 투수가 타자들이 알고도 못 치는 압도하는 구질을 가지고 있지 않다면 그의 한국 야구 적응은 어쩌면 메이저리그보다도 어려울 수 있다. 여기에 스트라이크를 톡톡 걷어내는 한국 타자들의 컨택 능력과 선구안까지 경험하게 되면 쉽지 않은 싸움이 될 것이다.

그래서 한국 야구를 경험했던 용병 투수 중에서 일본이나 미국으로 돌아가 이전보다 더 좋은 성적을 내는 예도 있는데, 그들의 한결같은 대답은 "한국 야구 경험이 큰 도움이 됐다"이다. 어찌 보면 치사할 수도 있고 또 다르게 보면 정교한 전술의 결과라고도 할 수 있는 쿠세 분석은 어쨌거나 야구를 보는 재미 중에 하나인 것만은 분명하다. 미국에 '머니 볼'이 있다면 아시아에는 '쿠세 볼'이 있다!

## MC봉이 전하는 재미있는 사건 사고

인생의 축소판이라 불리는 야구. 그래서일까? 야구에도 인생살이와 마찬가지로 경기장 안팎에서 여러 가지 일들이 일어난다. 그중에 승패를 걸고 싸우는 선수들의 중압감과는 다소 거리가 있는 재미있는 사건들이 많이 일어나는데, 여기에 몇 가지 소개해본다. 여기에 적지 못한 너무너무 재미있는 아까운 사건들이 더 있지만, 공개되면 다소 문제가 생길 만한 건 빼두었으니 그런 이야기들은 책이 아닌 한가한 저녁에 차 한 잔과 함께 나눌 기회를 기약하기로 하자.

### 차명석 어록

현재 LG 트윈스에서 투수코치를 하고 계시는 차명석 코치님은 투수 출신이다. LG에서 데뷔해서 투수코치가 되셨으니 진정한 LG의 진골맨이라 할 만한 분이다. LG의 90년대 전성기 시절 투수진의 허리를 책임졌던 그는 투수 분업화가 아직 정착하지 않았던 시대에 중간계투요원의 중요성을 일깨워주신 분이다.

그런데 이분은 선수 시절보다 2002년 1년간 MBC-ESPN 해설위원 때가 전성기라 불리는 분이다. 일반적으로 경기 해설은 야구에 대한 해박한 지식 외에도 캐스터에 뒤지지 않는 입담이 필요하다. 대한민국 대표 해설위원으로 통하시는 하일성 위원이나 허구연 위원님은 예능 프로그램에서 단골 초대 손님이 될 만큼 대단한 입담을 자랑하신다. 하지만 차명석 코치님은 1년간의 해설위원 생활에도 그가 남긴 이야기들이 일명 '차명석 어록'이라는 이름으로 지금까지도 회자되고 있으니, 몇 가지만 소개한다.

### ① 차's 에피소드 1

**상황:** 메이저리그 중계 중 카메라가 관중석의 선수 부인을 비추자

**차 위원:** 아, 저 선수 부인 참 미인입니다.

**캐스터:** 근데, 스포츠 선수들 부인들이 대부분 미인 아닙니까? 왜 그럴까요?

**차 위원:** 그런 전통이 있습니다. 그런데, 제가 무참히 깨버렸죠.

**캐스터:** 집에 가시면 아무 일 없을까요?

**차 위원:** ……………………

### ② 차's 에피소드 2

**상황:** 메이저리그 올스타전 중계 중

**캐스터:** 차 위원님, 기억나는 올스타전 추억이 있습니까?

**차 위원:** 네, 저는 올스타전 추억이 아주 많습니다. 올스타로 뽑힌 적이 없어서 그 기간에는 늘 가족이랑 여행 중이었습니다. 그래서 가족과의 추억이 많습니다.

**캐스터:** ……………………

### ③ 차's 에피소드 3

**상황:** 메이저리그 중계 당시 그 지역 케이블방송 채널에 관한 이야기

**캐스터:** 오늘 중계를 맡은 지방 케이블방송이 주로 메이저리그와 낚시를 중계한답니다. 참 특이한 일이죠? 야구와 낚시가 관계가 있습니까?

**차 위원:** 야구선수 중에도 낚시광이 많습니다.

**캐스터:** 낚시 좋아하면 가족도 버린다던데…….

**차 위원:** 제가 전에 모시던 감독님도 낚시 참 좋아하셨습니다. 낚시하시며 제 생각을 많이 하셨다고 하시더군요. 저놈을 잘라야 되나 말아야 하나…….

**캐스터:** ………………………

### ④ 차's 에피소드 4

**상황:** 메이저리그 최고의 제구력 투수 그랙 매덕스가 좋은 플레이를 보이자

**캐스터:** 아, 오늘 그랙 매덕스의 제구가 정말 돋보이는 게임입니다. 어떠십니까? 예전에 차명석 해설위원도 뛰어난 제구력 때문에 그랙 매덕스와 닮았다고 해서 '차덕스'라고 불렸었지요?

**차 위원:** 하하하 (쑥스러워하며 중얼중얼하다가) 무슨 그런 말씀을 다…… 뭐, 어쨌든 공이 느린 건 똑같습니다. 하! 하! 하!

**캐스터:** ………………………

### ⑤ 차's 에피소드 5

**상황:** 시카고컵스의 중계 도중 투수 케리 우드가 90마일이 넘는 슬라이더를 던지자

**캐스터:** 와! 케리 우드 선수 슬라이더가 90마일을 찍습니다. 정말 대단합니다.

**차 위원:** 저 공은 제 전성기 시절 저의 직구보다 빠르군요.

**캐스터:** ……………………

### ⑥ 차's 에피소드 6

**상황:** J.D 드류가 큰 홈런을 치자

**캐스터:** J.D 드류 선수의 큰 홈런입니다. 혹시 현역 시절 중 기억에 남는 홈런이 있습니까? 저런 홈런 맞았을 때 기분은 어떠셨는지요?

**차 위원:** 저런 홈런을 쳐본 적은 없어도 맞아는 봤습니다. 아, 저때 기분은 정말…… 뭐라 말할 수 없죠. 제가 현역 시절에 어느 날 장종훈 선수와 승부를 겨룰 때가 기억나는데요. 제가 정말 온 힘을 다해 이를 악물고 던진 몸쪽 직구를 장종훈 선수가 가볍게 받아쳤는데, 정말 하늘 높이 까마득하게 사라지는 홈런을 쳤는데…… 아! 정말 기분은 말할 수 없습니다.

**캐스터:** 아…… 그러셨군요.

**차명석:** 아마도 잘 찾아보면, 그 공 지금도 날아가고 있을지 모르겠네요.

**캐스터:** ……………………

### ⑦ 차's 에피소드 7

**상황:** 보스턴 레드삭스의 워커T. Walker가 병살타를 치면서 부진하자

**캐스터:** 요즘 들어 Walker가 매우 부진한데요

**차 위원:** 네, 일단 Walker는 이름부터 Runner로 바꿔야 할 것 같습니다.

**캐스터:** ………………………

### ⑧ 차's 에피소드 8

**상황:** 뉴욕 양키스와 보스턴 레드삭스의 경기 중계방송에서

**캐스터:** 아, 정말 저 선수는 10년에 한 번 나올까 말까 한 선수에요.

**차 위원:** 저도 선수 시절에 10년에 하나 나오는 투수라는 소리를 들어보고 싶었어요. 그런데 아무도 그런 말을 안 하더라고요.

**캐스터:** 하하하

**차 위원:** 어느 날 코치님께 얘길 했더니 너 같은 투수는 10분에 하나씩 나온다고 하셔서 기분이 아주 나빴던 기억이 있습니다.

**캐스터:** ………………………

### ⑨ 차's 에피소드 9

**캐스터:** 지금 잘하는 야구선수들도 야구를 시작할 무렵 존경했던 선수를 많이 닮아가게 되는 경향이 있죠?

**차명석:** 물론입니다. 어린 시절에 잘하던 선수가 누구였느냐에 의해 많은 영향을 받습니다. 저 때에는 장호연 투수가 무척 날렸는데 그래서 제 구속이 그

렇게 느렸나 봅니다.

**캐스터:** ……………………

### ⑩ 차's 에피소드 10

**캐스터:** 너클볼 투수인 팀 웨이크필드 다음에 앨런 엠브리가 던지니깐 공이 더 빨라 보이는 것 같아요.

**차 위원:** 그래서 제가 항상 이상훈 투수 앞에 던졌죠.

**캐스터:** ……………………

### ⑪ 차's 에피소드 11

**상황:** 이닝이 바뀌는 도중 캐스터와 이야기 중에

**캐스터:** 뛰어난 기량을 가진 선수들도 종종 부상 때문에 선수 생명이 일찍 끝나 팬들을 안타깝게 하는 경우가 많은데요. 차명석 해설위원도?

**차 위원:** 저는 그만둘 당시 부상은 없었습니다. 너무 못 던져서 그만둔 경우죠. 허허.

**캐스터:** (멈칫거리다) 아, 네…… (차 위원을 위로하려는지 자신의 의도를 다시 전하며) 그래도 보통 야구선수들은 온몸에 크고 작은 부상을 한두 군데 달고 선수생활을 하고 있지 않습니까? 특히 투수들은 팔이나 어깨 부위에…….

**차 위원:** 실은 저도 현역 시절에는 목 부상이 좀 있었습니다.

**캐스터:** (이거다 싶어 하면서) 목이요?

**차 위원:** 좀 특이한 경우죠. 하도 홈런을 많이 맞아서 그때마다 고개를 휙휙

돌리다 보니 어느 날 목에 이상이 왔습니다. 허허허.

**캐스터:** (약 2초 뒤 농담인 걸 알고) ·························

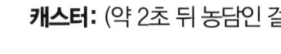

## ⑫ 차's 에피소드 12 (이건 차 위원보다도 캐스터의 어록에 더 가깝다)

**상황:** 페드로 마르티네스의 투구를 보며

**캐스터:** 페드로 마르티네스는 지구 상 최고의 투수죠?

**차 위원:** 네, 그래서 별명이 외계인이죠.

**캐스터:** 근데 그건 말이죠, 제 옆에 있는 차명석 위원이 은퇴하셔서 그런 걸로 알고 있습니다.

**차 위원:** 네, 그건 그렇죠. 허허.

무덤덤하게 자신은 안 웃으면서 이야기를 뿜어내는 차명석 코치님의 촌철살인 유머는 야구를 조금이라도 아는 사람이라면 웃지 않을 수 없다. 하지만 후배로서는 감히 웃기가 쉽지 않다. 선배라서가 아니라, 자신의 단점을 아무렇지 않게 드러내며 웃음을 만들어내시기 때문이다. 어쩌면 그리 말을 재미있게 하시는지……. 지금은 투수코치로 계시지만 언젠가 다시 해설위원으로 야구 역사에 길이 남을 새로운 어록들을 만들어주셨으면 좋겠다. 이 외에도 이병훈 해설위원 역시 그에 못지않은 입담과 어록들로 유명한데 두 분은 LG 출신이라는 공통점을 가지고 계시다.

 해설가 봉 위원을 꿈꿔본다. 언젠가 기회가 온다면 정말 멋지게 해보고 싶다. 뭔가 대단한 어록이 나올 것 같지 않은가? ⓒ kuma

chapter 04
야구공 실밥 터지는 소리

그렇다면 LG 출신인 나에게도 가능성은 있지 않을까? 언젠가 기회가 온다면 두 분 못지않은 재미를 야구팬들에게 드리고 싶다. 해설가 봉 위원…… 어감부터 뭔가 대단한 어록이 나올 듯하지 않은가? 아, 하고 싶은 것 많아서 큰일이다.

### 잠자는 신병 김태군

그는 2008년에 LG에 입단한 선수로, 포지션은 포수다. LG의 간판 포수였던 조인성 선수가 SK로 옮기고 나서 새로운 간판 포수로 무럭무럭 성장하고 있으며 2012년 시즌엔 나와 가장 많은 호흡을 맞췄다. 개인적으로도 무척 친하고 아끼는 후배인데 이번에 NC로 이적하게 되어 아쉬움이 많이 남는다. 성실하고 착한 그의 재미난 사건은 프로야구 선수가 되는 첫날 발생한다. 고등학교나 대학교를 졸업한 선수들은 프로구단에서 지명받는 신인 드래프트에 참가하는데, 리그 참여 구단이 각각 두 번씩의 선택권이 있으며 신생구단에는 특별지명권을 부여하게 된다. 또한, 이듬해 전력의 평준화를 위해서 순위의 반대 순서로 지명하게 된다.

신인 드래프트는 신인들에겐 실력을 인정받은 영광스러운 자리이다. 그런데 이 중요한 날 김태군 선수는 참석하지 않았다. 날짜를 착각해서 신인 드래프트가 진행되고 있는 시간에 잠을 자고 있었던 것이다. 결국 지명 결과는 후배 선수가 전해줘서 알게 되었는데, 군

대로 치면 신병이 잠을 자다가 참석하지 않은 격이다. 허허, 본인은 얼마나 놀랐을까? 드래프트로 프로구단에 지명되는 감격스러운 순간을 잠으로 놓치고, 후에 만날 감독님과 선배들의 무서운 얼굴이 떠올라서 한동안 불안했을 것을 생각하니 그저 웃음만 나온다.

### 달력 보고 포크볼 배운 조정훈

롯데 자이언츠의 조정훈 투수는 리그 최고의 포크볼(Fork ball)을 구사한다. 직구와 같은 폼으로 던지는 그의 포크볼에 타자들은 속수무책으로 방망이가 나가곤 한다. 빠른 직구와 짝을 이룰 때 무시무시한 효과를 발휘하는 포크볼을 실전에서 많을 때는 절반 이상 사용해 승부를 겨룬다.

야구 전문가들은 종종 한국 프로야구 최초의 퍼펙트게임은 누가 할 것 같냐는 물음에 관해 이야기하곤 하는데, 그중 가장 유력한 후보로 거론되는 사람이 바로 조정훈 투수다. 이유는 외국의 사례를 봐도 포크볼 투수가 많았고, 조정훈 선수가 컨디션이 좋은 날에는, 흔히 말하듯 공이 잘 손가락에 잘 채이는 날에는 도저히 칠 수 없는 공을 구사하기 때문이다.

하지만 구사가 잘 안 되면 떨어지는 각이 밋밋해져 느린 직구가 되어 그 위력이 사라져버린다. 그러기에 많은 훈련을 하지 않으면 제구는 물론 던지는 것조차 힘든 공이다.

그런데 던지기에 꽤 까다로운 이 공을 조정훈 선수는 코치나 선배에게서 배운 게 아니라고 한다. 롯데 2군 시절 부산은행에 우연히 들렀는데, 들른 이유도 은행 업무가 아닌 그저 볼일을 보기 위해서였다. 그때 마침 벽에 걸린 롯데 자이언츠 달력(부산이기에 가능한 달력. 이것도 역시 인연이다)에 그달의 모델인 손민한 선수가 그립을 쥐고 자세를 취한 사진을 보고, 함께 2군 소속이던 포수 이동훈과 상의하여 스스로 체득했다고 한다.

만약 그가 그때 볼일을 보러 은행에 들어가지 않았다면, 그리고 만약 그곳이 부산이 아니었다면 부산은행이 아니었을 것이고, 롯데 자이언츠 선수들이 모델로 있는 달력이 걸려 있지 않았을 것이다. 또한 다른 달에 갔다면 사진 속 손민한 선수를 만날 수 없었을 테고 말이다. 그랬다면 리그 최고의 포크볼의 명성은 다른 사람이 가지고 있겠지.

내가 비닐하우스 연습장 옆에서 우연히 야구 감독님을 만난 것만큼이나 조정훈 선수에게는 우연이 필연이 된 인생 역전의 사건이라 할 수 있다. 지금은 국방의 의무를 수행 중인 조정훈 선수가 하루빨리 복귀하여 뚝 떨어지는 그만의 포크볼을 보여줄 날을 기대해본다.

### 음악다방 DJ 김시진

김시진 전 넥센 감독님은 외모를 보면 마치 대기업 중역이나 교수님 같은 모습이시다. 조용히 말씀하시는 목소리톤 역시 뙤약볕에서 땀 흘리는 야구선수의 것이라고 하기엔 거리감이 있다. 지금도 늘 공부하고 연구하는 것이 일상인 그에게는 일부에게만 알려진 숨겨진 사연이 하나 있다.

1978년 서울 한양대학교 재학 시절 인근의 한 음악다방에서 꽤 인기 있는 DJ였다는 사실을 아는 사람은 많지 않다. 감독님 성격에 누구에게 이야기하기도 어려웠을 그분의 DJ 경력은 처음 듣는 이에게는 깜짝 놀랄 만한 일이다.

DJ 당시, 우연히 알게 된 한 기자와의 인터뷰에서 "야구선수라고 야구만 할 줄 알고 무식할 거라는 선입견을 품은 사람이 많은데, 사실 야구선수도 열심히 공부 잘하는 사람도 있고, 음악을 깊이 이해하는 감성이 풍부한 사람도 있다"고 했단다. 그래서 보란 듯이 야구선수에 대한 편견을 깨보고 싶어서 DJ 석에 앉았다고 하니 참 대단한 분이시다. 그러고 보니 LG 수호신이었던 이상훈 선수도 음악에 조예가 깊어 은퇴 후에는 밴드를 결성해 공연도 하는 등 음악인이 된 예도 있다.

그런데 야구선수가 음악다방 DJ를 하는 것은 이상한데, 김시진 감독님이라면 잘 어울릴 것 같다는 생각이 든다. 이름도 어울리지 않는가? 'DJ 김시진'도 좋고 '2시에 시진'이라고 하면 운율감까지 느껴진다. 'DJ 봉중근'과는 비교 불가다. 감독님의 넉넉한 성품과 감성의 배경에는 우리가 몰랐던 그런 이야기가 있었다. 지금 나에게는 감독님이 새로 맡으신 롯데 자이언츠에서 멋진 모습을 보여주셨으면 하는 바람도 있지만, 늦은 밤 멋진 음악 프로그램의 DJ로 좋은 음악을 들려주시는 모습도 보았으면 하는 바람도 동시에 있다.

### 책 한 권에서 시작된 구대성의 투구 자세

지금은 호주 프로리그에서 철벽구원으로 명성을 날리는 구대성 선수는 한화에서 일본, 미국 프로야구까지 두루 경험한 한국 최고 좌완투수 중의 한 명이다. 나와 김광현 선수 이전에 일본 킬러로서 그 명성을 떨쳤던 구대성 선수는 독특한 투구 자세도 유명한데, 심할 때는 중견수와 눈을 마주칠 정도로 등을 돌린 자세에서 시작해 몸을 꼬듯이 던지는 독특한 폼을 보통 선수들이 흉내 냈다간 얼마 가지 않아 허리와 무릎이 상할 수 있는 매우 어려운 스타일이다.

게다가 공을 감추었다가 갑자기 나오는 탓에 타자들이 타이밍을 잡기가 어렵고, 여기에 회전력까지 더해서 구속까지 올라가는 효과가 더해진다. 전성기엔 그의 공에 대해 SK의 박경완 선수가 "저건 치지 말라는 것과 똑같다"라고 말할 정도의 구위를 과시했었다. 이런 독특한 자세를 그에게 알려준 이는 이효봉 해설위원의 아버지인 고 이성규 해설위원이시다. 야구선수 출신이 아님에도 야구에 대한 관심이 많아서 누구보다 많은 연구를 하셨던 이성규 위원님은 당시 일본에서 크게 유행했던《과학 하는 야구》라는 책에서 힌트를 얻어 당시 중학교 3학년이었던 아들 이효봉 선수의 후배 구대성에게 이 자세를 전수하게 된다. 투구 특성상 허리와 무릎에 많은 무리가 갔지만 워낙에 힘이 좋고 하체가 튼튼했던 그에겐 주효했다. 물론 아들 이효봉 선수에게도 가르쳤지만, 프로 입단 후 잦은 부상으로 그의 선수 생명은 길지 않았다. 하지만 구대성 선수는 30년을 넘어 지금까지도 선수생활을 하고 있으니, 그의 사람 보는 눈과 선견지명에 감탄하지 않을 수 없다.

전성기 때의 구속이 나오지는 않지만 독특한 투구 자세에 노련한 경험까지 더해져 그는 지금도 20살이나 어린 젊은 선수들과의 경쟁에서 이기며 호주 최고의 마무리투수로 활약하고 있다. 구대성! 공으로 크게 성공하라! 꼭 그렇게 느껴지는 그 이름처럼 그는 공으로 성공했을 뿐

아니라 이제는 '지구대성'으로 한국, 일본, 미국에 이어 호주까지 북반구와 남반구까지 두루 섭렵한 레전드가 되었다.

"형님 호주에서 은퇴하시면 꼭 한국 오셔서 누군가에게 그 자세 좀 전수해 주세요. 고려청자도 아니고 형님 대에서 끊어지면 얼마나 아깝습니까? 꼭 오셔서 후계자를 만들어 주시기 바랍니다."

### 투수 최동수? 최동원이 아니고?

보통 야구에서는 선수별로 포지션이 있다. 9개의 포지션이 있고 프로야구에서만 시행되는 지명타자제 때문에 1명의 포지션이 추가되어 10명이 경기를 치른다. 즉, 투수와 지명타자가 1명이 해야 할 역할을 나눠서 한다고 볼 수 있다.

그럼에도 경기 후반에 미리 제출된 선수 자원에서 교체가 이뤄지다가 투수가 타석에 서는 때가 종종 있다. 더 나올 타자가 없는 경우가 그런 때인데, 보통 내야수나 외야수들은 복수의 포지션을 겸업하기에 자리 교체가 가능하지만, 투수는 좀 상황이 다르다. 이럴 때 특히 타석에 서는 투수 본인에게나 더그아웃이나 난감하기 이를 데 없는 상황이 된다. 하지만 가끔은 경기 도중에 야수가 투수를 하기도 하는데, 이 역시 교체 후반 투수 자원이 바닥난 상황에서 이뤄진다.

프로야구 초창기에 당시 LG 트윈스의 전신이었던 MBC 청룡 시절 김재박 전 LG 감독님이 유격수가 아닌 투수로서 마운드에 오른

적이 있다. 그는 1985년 7월 27일 잠실운동장에서 삼성과의 연장 10회 초 1사 만루의 위기에서 구원등판을 하여 공 2개로 병살타를 유도하였고, 연장 10회 말에는 직접 끝내기 안타를 쳐서 한 경기에서 승리투수와 승리타점을 동시에 기록하는 진기록을 연출했다.

최근에 있었던 예는 SK의 최정 선수도 있지만, 김재박 감독님이나 최정 선수가 아마추어 시절 투수의 경험이 있었다는 점을 고려한다면 LG 최동수 선수의 투수 등판은 그들과는 좀 다른 성질의 것이다.

2009년 5월 14일 잠실 SK전에서 최동수 선수는 프로 데뷔 15년 만에 투수로 첫 등판하였다. 그런데 이때 팀 동료였던 포수 김정민은 좌익수 타석 때 대타로 들어가 수비 때는 좌익수로 출전하게 된다. 야수에서 투수도 그렇지만 포수에서 외야수 역시 극과 극의 포지션 이동이라 할 수 있다. 9회까지 9대 1로 뒤지던 LG는 극적으로 9회 말에 9대 9 동점을 만들고 연장전에 들어간다. 당일 시합에 지명타자로 출전한 그는 연장 12회 초에 LG 마무리투수 우규민 선수가 빈볼(위협구)을 던지고 퇴장을 당하여 남아 있는 투수가 없자, 경기 중 투수 등판의 경험이 있던 김재박 감독은 궁여지책으로 지명타자인 최동수를 투수로 내보낸다. 역시 떡도 먹어본 사람이 먹고, 방귀도 뀌어본 사람이 뀐다는 옛말이 틀리지 않는가 보다. 포수 출신이었던 투수 최동수의 상대 타자는 홈런 타자이자 역시 포수였던 박경완 선수였는데, 이 어려운 승부를 투수 최동수는 그 옛날 투수 김재박 선수처럼 그 역시 2개의 공으로 플라이 아웃 처리(1구 128km, 2구 131km)한다. 경기 후 박경완 선수는 "차마 제대로 칠 수가 없었다. 그냥 가만히 서 있으면 안 될 것 같아 대충 휘둘러서 아웃됐다"라고 소감을 밝히기도 했다.

결국 자정을 넘겨 다음날까지 이어진 경기였지만 12말에 16대 10으로 LG가 패하게 된다. 하지만 늦게까지 응원한 팬들에게는 투수 최동수의 통산 방어율 0.00의 퍼펙트피칭(완벽 투구)이란 멋진 추억을 만들어준 잊지 못할 경기가 되었다.

### 이종범이라면 가능한 나 홀로 1구단

2012년 시즌을 앞두고 갑작스럽게 은퇴한 이종범 선수. 이제 한화 이글스의 코치로서 새로운 야구 인생을 시작했지만, 그는 우리 야구 역사에 가장 큰 획을 그은 멋진 선수다.

그의 은퇴식이 있던 날 KIA 타이거즈의 모든 선수는 이종범 선수가 직접 입혀준 '백넘버(등번호) 7번의 이종범' 유니폼을 입고 경기를 치르는 진풍경을 보여줬다. 아마도 우리나라 프로야구에서 유일하게 투수를 제외한 전 포지션을 소화했던 이종범 선수의 천재성을 기리기 위해서가 아니었을까?

야구 특성상 같은 부류의 포지션에서의 이동은 종종 있다. 앞서 소개한 최동수 선수처럼 주로 어쩔 수 없는 상황에서 투수를 맡는 때도 있지만, 대부분 1명의 선수가 2개 정도의 포지션을 소화할 수 있도록 평소에 훈련해놓는데, 사실 말이 쉽지 포지션별로 특성이 있어서 쉽지 않은 일이다.

일단 내야와 외야는 준비 자세도 틀리고 공이 오는 궤적과 속도에 차이가 있어 긴박한 상황에서 각 포지션별로 미세한 감각의 차이를 모두 소화하기란 쉽지 않다. 그래서 많아 봐야 3개 정도가 가능하며 그것도 외야에서 외야, 내야에서 내야 정도이고 내·외야의 변

 투수와 마찬가지로 포수는 아무나 할 수 있는 포지션이 아니다. 그라운드 전체를 리드해야 하며, 엄청난 속도의 공을 받아내고, 동시에 주자를 견제해야 하는, 투수보다 더 어려운 포지션이다. ⓒ kuma

화는 시즌 전 충분한 훈련을 통해서 전환해야 한다. 그중에서도 투수와 마찬가지로 포수는 아무나 할 수 있는 포지션이 아니다. 그라운드 전체를 리드해야 하며, 150km를 넘나드는 속도의 공과 변화구를 받아내고, 주자를 견제해야 하며 타자와의 수 싸움을 위해 투수와 끊임없는 커뮤니케이션을 해야 하기에 오히려 투수보다 더 어려운 포지션이다.

하지만 간혹 좋은 야구 감각을 가진 선수는 우리의 상상을 뛰어넘는 모습을 보여주는데 영원한 야구 천재 이종범 선수가 그렇다. 먼저 결과부터 이야기하자면 이종범 선수는 실제 경기에서 투수를 제외한 8개 포지션을 모두 경험한 선수다.

특히 신인 시절 포수 마스크를 쓴 적이 있는데, 이 기록에 대한 회상은 2008년 10월 8일 일본에서 한일통산 200세이브를 달성한 임창용 선수와의 인터뷰를 통해 거슬러 올라가 보기로 한다. 엄청난 기록을 달성한 임창용 선수에게 한 기자가 물었다.

"임창용 선수, 지금까지 세이브 중에서 가장 기억에 남는 경기가 있다면 어느 경기입니까?"

그러자, 임창용 선수는 일본에서의 첫 세이브를 언급하더니 곧바로 그로부터 12년 전 해태 타이거즈 시절의 세이브를 회상하며 이야기한다.

"일본에 와서 첫 세이브(3월 29일 요미우리전)를 했을 때가 우선 기억납니다. 그리고 무엇보다 잊을 수 없는 장면은 해태 시절에 (이)종범이 형이 마스크를 쓰고 내 공을 받아줬을 때입니다."

당시 이종범 선수는 야구에서 말하는 한국 프로야구에서 자랑하는 '파이브툴 플레이어(5-tools-player)'였다. 유격수이자 1번 타자였던 그는 역사상 가장 완벽한 선수로 기억된다. 그의 천재성을 가리켜 사람들은 "야구라고 쓰고 이종범이라고 읽는다"고 말할 정도다. 한화 이글스 감독으로 다시 현장 복귀하신 김응룡 감독님은 "역대 선수 중 투수는 선동열, 타자는 이승엽, 야구는 이종범"이라고 평할 정도로 야구 모든 분야에서 최고의 기량을 보여주었다.

그런 그가 프로야구 4년 차 때 일이었다. 이종범은 총 두 번 포수 마스크를 썼었는데, 임창용과의 호흡은 두 번째 포수 등판 경기였다. 첫 번째 등판은 1996년 5월 23일 삼성전이었다. 9회 초 삼성 대타 동봉철 타석 때 포수 마스크를 쓰게 되는데, 투수는 네 번째 투수 이대진. 그 이유는 8회 2사까지 5대 4로 뒤지던 해태가 포수 권오성 타석에서 좌타자 장성호를 대타로 냈는데, 결국 포볼로 나가고 이후 득점에 실패하게 된다.

그런데 이미 2명의 포수를 야수로 대타 기용한 바 있는 해태는 9회 초 포수 기용에 고민하기 시작한다. 이때 2루 송구 능력이 있고, 투수 이대진과 18개월간 같이 방위 복무를 했던 이종범을 불러 조용

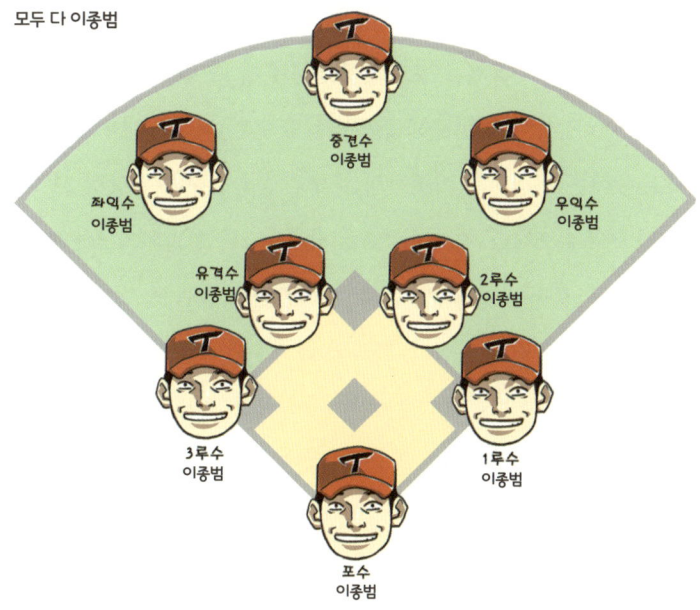

모두 다 이종범

히 마스크를 씌운다. 보통 이럴 때 아마추어 시절 포수 경험이 있는 사람을 기용하는 게 일반이지만 당시 해태에 그런 선수가 없었거나 이종범 선수의 야구 감각을 믿었거나 둘 중의 하나이다.

이종범 선수가 9회 말 선두타자로 좌중월 동점 홈런을 때려 연장전에 돌입하게 되었고, 연장 10회에서는 좌전안타로 1루로 진루한 김재걸의 2루 도루 시도 때 2루 강속구 송구로 잡아내고 만다. 참고로 이종범 선수는 야수임에도 150km에 육박하는 빠른 공을 던지는 선수였다. 이날 결국 경기에 패했지만 관중은 포수 이종범의 플레이에 환호했고, 승패를 떠나 평생 보기 어려운 진풍경에 감격했다.

　이러한 깜짝 기용은 그로부터 3개월 후에 또 일어난다. 1996년 8월 23일이다. 시즌 초반 꼴찌를 달리기도 했던 해태는 방위 복무를 마치고 돌아온 이대진과 이종범의 가세로 승승장구하여 당시 2위에 5.5게임 선두를 달리고 있었다. 그날 경기는 2위 한화와의 3연전 중 첫 경기. 한화로서는 3연전을 통해 선두 추격의 발판으로 삼을 중요한 경기였기에 사력을 다한다. 한화의 송진우와 4번 타자 장종훈 선수의 활약으로 8회까지 4대 0으로 앞서게 된다. 반면 해태는 송진우 공략에 실패해 이렇다 할 득점 기회조차 만들지 못한 채 9회 초 마지막 공격에 들어간다.

　그런데 한화 선발 송진우의 체력이 다했는지 연이은 볼넷으로 시작하여 결국 4대 1의 만루 기회가 오게 된다. 한화는 에이스 정민철을 마무리로 긴급 투입하는 초강수를 두고 정민철은 나오자마자 9번 타자를 삼진으로 처리하여 일단 급한 불을 끄고 2사 만루의 상황으로 마지막 아웃카운트만을 남기게 된다. 그러나 다음 타자는 '야구 천재' 이종범 선수. 그는 그해 25개의 홈런을 쳐냈을 만큼 승승장구하는 홈런 치는 1번 타자였다. 이날 이종범 선수는 당대 최고의 투수 정민철에게 우측 스탠스에 꽂히는 역전 만루 홈런을 쳐내며 경기를 순식간에 5대 4로 역전시킨다. 이제 해태에 남은 것은 9회 말 마지막 수비. 포수 자원을 모두 대타로 활용한 해태는 결국 이종범에게 또다시 포수 마스크를 씌운다. 이때의 투수가 바로 임창용이다. 이번에는 150km의 공을 던지는 사이드암 투수로 더 어려운 상황이었으나 이종범은 포수 임무를 잘 마치고 3과 3분의 2이닝을 던진 임창용이 승리 투수가 된다. 이날 해태 팬들은 야구 천재의 다시 볼 수 없는 멋진 플레이를 그것도 팀의 승리와 함께 맛보게 된다.

이후로도 이종범 선수는 투수를 제외한 모든 포지션에서 활약하였다. 그래서 은퇴 전에 꼭 팬들을 위해서 "투수로 등판해야 하는 게 아닌가?"라는 이야기가 이종범의 기록을 알고 있던 기자와 코치진 사이에서 종종 있었다.

실제로 메이저리그에서는 '1경기 전 포지션 출전'이라는 기록이 있긴 하다. 총 4명의 선수가 있는데, 일종의 팬서비스 차원에서 이뤄진 것으로 모든 포지션에서 진검승부를 펼쳤던 이종범 선수와는 차이가 있다. 결국 이종범 선수의 투수 등판이란 기록 없이 올 초 갑작스럽게 은퇴하게 되는데, 혹자는 그가 1994년 4할 타율 문턱에서 0.007 차이로 아쉽게 실패한 것보다 그것이 더 아쉽다고 말하기도 한다.

그런데 나는 생각이 좀 다르다. 이종범 선수는 지명타자로도 경기를 뛰었다. 지명타자가 무엇인가? 프로야구에서 볼 수 있는 제도인 지명타자는 앞에서 설명한 것처럼 투수의 역할을 반반 나눠서 한다고 보면 된다. 영화로 이야기하자면 1개의 캐릭터를 2명의 배우가 연기하듯이 1개의 포지션을 2명의 선수가 나눠서 하는 것이다.

그렇다면 이종범 선수는 8개 포지션이 아니라 8.5개의 포지션을 소화한 게 아닐까? 그리고 여기에 우리가 좋아하는 반올림의 정서를 가미하면 9개의 포지션을 했다고 봐도 되지 않을까? 아, 잠시 야구란 0.001까지 따지는 스포츠라는 것을 깜빡했다. 0.5를 그냥 올려주기엔 너무 큰 숫자긴 하다.

하지만 이후로 누가 이종범 선수만큼 대단하며 동시에 재미나는 사건을 만들어 줄까? 내 예상으로는 가장 어렵다는 투수와 포수를 섭렵한 SK 최동수 선수가 가장 근접해 있기는 한데, 쉽지는 않을 거다. 그냥 마음속 바람으로 담아두고 이다음에 또 1명의 야구 천재가 탄생한다면 그때 다시 한 번 수십 년 전 어느 야구 천재의 이야기를 꺼내보기로 하자.

참고로 2005년 올스타전 스피드왕 대회에서 이종범 선수가 던진 볼의 최고 구속은 144km였다. 속도 향상을 위해 포수 머리 위로 던지는 선수들과는 달리 정확하게 꽉 찬 스트라이크존을 형성했는데 36세란 나이로 볼 때 전문 투수도 힘든 구속이니 정말 대단한 강견(強肩)이었다. 그리고 7년 뒤 2012년 한·일 레전드 매치에서 스피드킹에 출전했을 때는 129km를 기록한다. 대선배들에게 살짝 양보하려고 살살 던지신 건 아니신지?

chapter 04
야구공 실밥 터지는 소리

# MC봉이 전하는 프로야구 10대 진기록

야구에는 각종 기록이 너무나도 꼼꼼하게 남겨진다. 이러한 기록은 프로야구의 역사가 오래될수록 수많은 기록들이 생겨나는데, 지금은 은퇴한 양준혁 선수처럼 타자로서 전무후무할 만한 대기록들이 만들어지기도 한다.

그런데 몇 년 전 모 케이블방송에서는 한국 야구사에 다시는 만들어지기 어려울 만한 진기록 열 가지를 소개한 적이 있다. 불멸의 기록을 다시 한 번 다루는 건 현직 야구인으로서 감동을 넘어서 불가사의하게 느껴질 정도의 역사이기 때문이다. 특히 요즘 세대들에게는 너무 오래전 이야기들이기에 야구 선배님들의 땀과 노력의 결과를 알려줌으로써 그 감동과 재미를 함께 나누고 싶다.

### 10위: 박충식의 1993년 한국시리즈 3차전 15회 완투

1993년 각각 1승씩을 주고받은 후 한국시리즈 3차전에서 있었던 일이다. 당시 해태 타이거즈는 야구 역사상 3대 천재(이종범, 선동열, 이승엽) 중에서 이종범과 선동열 2명을 보유하고 있었으며, 당대 최고의 투수력을 자랑하고 있는 팀이었다. 17승의 다승왕 조계현 투수를 포함 무려 6명의 10승 투수를 보유하고 있었으며, 여기에 시즌 방어율 0.78의 선동열이라는 엄청난 마무리투수가 완벽하게 뒷문을 막아주고 있었다.

이에 뒤질세라 삼성 또한 4명의 12승 이상의 투수를 보유하고 있었으니 투수전만큼은 해볼 만했다. 이에 최강의 팀 타력으로 뽑히던 1987년에 버금가는 타력까지 갖추어 삼성으로서는 우승까지도 욕심낼 수 있는 상황이었다. 결국 1승 1패의 팽팽한 상황에서 3차전이 치러진다.

해태 타이거즈의 3차전 선발은 가을 사나이 김정수만큼이나 가을에 강한 선수로 알려진 문희수 선수였으며 삼성 라이온스의 선발 투수는 박충식 선수였다. 그해 박충식 선수는 시즌 14승에 평균자책점 2.54라는 좋은 활약을 펼쳤다. 언더핸드 투수임에도 140km대의 빠른 직구를 가졌으며 과감한 투구를 하는 장점이 있었다. 마치 지금의 류현진과 호리호리한 체격만 다를 뿐 산전수전 다 겪은 듯한 능글능글한 경기 운영은 비슷하다고 할 수 있다.

3차전 경기가 시작되고 양 팀은 2승 고지를 밟기 위한 총력전을 펼치게 된다. 경기는 팽팽한 투수전으로 전개되는데 삼성이 2회 말 선취점을 내고, 해태는 3회 초 곧바로 동점을 만든다. 이어진 삼성의 3회 말 2사 1, 2루 찬스를 만들자 해태 김응룡 감독은 곧바로 마무리 선동열을 투입하는 초강수를 둔다. 마무리를 3회에 투입한다는 것은 어떻게 해서라도 3차전을 잡겠다는 강력한 의지다. 결국 선동열이 무실점으로 막고 6회 초 홍현우의 1점 홈런으로 2대 1로 앞서게 된다.

그러자 6회 말 삼성은 0점대 방어율 선동열로부터 2개의 안타를 뽑아 2대 2 동점을 만든다. 이후로는 한국 최고의 마무리투수 선동열과 신인 잠수함 투수 박충식의 투수전으로 연장 11회까지 가게 된다. 결국 해태는 다음 경기를 위해 9회나 던진 선동열을 송유석으로 교체한다. 하지만 갈수록 공이 더 좋아지는 박충식을 섣불리 교체하지 못하던 삼성은 결국 15회까지 박충식이 완투하게 한다. 당시엔 15회가 마지막이었던 시절로, 결국 양 팀은 2대 2 무승부를 기록한다.

이날 총 경기 시간은 6시간 1분, 박충식 선수는 15회 동안 52명의 타자에게 7안타 2실점 11삼진을 기록했으며 총 181개의 공을 던지며 완투한다. 투혼의 181구, 정말 그는 레전드다.

### 9위: 정경배의 연타석 만루 홈런

정경배 선수는 SK 와이번스에서 당시 감독이던 김성근 감독님이 가장 아끼던 선수였다. 늘 성실하게 묵묵히 온갖 노력을 다하는 그가 팀 내에 미치는 영향력이 그 누구보다도 컸기 때문이다. 전성기를 지났을 때 선발진에서 제외해야 하는 게 아니냐는 주변의 의견에도 늘 변함없이 기용됐던 것도 바로 그의 인성과 팀 내의 비중 때문이었다. 은퇴 뒤에도 SK 와이번스에서 코치 생활을 계속하면서 그 근성을 꾸준히 후배들에게 전수하고 있다.

동네 아저씨 같은 정다운 외모의 정경배 선수는 특별한 슬럼

프 없이 든든한 활약을 해줬다. 그런 그가 삼성 라이온즈 소속이던 1997년 5월 4일 대구에서 벌어진 LG와의 경기에서 한국 프로야구 사에 전무후무한 기록을 작성하게 되는데, 바로 2연타석 만루 홈런이다. 당시 삼성 라이온즈는 백인천 감독하에 강도 높은 훈련과 과감한 세대교체를 통해 삼성 특유의 공격야구를 꽃피우고 있었다. 당시 경기에서 삼성은 '한 경기 팀 최다 홈런', '한 경기 최다 타점(26점)', '한 경기 최다 득점(27점)'이라는 신기록을 세웠고, 동시에 정경배 선수는 '한 경기 최다 만루 홈런(2개)'과 '한 경기 최다 타점(8점)'을 세우게 된다. 이 기록은 15년이 지난 지금까지도 깨지지 않고 있다.

선수생활 동안 1승도 올리지 못하거나, 1개의 홈런도 치지 못하고 사라지는 선수가 숱하게 많다. 그중에서도 만루 홈런은 더더욱 귀한 기록인데 연타석 만루 홈런이라니…… 이 기록이 작성되기 위해서는 앞선 선수들이 차곡차곡 진루하여 만루를 만들어줘야 하는데, 한 경기에 만루가 나오기가 역시 쉽지 않다. 이 기록이 얼마나 진귀한 기록이냐? 프로야구 역사 100년을 자랑하는 미국에서도 네 번밖에 없으며, 70년이 넘은 일본에서는 아직 한 번도 없는 기록이다.

이런 상상을 해본다. 어느 날 그의 아들이 그에게 묻는다.

"아빠는 어떤 선수였어요?"

"응, 아빠는 우리나라에서 최초로 연타석 만루 홈런을 쳤단다. 전 세계에서 5명만 해낸 기록이야."

"와! 우리 아빠 대단하다!"

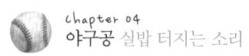

흐뭇한 광경이다. 나도 우리 애들이 물을 때 대답할 뭔가를 하나 만들어야겠는데…… 고민 좀 해야겠다.

## 8위: 방수원의 한국 프로야구 최초 노히트노런

야구 경기에서 투수가 할 수 있는 여러 기록 중에 가장 어려운 기록은 '퍼펙트게임'이며 그다음이 '노히트노런'이다. 퍼펙트게임은 9이닝 동안 안타와 점수는 물론이고 진루조차 허용하지 않고 완벽하게 막아낸 경우를 말하고, 노히트노런은 말 그대로 안타와 점수를 하나도 주지 않은 경우를 말한다. 그런데 이름 속에 재미난 속뜻이 하나 있는데, 노히트 뒤에 나오는 노런(No Run)을 보자.

노런이라…… 즉 1명도 달리지 않았다는 뜻인데 무슨 의미인가? 노히트노런 게임이 퍼펙트게임과 다른 건 걸어가는 경우는 예외이기 때문이다. 즉, 몸에 맞는 볼(hit by pitched ball)이나 볼 4개를 말하는 포볼(정확한 표현은 base on balls)로 진루했을 때는 예외로 둔다. 물론 너무 많이 허용해서 점수를 주면 노히트 게임은 되지만 무점수 게임이 아니므로 자격을 잃게 된다. 그리고 실책으로 주자를 내보냈을 때도 예외로 보는데, 그 이유는 수비수의 실책으로 타자가 진루하면 타자의 기록에는 안타로 기록되지 않기에 노히트 조건을 충족시키기 때문이다. 물론 이때에는 뛰어가겠지만 노히트노스코어보다는 노히트노런이 훨씬 어감이 좋아 보인다.

이런 면에서 전 해태 타이거즈 방수원 선수의 노히트노런은 우리에게 매우 소중한 기록이다. 재미있는 것은 당대의 최고 투수인 최동원, 선동열 선수가 아닌 방수원 선수가 이 기록을 세웠다는 점이다. 당시 방수원 선수의 원래 보직은 중간계투나 선발진에 문제가 있을 때 2이닝 정도를 책임지는 게 주 임무였다. 대기록을 작성하는 그날도 선발투수에 문제가 생겨 일명 땜빵으로 등판하게 된다. 그런데 공교롭게도 프로야구 출범 3년째인 1984년의 그날은 5월 5일 어린이날이었고, 야구장에는 수많은 어린 팬들이 관중으로 자리하게 된다. 어린이들의 응원을 등에 업은 그는 광주 무등경기장에서 열린 삼미슈퍼스타즈와의 경기에서 최초의 노히트노런 경기를 만들어낸다. 선발 전담 투수는 아니었지만, 그의 변화구는 대단히 까다롭고 변화무쌍하기로 유명했는데, 선동열 선수의 명품 슬라이더도 사실은 광주일고 선배였던 방수원 선수가 전수했다고 한다.

　결국, 9회까지 총 30명의 타자를 상대해 삼진 6개, 내야 땅볼 14개, 뜬공 7개, 볼넷 3개를 기록하면서 끝낸다. 이날 총 두 번의 위기 즉 노히트노런을 깨버릴 타구가 나오는데, 7회에 나온 안타성 타구는 2루수 차영화 선수가 다이빙캐치로, 8회에 나온 담장을 넘어갈 뻔한 홈런성 타구는 좌익수 김종모 선수가 몸을 날려 잡아내면서 결국 대기록 작성을 지켜주게 된다. 물론 팀원들이 점수를 뽑아주어 8대 0으로 승리했기에 대기록의 종지부를 찍을 수 있었다.

　그날 그라운드 밖에서도 진풍경이 펼쳐지는데 당시에는 관중

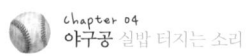

석을 돌아다니며 선수들의 싸인 볼을 팔았는데 바구니에는 당시 인기 선수인 김봉연, 김성한, 김일권 선수의 싸인 볼만 있었다. 방수원 선수가 연이은 호투를 하면서 대기록을 작성해나가자 하나둘씩 방수원 선수의 싸인 볼을 찾기 시작했고, 잠시 후 방수원 선수의 싸인 볼이 가득 담긴 바구니가 등장하게 되어, 순식간에 다 팔려나갔다고 한다.

일약 스타덤에 오른 방수원 선수는 아이들에게 박철순 못지않은 유명세를 타게 되고 OB 베어스 박철순의 너클볼(당시 너클볼로 알려졌으나 실은 팜볼이었다) 흉내 일색이던 동네 야구에서는 방수원 선수의 변화구를 흉내 내는 아이들이 많아지게 된다. 재주가 많았던 그는 대기록을 작성하고 5년 뒤 현역에서 은퇴 후 투수코치, 이평중학교 야구부 감독을 거쳐 현재는 골프 레슨 프로로 활동하고 계신다.

그 이후에 10명의 선수가 나오지만 '우리나라 최초 노히트노런 게임의 투수' 자리는 한국 야구가 100년이 돼도 영광의 이름으로 오래도록 기억될 것이다.

### 7위: 최동원의 1984년 한국시리즈 4승

아…… 드디어 나왔다. 대한민국 야구 역사상 최고의 투수 최동원. 그에 대한 평가는 간혹 선동열 선수와 비교해 많은 사람이 자신만의 주장을 펼치며 열변을 토한다. 특히 호남 야구와 영남 야구의 대표 투수로서 그들의 이미지는 가히 야구선수 이상의 영향력을 미친다.

지금도 믿어지지 않는 최동원 선수의 기록은 프로야구 출범 3년째인 1984년 한국시리즈에서 나오게 된다. 전후기 2개의 리그로 진행되던 1984년 당시의 한국시리즈는 전기 리그 1위 팀과 후기 리그 1위 팀이 맞붙는 형식으로 진행되었는데, 전기 리그에서 1위 팀이었던 삼성 라이온즈는 후기 리그 1위에도 도전했지만, 후반기로 갈수록 여의치 않아지자 한국시리즈에 맞붙을 팀에 대한 고민에 빠지게 된다. 고민의 대상이 된 두 팀은 전기 리그 2위를 한 OB 베어스와 롯데 자이언츠. 팀 내에서는 의견이 분분했지만, 삼성의 타격코치를 맡았던 박영길 코치는 롯데가 아닌 OB를 선택해야 한다고 주장했단다. 그 이유는 1982년부터 1983년 중반까지 롯데 감독을 지냈던 그는 롯데에는 한국시리즈 4승을 채울 수 있는 선수가 있기 때문이라고 했다. 하지만 결국 삼성은 여러 가지를 고려해 롯데를 선택하게 된다.

박영길 코치가 말한 4승을 책임질 수 있는 롯데의 선수가 바로 투수 최동원이다. 종종 선동열 투수와 비교되던 그에겐 누구도 따라올 수 없는 독보적인 능력이 있었으니, 바로 믿을 수 없는 연투 능력이다. 그해 그의 기록은 27승 13패 6세이브 51경기 출장 284와 3분의 2이닝을 소화한, 야구인들이 흔히 부르는 '고무줄 어깨'의 소유자였다. 결과부터 말하자면 박영길 코치의 예상은 맞아들어갔고 삼성은 또다시 우승 문턱에서 롯데에 덜미를 잡힌다.

결국 롯데는 후반기 우승을 하게 되고 결국 한국시리즈에서 삼성과 맞붙게 된다. 당시 김영덕 감독은 롯데를 최동원에 의해서 살아나기도 하고 가라앉기도 하는 팀으로 판단하고 최동원만 막으면 된다는 생각을 하게 된다. 이 생각은 롯데도 마찬가지였으니, 롯데는 최동원을 활용한 최선의 전략을 짠다. 도위창 수석코치는 이길 수 있는 경기에 최동원을 투입해 최대한 잡기로 하고, 엄청난 승부욕의 부산 사나이 최동원 역시 팀의 선봉장이 되는 것을 마다치 않는다.

| 최동원 선수 등판 일지 |

| | |
|---|---|
| **1차전 (9월 30일)** | 최동원 4대 0 완봉승  선발 7안타 |
| **3차전 (10월 3일)** | 최동원 3대 2 완투승  삼성 선발 전원 삼진 기록 |
| **6차전 (10월 7일)** | 최동원 6대 1 구원승  5회 구원 등판 |
| **7차전 (10월 9일)** | 최동원 6대 4 완투승  3대 4로 뒤진 8회<br>유두열의 극적 3점 홈런 작렬 |

그런데 4승 중 6차전에서는 5회에 구원등판을 하게 된다. 순서상으로 보면 3차전 다음에 세 번째 게임 구원 등판에 힘이 빠졌을까? 사실은 승리가 아니기에 잊힌 또 한 번의 등판 기록이 있다. 바로 5차전(10월 6일)에 있었던 3대 2 완투패 경기이다. 한 게임 건너 등판하던 최동원 투수는 삼성 에이스 김일융과의 대결에서 패하게 된다.

곧바로 다음날 치렀던 6차전에서 3대 1로 앞선 5회 초 최동원 선수는 하루 만에 또다시 구원등판을 하게 된 것이다(앞선 상태이지만 선발투수가 5회를 채우지 못하면 승리 요건이 안 되므로 이날 경기의 승리투수 역시 최동원 선수가 된다). 아마도 코치진의 생각은 그날 경기를 잡지 못하면 4승 2패로 시리즈가 끝날 수 있는, 마지막 시합이라고 생각했을 것이다. 결국 구원 등판한 최동원 투수는 한 점도 내주지 않고 승리를 챙긴다. 그리고 이틀 뒤 7차전에서도 승리하게 된다.

한국시리즈 4승이라고 말하지만 실은 한국시리즈 5게임 등판이다. 승수보다는 그의 강철 체력과 열정이 녹아 있는 4승 1패라는 '5게임 등판'에 더 관심을 둬야 할 것이다. 최동원 선수를 가장 가까이에서 보았던 전 롯데 감독 박영길 코치의 우려는 현실로 드러나게 되고, 한 선수만 막으면 된다고 믿었던 김영덕 감독의 예상은 빗나가고 만다. 당시 포수였던 한문연 선수는 그때를 이렇게 회상하고 있다.

"7회까지 4대 3으로 뒤지고 있던 상황에서 최동원 선수는 공 하나하나에 온 힘을 들여 던졌지만, 점점 위력이 떨어지고 있었습니다. 그런데 유두열 선수가 역전 3점 홈런을 치고 난 후 8회 말부터 갑자기 공이 좋아지는 겁니다. 믿을 수가 없었죠. 결국 그렇게 9회까지 던졌고 우리가 이겼습니다."

롯데는 지금까지 두 번의 우승 경험이 있다. 그런데 두 번 다 너무나 드라마틱한 과정과 결과를 보여주었다. 언제일지 모르겠으나 세 번째 롯데의 우승을 부산의 열혈 관중과 함께 기대해본다.

### 6위: 삼미슈퍼스타즈의 역대 최저 승률(1982년)

지금은 볼 수 없는 팀 삼미슈퍼스타즈는 인천, 경기, 강원도를 연고로 창설되었던 프로팀이다. 창단 첫해 국가대표 선수급으로 구성된 다른 5개 팀과는 달리 선수의 부족으로 어렵게 팀을 꾸리게 된다. 영화 〈슈퍼스타 감사용〉으로 잘 알려진 투수 감사용 선수 역시 삼미특수강의 아마추어 직장 야구팀의 선수였는데 창단 후 5일 후 추가로 전력 보강 차원에서 입단하게 된다. 시즌당 80경기를 뛰어야 하는 긴 레이스에서 경쟁력 있는 선수의 확보는 매우 중요했다. 결국 삼미슈퍼스타스는 창단 원년 15승 65패를 기록해 승률 0.188의 성적으로 시즌을 마감한다. 전후기 가장 많은 승수를 기록하고 시리즈 우승을 차지했던 OB의 시즌 성적 56승에 무려 41게임 차로 전후기 최하위를 기록하게 된다.

이후 1985년 청보에 매각되면서 삼미슈퍼스타즈의 이름마저 사라져 청보 핀토스로 바뀌게 된다. 이후 태평양 돌핀스에서 현대 유니콘스로 바뀌고 우승까지 하게 되지만, 현대 유니콘스마저 1999년 연고지를 수원으로 옮기더니 결국 2008년에 서울을 연고지로 하는 히어로즈로 인수된다.

그러고 보면 인천 야구팬들의 마음고생이 참 심했던 것 같다. 이러한 인천 팬들의 마음은 소설가 박민규 씨의 소설《삼미슈퍼스타즈의 마지막 팬클럽》에 너무나 실감 나게 소개되고 있다.

현재는 SK 와이번스가 2000년부터 인천을 연고로 너무나 좋은 플레이를 보여주고 있어서 인천의 야구팬들에게는 얼마나 다행인지 모른다. 늘 즐겁게 열정적으로 응원하는 그들의 모습을 보고 있노라면 초창기 때 삼미슈퍼스타즈를 응원하며 받았던 안쓰러움과 열망들이 표출되는 것 같다. 아…… 역대 최저 승률의 팀이었지만 사라져간 적지 않은 팀 중에서 가장 그리운 팀이기도 하다. 언젠가 다시 부활할 날이 있다면 그때에는 팀의 마스코트였던 슈퍼맨처럼 강력한 힘으로 우리에게 멋진 플레이를 보여주었으면 한다.

### 5위: 박철순의 세계 신기록 22연승 달성

우리나라 투수 중에서 '박철순'이라는 이름은 실제로 그의 경기를 보았던지 못 보았던지 상관없이 뇌리 속에 깊이 자리 잡은 이름이 아닐까? 그가 등판할 때 경기장에 울려 퍼지던 〈마이웨이〉가 너무 잘 어울렸던 투수 박철순.

박철순은 1979년 6월 미국에서 열린 제2회 한미대학선수권대회에서의 활약으로 그해 10월 23일 밀워키로부터 마이너리그 입단 제안을 받았다. 특히 공식 일정 뒤 볼티모어 메모리얼 스타디움에서 열린 볼티모어 실업 올스타전이 입단 제안에 결정적인 영향을 주는데, 148km 강속구를 주 무기로 6회까지 퍼펙트게임의 활약을 하게된다. 1980년 1월 28일에 입단 계약식을 하면서 그는 비록 마이너리그지만 미국 야구에 진출한 한국 최초의 선수가 된다. 그 후 메이저리그와 계약한 선수들이 생겨났지만 사실 메이저리그 계약 후 마이너리그에서 선수생활을 하는 것이 일반적인 현 상황을 보면 당시의 박철순 선수의 계약은 굉장한 의미가 있다.

이후 그는 미국 메이저리그 밀워키 브루어스 산하 더블A 리그의 '엘파소 디아블로스'에서 뛰어난 활약을 해 트리플A로의 승격이 예상되는 상황이었다. 미국 마이너리그에 데뷔한 지 2년 만에 일궈낸 성과였다. 그해 더블A에서 기록한 그의 기록은 12승 10패(평균자책점 2.32)로 팀 내 다승 3위, 탈삼진 1위(138개)에 최소 사사구(28개)를 기록해 더블A 우수 투수가 되었다.

하지만 시즌 후 잠시 귀국한 고국에서 프로야구가 출범된다는 소식에 그의 가슴은 이내 요동치기 시작한다. 이미 그의 마음에는 미국 야구에 대한 마음은 사라지고 고국의 프로야구에서 뛰고 싶은 열망이 가득 차오른다. 결국 메이저에서의 성공의 기회를 아쉬워하는 주변인의 만류에도 그는 한국 프로야구를 선택하게 된다. 그는 결단력 있게 한국야구위원회(KBO, 전 한국프로야구위원회)에 취업신청서를 제일은행의 김우열 선수에 이어 두 번째로 제출하게 된다.

서울 배명고 출신이었던 그는 서울팀을 원했지만 서울 지역 선수들은 팀을 마음대로 선택할 수 없었다. MBC 청룡에 밀려 충청도를 연고지로 두게 된 OB 베어스의 요구로 MBC 청룡과 1대 2 비율의 드래프트를 요구했기 때문이다. 그런 이유로 MBC 청룡에 가기를 희망했던 박철순 선수는 두 팀 간의 드래프트에서 MBC 청룡이 1순위로 김재박을 선택하자 OB 베어스는 바로 박철순을 지명했고, 자연스레 OB 베어스와 입단 계약하게 된다.

OB 베어스에서 한국 프로야구 선수로서 새로운 생활을 시작한 박철순은 당시 미국에서 완성한 '팜볼'과 강속구, 그리고 제구력을 앞세워 전무후무한 기록을 만들어내는데, 20승을 넘고 싶어 배정받은 백넘버 21을 넘어선 기록을 남기게 된다. 최종 기록은 24승 4패 7세이브이며, 그중 15완투승이 있고 224와 3분의 2이닝을 던졌다. 당시 시즌 경기 수가 80개였다는 것을 생각하면 정말 대단한 기록이 아닐 수 없다.

특히 3승째부터 22연속 승리를 챙기면서 '한 시즌 연승 세계 신기록'을 세우게 된다. 연승하기 위해 몇 번의 우여곡절이 있었는데, 그 중 한 게임이 영화 〈슈퍼스타 감사용〉으로 유명한 삼미슈퍼스타즈의 감사용 선수와의 맞대결이었다. 박철순과의 맞대결을 피하는 투수들 대신 패전처리 투수였지만 첫 선발 등판한 감사용 선수에게 박철순은 고전하게 되고, 3대 2로 지는 듯하였으나 결국 김우열의 홈런으로 승리하게 된다. 한 시즌 22연승은 미국과 일본에서도 나오지 않은 대기록으로 미국은 19승, 일본은 20승이 최고 기록이다. 출범

원년에 이런 대기록을 만나게 된 것은 우리에게는 대단한 행운이다.

하지만 원년의 무리로 후년부터는 부상과 재활 속에 미미한 활약을 보이는데, 특히 그해 9월 29일 삼성과의 경기에서 번트 수비를 하다 허리를 다치고 연이은 등판으로 계속 허리 통증에 시달린다. 한국시리즈 3차전부터는 김영덕 감독과 김성근 코치의 만류에도 진통제를 맞고 경기에 나가 결국엔 한국시리즈 원년 우승의 기쁨을 맞는다. 그리고 경기 후 바로 구급차에 실려 병원으로 가고 허리디스크 판정을 받아 1983년도에는 단 4게임에 등판해 1패만을 기록하게 된다. 이후 박철순은 불굴의 정신력으로 1996년까지 선수생활을 이어가는데 결국 그해 5월 1일 최고령 승리 투수 기록(40세 5개월 23일)을 세우기도 한다.

모든 야구선수가 꿈꾸는 메이저리그를 뒤로 한 채 고국으로 돌아와 우리에게 영화 같은 추억을 만들어준 박철순 투수. '불멸의 투수'라는 찬사에 가장 어울리는 최고의 투수다.

### 4위: 선동열의 방어율 0.78

스포츠에서 자주 쓰는 표현 중에 '100년에 하나 나올까 말까 한 선수'라는 말이 있다. 아무에게나 쓸 수 없는 말이며, 자신의 노력도 있어야 하지만 하늘이 내려준 천재성도 동반되지 않으면 들을 수 없는 찬사다. 내 개인적인 의견으로는 선동열 감독님이 그런 인물이라고 본다. 물론 고 최동원 감독님과도 영원히 우열을 가릴 수 없는 영웅이지만, 왠지 선동열 감독님에게는 천재성에 더 강한 인상을 받는 것 같다. 고 최동원 감독님은 천재성도 있으셨지만, 상상을 초월하는 성실한 훈련량과 승부욕이 더 강하게 남는다.

최초로 '국보'라는 칭호를 받았던 그는 한국은 물론 일본에서도 놀라운 활약을 하는데 '나고야의 태양', '나고야의 수호신'으로 불리던 주니치 드래건스 시절의 투구는 놀라움 그 자체다. 당시 일본 야구에서의 그의 위상을 보여준 사건이 있는데, 하루는 시합을 해설하던 백인천 해설위원이 "지금 저 공을 치면 일본에서 3할을 칠 수 있습니다"라고 말했는데 그 속엔 굉장한 의미가 담겨 있다. 즉, 최고 수준의 타자로 평가받을 수 있는 3할의 기준이 될 만큼 그는 실로 대단했다. 백인천 위원은 우리나라 최초로 일본 프로야구에서 타격왕까지 하셨던 분으로, 일본 야구에 정통하신 분이시다.

선동열 선수가 일본 프로야구로 가기 전 전성기 시절을 보냈던 한국에서의 기록은 지금도 깨지지 않는 기록들이 많은데 가장 주목할 만한 것은 마무리로 전향한 첫해 세운 0.78의 평균자책점이다. 더 놀라운 것은 그가 한국에서 뛰던 11년 동안의 기록을 보면 0점대 5년, 1점대 5년으로 단 1년만 2.73을 기록했을 뿐 10년간 믿을 수 없는 기록을 남긴다. 특히 규정 이닝을 채우지 못해 기록으로 인정되지는 않았지만 1992년 0.28, 1995년 0.49로 0.5 이하의 기록도 두 번이나 작성한다. 그리고 이 기록은 직구와 슬라이더라는 2개의 구종만으로 했다고 한다.

그런데 그의 투구에 대해 몇몇 사람이 "선동열이 다 잘한 것은 아니다. 몸쪽 승부는 아무개가 더 나았다"고 수군댔다는 것이다. 투수가 몸쪽 승부를 싫어한다는 것은 제구력이 좋지 않거나 담이 작은 경우다. 너무 붙이면 몸에 맞고, 살짝 덜 들어가면 가운데로 몰리니 여간해서 쉽게 던질 수 있는 공이 아니다. 반면 최동원 투수는 불같은 승리욕만큼이나 위력적인 몸쪽 승부를 즐겼다고 한다. 그런 평가에 대해 선동열 선수와 많은 시간 배터리로 활약했던 포수 장채근은 다음과 같이 이야기했다.

"선동열 선배 인간성이 좋아서 그런 거예요. 선배는 줄곧 바깥쪽 공과 슬라이더만으로 타자를 상대했어요. 물론 그것만으로도 충분했지만, 가끔 답답할 때도 있었죠. 하루는 하도 속이 상해 물어보니 '얌마 내 공에 맞으면 죽을 수도 있어. 그럼 그 선수 인생, 네가 책임져줄 거냐?'고 하는 겁니다. 더 쉽게 갈 수도 있는 길을 굳이 돌아갔던 거죠."

나중엔 일본 야구에서 첫해 적응기를 거치면서 일본 타자를 상대하기 위해 몸쪽 공을 쓰기 시작했지만, 만약 그가 한국에서 할 수 있는 모든 것을 했다면 그의 기록은 또 다른 결과를 낳았을지도 모를 일이다. 150km가 넘는 강속구, 선천적으로 타고난 부드럽고 유연한 몸, 타자의 심리를 꿰뚫는 좋은 머리, 2개의 구종만으로도 타자를 압도하는 정교한 제구력에 흔들리지 않는 정신력까지…… 투수에게도 파이브툴 플레이어라는 이야기가 있다면 아마도 그가 가장 완벽한 선수였을 것이다.

그 역시 첫 번째 메이저리거가 될 수 있었으나 병역 문제와 광주 팬들의 협박에 가까운 애정공세로 한국에 남게 된다. 많은 시간이 지난 요즘에 0점대 평균자책점은 꿈의 기록으로 여겨진다. 실례로 1년에 200이닝을 넘기는 투수가 거의 보기 어려운 것이 요즘 투수들의 현실이니까 말이다. 결과적으로 지금까지 규정 이닝을 채우고 0점대 방어율을 기록한 투수는 아직 나오지 않았다.

이런 천재가 이왕이면 나와 동시대에 태어났으면 얼마나 좋았을까? 같이 플레이하며 그 모습을 직접 보았으면 좋았을 텐데 말이다. 이제는 역사 속에 기록이 되어 버린 '평균자책점 0.78'을 깨기 위해서 어쩌면 우리는 또다시 100년을 기다려야 할지도 모르겠다.

### 3위: 장명부의 시즌 최다 30승 36경기 완투

몇 년 전 KBS에서 역대 최고의 선수로 1개 팀을 꾸리는 가상의 시뮬레이션 특집 프로그램이 있었다. 그 팀의 구성은 우리가 쉽게 예상할 수 있는 각 포지션별 레전드급의 선수들로 채워졌다. 그런데 프로그램 마지막에 그 최고의 팀에 대항하는 또 하나의 팀을 구성했다. 그리고 조금은 뻐딱해 보이기도 하고, 어찌 보면 히어로 무비에 등장하는 악당 같은 포스를 느끼게까지 했던 그 대항팀의 마운드에 '너구리 장명부'가 올랐다.

창단 원년 최하위로 시즌을 마감한 삼미슈퍼스타즈가 회심의 카드로 일본에서 스카우트했던 장명부 선수는 재일교포 선수로 1970년부터 1982년까지 일본 프로야구에서 활약했으며, 두 번의 일본시리즈 우승과 2시즌 15승을 하며 통산 성적 91승 84패 9세이브, 평균자책점 3.66을 기록하며 준수한 활약을 하였다.

1982년 성적 하락으로 일본에서 은퇴 후 한국 프로야구 삼미슈퍼스타즈와 1억 5천만 원(당시 박철순 계약금과 연봉 합계 4천400만 원)에 계약하고 데뷔하게 되는데, 본 계약까지 점점 깎이더니 결국 8천만 원까지 내려갔다가 일본으로 돌아가려는 장명부 선수를 김진영 감독이 중재에 나서 1억 2천900만 원에 최종 합의하게 된다.

그런데 장명부 선수에 관한 가장 유명한 일화가 있는데, 술자리에서 만난 김현철 단장이 30승을 하면 1억을 주겠다고 말했다고 한다. 진담인지 농담이었는지 모르겠지만 장명부 선수는 그 약속을 진지하게 받아들인다. 그런데 30승을 하겠다던 그는 시범경기에서 두 번 등판하는데 11이닝 동안 무려 17안타를 맞고 11점을 내준다. 형편없는 투수라고 말도 많았지만 사실 한국 타자들에 대한 탐색전이었던 셈이다. 시즌이 시작하자 일본에서 닦은 그의 투구는 한국 타자들에겐 생경함의 연속이었다. 노련한 완급 조절과 때로는 150km 던지는 강한 어깨, 다양한 각도의 투구 자세와 다양한 구질로 한국 타자들을 요리한다.

그해 그의 기록은 팀의 100경기 중 60경기에 등판해 30승 16패 6세이브였는데, 놀랍게도 36회의 완투(26완투승, 8연속 완투)와 5회의 완봉(4완봉승)을 했으며, 무려 427과 3분의 1이닝을 던진다. 나간 투수나 내보낸 감독이나 모두 이해가 되지 않는 그해 그의 기록은 100년은커녕 200년이 지나도 다시는 볼 수 없는 기록일 것이다. 대부분 그의 30승만을 기억하지만, 그의 한 시즌 완투와 이닝 기록은 지금까지도 깨지지 않고 있는 진기록이다. 결국 전년도 최하위였던 삼미는 시즌 2위까지 도약하는 엄청난 사건을 만들고 만다.

하지만 사석에서 구두로 나눴던 보너스 1억 원을 못 받은 그는 구단을 고소하기도 했는데 후문에 의하면 나중에 받았다고 하는데 확인된 것은 아니다. 첫해 엄청난 무리로 어깨가 상해서 그 후 빙그레에서 잠시 뛰다가 일본에서 코치생활을 하게 되는데, 1991년 마약 복용 혐의로 한국 야구에서 영구제명된다.

그런데 마약에 손을 댄 이유가 재일동포로서 받는 스트레스가 가장 큰 이유였다고 하니, 마음이 씁쓸하다. 미국에서 동양인으로 차별을 받아본 나로서는 조금이나마 그 마음을 이해할 수 있다. 후에 일본에서 벌었던 돈을 모두 탕진해 이혼 후 혼자 마작하우스를 운영하다가, 2005년에 SK로부터 코치직 제의를 받고 흔쾌히 응했던 그는 결국 며칠 후 싸늘한 시신으로 발견된다. 어려운 생활고로 악화된 건강을 치료하지 못했다고 하니, 한때 한국 야구를 호령했던 분으로서 참으로 안타까운 일이 아닐 수 없다.

가난한 집에 태어나 야구선수가 되고, 일본에서 태어났지만 한국말을 잘하고, 경기 때 이미지와는 다르게 착하고 서글서글했던 너구리 장명부 선수. 굴곡 많은 인생만큼이나 깊은 족적을 한국 야구에 남긴 장명부 선수를 오랫동안 잊지 못할 것이다.

## 2위: 백인천의 4할 1푼 2리의 타율, 유일한 4할 타자

일본 야구 역대 외국인 최다 출전과 수위타자(1975년) 기록을 보유하고 있는 백인천 선수는 1982년 한국 프로야구 창단과 함께 MBC 청룡의 감독 겸 선수로 활약하게 된다.

40세라는 나이가 무색하게 4할 1푼 2리의 타격 기록을 세웠는데 지금도 깨지지 않고 있다. 1994년 이종범 선수가 기록을 깨는 듯 했으나, 생고기 회식으로 말미암은 식중독으로 타율을 깎아 먹는 바람에 아깝게 문턱에서 빠이빠이(3할 9푼 3리). 경기 수 조절로 타율 관리를 했다면 가능했을 수도 있겠지만, 당시 감독이었던 김응룡 감독님의 스타일로 볼 때 그것은 가당치 않은 바람이다.

백인천 선수의 타자로서의 재능은 이미 고등학교 때부터 돋보였는데 경동고 서울 운동장에서 고교생으로서는 첫 홈런을 칠만큼 힘과 기술을 겸비한 타자로 인정받았다. 그 당시 공과 배트의 반발력이 좋지 않았던 상황을 고려한다면 대단한 힘이 아닐 수 없다.

한국 야구선수의 첫 국외 진출의 계기가 되었던 시합은 1960년 재일교포 학생으로 구성된 재일동포 학생야구단과 경동고와의 경기이다. 그는 1회 말 2점 홈런을 치는 활약에 힘입어 4대 2로 승리해, 이후 일본 초청으로 치러진 경기에서 보여준 타격으로 스카우트들의 관심을 받게 된다.

1962년엔 일본 도에이 플라이어스에 입단하여 장훈 선수와 함께 눈부신 활약을 하고, 1975년엔 다이헤이요 라이온즈에서 0.315로 타격왕을 차지한다. 포수임에도 발이 빨랐던 그는 도에이 시설 장훈과 함께 중견수로 뛰기도 했는데 제2차 세계대전 원폭투하 때 입은 화상으로 오른손이 불편했던 장훈 선수를 위해 웬만한 좌익수 타구까지 백인천 선수가 처리했다고 한다. 그래서 한번은 장훈 선수에게 "형! 연봉 중에 수비 몫은 저 줘요"라고 했단다.

1980년 롯데에서 은퇴할 때까지 통산 1천969경기 출장, 1천831안타, 209홈런, 212도루를 기록했는데, 일본 명구회 가입 조건인 2천 안타, 200홈런에 조금 모자란 기록을 남기고 한국으로 오게 된다. 백인천 선수는 한국과 일본에서 타격왕을 차지한 유일한 선수이며 일본 리그에서 최초로 타이틀을 획득한 유일한 선수였지만 올해 이대호 선수가 일본에서 타점왕을 차지하면서 유일한 기록은 끝나게 되고, 최초의 선수로 남게 된다.

간혹 감독 지위를 이용해 타율 관리를 했다는 오해를 받곤 하는데 그는 80경기 중 72경기에 출전했으며, 출전하지 않은 8경기 중 5경기는 출장 정지 때문이었다. 시즌 막판 홈런 선두 김봉연과는 2개 차이, 타점 선두 김성한과 5개의 차이를 보이고 있었기에 홈런과 타점을 늘리기 위해 타순을 4번에서 6번으로 내려오기도 하는데 결국 홈런왕, 타점왕 타이틀 획득에는 실패한다. 하지만 타율만큼은 당시 상황에서 최선을 다한 결과라고 생각한다.

혹자는 일본에서 뛰다 왔으니까, 경기 수가 적었으니까 쉬웠을 거라고 말하지만 불혹의 나이에 감독과 타자를 겸하면서 세웠던 그의 기록은 지금도 무시할 수 없는 대기록임에 틀림없다. 또한 전후 10년도 되지 않은 어려운 시기에 실력을 인정받고 일본까지 진출해 수많은 차별에도 꿋꿋하게 오랜 시간 좋은 활약을 하며 안으로는 국위선양을, 밖으로는 재일교포들에게 희망과 위로를 주었던 백인천 감독님의 기록은 숫자로만은 가늠할 수 없는 큰 의미를 지닌다.

### 1위: 팔방미인 김성한은 10승 투수 3할 타자

올해 한화의 수석코치로 부임한 김성한 코치는 현역 시절 배트를 뉘어 잡고 엉덩이를 뒤로 빼는 독특한 타격 자세로 유명했던 선수다. 일명 '오리 궁둥이 타법'이라고 불렸던 이것은 배트 스피드를 올리기 위한 그만의 기술인데, 힘을 주기 어려운 낮게 잡은 자세로도 홈런을 펑펑 때려대던 그만의 전매특허였다.

그의 독특한 타격 자세는 동국대학교 3학년 때부터 시작되는데 당시 은사였던 배성서 감독(전 빙그레 이글스 감독)이 스윙 시 그의 배트가 처져서 나오는 것을 발견하고 아예 처음부터 처진 상태에서 칠 것을 주문했는데, 결국 그가 나름대로 완성한 것이 오리 궁둥이 타법이다. 그 타격 자세의 우수성은 한국은 물론 1991년 한일 슈퍼게임에서도 3개의 홈런을 좌우로 자유자재로 때려내는 효과를 발휘한다. 당시 그가 썼던 배트는 일본 도쿄돔의 야구 박물관에 헌액됐다.

해태 전성기에 일명 K-K-K 타선이라 불렸던 김준한-김봉연-김성한의 클린업트리오의 중심 선수로 활약하게 되는데, 그가 입단했던 1982년의 해태는 선수 자원이 부족한 이유로 총 15명의 초미니 구단으로 구성되게 된다. 특히 투수 자원이 부족한 팀을 위해 그는 원년부터 타자와 투수를 병행하게 된다. 당시 경기 장면을 보면 1루 수비를 보던 김성한 선수가 구원투수로 나오는 장면이 있는데, 요즘으로서는 상상하기 어려운 상황이다. 결국 그의 1982년 기록은 다음과 같다.

| 투수 | 26경기, 10승(다승 8위), 5패, 1세이브, 106과 3분의 1이닝, 탈삼진 49, 평균자책점 2.88(8위) |
|---|---|
| 타자 | 80경기, 318타수, 3할 5리(10위), 13홈런(4위), 타점 69(1위), 10도루 |

한쪽 기록만으로도 충분히 최고 수준의 선수로 인정받을 만한 기록을 두 포지션에서 동시에 이루었다. 이후로도 1986년까지 투수와 타자 겸업을 지속하는데 원년만큼의 기록은 세우지 못하게 되며 1987년부터 타자로 전업하면서 더욱 뛰어난 활약을 하게 된다.

특히 1982년 5월 15일 삼성 라이온즈와의 광주 홈경기에서는 0대 2로 뒤지던 6회에 구원 등판하여 무실점으로 11회까지 노히트노런으로 막아내고, 타석에서는 7회 말 동점 홈런, 11회 말 역전 끝내기안타까지 치면서 투타에서 맹활약하는 진풍경을 연출하기도 한다.

생각해보라. 당시 삼성에 있던 즐비한 강타선과 그의 투수가 지녀야 할 능력이 얼마나 대단했는지 알 수 있다. 투수와 타자로 활약한 그의 통산 기록을 보면 다음과 같다.

| 투수(1982~1986) | 41경기, 167이닝, 15승, 10패, 2세이브, 탈삼진 69, 평균자책점 3.02 |
|---|---|
| 타자(1982~1995) | 1,338경기, 타율 0.286, 홈런 207, 타점 781, 안타 1,389 |
| 수상 | 시즌 MVP 2회, 홈런왕 3회, 골든글러브 6회, 한국시리즈 우승 7회 |

그가 세웠던 기록들은 아마도 영영토록 깨지기 불가능한 기록이 될 것이다.

현재 시스템상 투수와 타자를 병행할 수 없을 뿐 아니라, 혹시라도 미국의 내셔널리그나 일본의 센트럴리그처럼 투수도 타석에 서야 한다면 한 경기에서 타격하는 투수를 볼 수야 있겠지만 전 경기에 타자를 하면서 투수를 겸하는 것을 본다는 건 불가능한 일이다.

간혹 한 시즌 중 두 포지션 병행은 아니지만 심재학 선수가 타자에서 투수로, 이대진 선수가 투수에서 타자로 보직을 바꾼 경우는 있지만 보통 그 결과는 좋지 않아서 결국 원래 보직으로 돌아가게 된다. 입단 초기 투수에서 타자로 전향한 이승엽, 이대호 선수처럼 작정하고 시작하지 않는 한 쉽지 않은 일이다.

당시 우리나라의 야구 수준이 낮아서 가능한 일일 거라고 생각하는 사람도 있겠지만, 타자로서 박철순, 황규봉, 하기룡, 권영호, 이선희 등의 투수들을 상대해야 했고, 투수로서는 백인천, 김봉연, 윤동균, 임나수, 이종도, 김우열, 신경식, 김용철, 김용희 등 이름만 들어도 쟁쟁한 강타자들이 있었다. 아무리 이리저리 고개를 돌려봐도 쉽지 않은 기록이다.

역대 가장 독특한 타자, 가장 재주가 많았던 선수, 잘생긴 외모에서 나오는 구수한 사투리가 매력적인 김성한 코치님의 한 시즌 3할 타자, 10승 투수란 기록은 그의 천재성으로 만들어진 대단한 기록이라는 점도 있지만, 다시는 볼 수 없다는 기록이란 특성상 대망의 1위에 가장 알맞다 하겠다.

## 백넘버, 등 너머 뒷이야기

스포츠 중에서 특히 단체경기는 등에 선수 구별을 위해서 백넘버(등번호)가 붙는다. 그리고 이 백넘버에는 선수 또는 팬들 덕분에 여러 가지 의미가 담긴다. 이때 의미는 숫자가 주는 모양이나 셈의 개념으로 만들어지기도 하고, 때로는 문화와 연계된 공감대로 생기기도 하며, 해당 번호를 달고 활약했던 선수로 인해서 만들어지기도 한다. 하지만 공통적인 것은 특정 백넘버를 원하는 선수 또는 감독의 염원이 그 안에 담긴다는 사실이다.

### 백넘버의 역사
야구에서 백넘버가 가장 먼저 쓰인 것은 역시 역사가 가장 오래된 미국이다. 미국 국민이 가장 사랑하는 구단으로 유명한 뉴욕 양키스가 1929년 최초로 사용하였는데, 이유는 관중에게 선수를 구별하기 쉽도록 하기 위해서였다. 이는 전광판도 없던 시절이니 관중석에서 잘 안 보일 팬들을 위한 누군가의 아이디어였을 것이다. 최초의 야구 백넘버는 그저 타순 순서대로 하거나 수비 위치 순으로 하는 게 보통이었다. 3번 타자 베이브루스는 백넘버 3번, 4번 타자 루게릭은 백넘버 4번 이런 식이었다. 그러다가 백넘버 사용의 효과가 인식되면서 아메리칸리그에서는 1931년, 내셔널리그에서는 1933년 정식 제도로 채택된다.
이렇게 시작된 백넘버는 일본과 한국에서는 자연스럽게 야구 도입과 함께 시작된다. 일본의 제도 도입 후 첫 사용은 1934년, 전미 야구 선발팀이 일본으로 원정 왔을 때 전일본 대표팀이 처음 사용하게 된다.

### 에이스의 백넘버는?
선호하는 백넘버의 구분은 나라마다 차이가 있는데, 미국은 69번이 성적인 이미지가 있다고 하여 꺼리고 13번은 불길하다고 선호하지 않지만, 동양권에서는 해당하지 않는다. 더욱이 오랜 역사만큼 영구결번이 많아 이것저것 따지다 보면 미국에서는 백넘버 찾아 먹기가 너무 힘든 게 사실이다. 미국 프로야구에서 특이한 것 중의 하나는 42번이 모든 팀의 영구결번인데 최초의 흑인 메이저리거였던 재키 로빈슨을 기리기 위한 것이다. 역시 스포츠에서는 인종과 종교, 정치를 뛰어넘는 감동이 있다.

일본에선 18번이 각 팀의 에이스를 상징한다. 18번 선호의 의미에 대해 여러 의견이 있지만 일본 가부키 경극 중 가장 재미있는 18번 극에서 유래했다는 설이 가장 유력하다. 우리가 흔히 "이 노래가 내 18번이야"라고 하는 표현도 같은 맥락이라고 한다. 18번의 상징성 때문에 세이부 라이언스의 마쓰자카 선수는 미국 진출 인터뷰에서 후배 선수에게 18번을 물려주고 가는 것으로 화제가 되기도 했다.

또한 18번 말고 11번도 에이스를 의미하며, 주니치 드래건스는 호시노 감독의 현역 시절 활약 때문에 20번이 에이스를 뜻한다. 한때 나고야의 태양으로 불렸던 선동열 감독이 주니치 드래건스에서 20번을 달고 활약하기도 했다. 18번은 일본 야구의 영향이 아직 남아 있던 국내 프로야구 초창기에도 에이스 번호로 통했으며, 해태 타이거즈의 선동열 선수도 당시 김응룡 감독님께서 "18번이 에이스 번호니 네가 달아라"라고 하신 이후로 이 번호를 사용했다.

하지만 우리나라에서는 어감 때문인지 예전처럼 에이스의 상징성은 많이 떨어진 듯하나, 타이거즈에선 영구결번이 되어 못쓰게 되었고, 다른 팀도 절반 정도는 야수가 쓰고 있다. 이는 마치 일본에서 히트한 '18차'라는 음료가 어감 때문에 한국의 벤치마킹에서는 '17차'로 바뀐 것과 같다고 할 수 있겠다. 동양권에서는 일반적으로 4번이 죽을 사(死)자를 의미한다 하여 꺼리는 공통적인 경향이 있다.

야구팬들의 야구 보는 재미와 편리함을 위해 처음 사용되었던 백넘버에는 선수 나름의 염원이 담겨 있다. ⓒ paithyun

### 두자릿수 등번호는 무거워

이런 문화적·역사적인 의미를 떠나서 디자인적인 느낌이나 숫자 자체의 의미 때문에 선택되는 때도 있다. 그때에도 일반적인 기준이 있는데, 발이 빠른 타자들은 두 자릿수는 무거운 느낌이 있다고 한 자릿수를 선호하는 경향이 있으며, 몸이 큰 선수들은 한 자릿수를 달면 뚱뚱해 보이거나 여백이 넓어 보여서 두 자릿수를 선호한다. 사례별로 보면 프로야구 원년 22연승의 주인공 박철순 선수는 20승을 넘고 싶어 21번을 달았고, 빨간 장갑의 마술사 김동엽 감독은 38선을 넘어왔다고 38번을, 장효조 선수는 장훈 선수를 닮고 싶어서 10번을 원했는데 마침 팀 선배 허규옥 선배가 쓰고 있던 번호라 며칠을 따라다니며 부탁해서 받게 된다. 전 롯데 자이언츠 박영길 감독님은 행운이 2배로 오라고 77번을, 삼미슈퍼스타즈의 김진영 감독은 전년도 성적을 반드시 1983년에 재건하겠다는 의지로 83번을 달게 된다.

한국 최초의 메이저리거 박찬호 선수는 대학 시절 16번을 원했으나 코치가 사용 중이라 반대로 뒤집어서 61번을 달게 되는데, 그의 활약으로 후배들이 선호하는 번호로 자리 잡게 된다. 결국 61번은 그의 매니지먼트 회사의 이름으로까지 활용된다. 최동원 선수는 에이스 번호로 통하는 1번을 2개 붙여서 사용했는데 프로까지 쭉 사용하였다. 수십 개의 징크스를 소유하신 징크스의 진정한 본좌 김성근 감독은 38번을 사용하시는데 김동엽 감독님과는 다른 의미로 화투의 최고의 패인 38광땡의 기운을 받기 위함이고, 김인식 감독님도 감독 시절 8번을 사용하셨는데 8+1=9로 화투에서 '가보'라고 불리는 가장 높은 끝수이기에 사용하셨다.

기다림의 리더로 통하시는 김경문 감독님은 74번을 사용하시는데, 행운의 7과 죽음의 4를 합쳐서 만들었다고 한다. 역시, 백넘버처럼 김경문 감독님은 상황이 좋건 나쁘건 불안해하지 않고 늘 침착한 모습으로 팀을 지휘하셨다.

### 내 등번호는 51!

내가 사용하고 있는 51번은 내가 존경하는 선수의 백넘버를 따라한 것으로, 랜디 존슨과 이치로가 사용하는 번호이다. 두 선수는 모두 시애틀에서 많은 업적을 이룬 공통점이 있어서 호사가들은 시애틀의 51번이 영구결번된다면 누구의 이름으로 될 것인가에 대해서 갑론을박을 하곤 한다.

우리나라도 9개 구단까지 생겨나면서 많은 선수가 뛰고 있고, 1번부터 99번까지 모든 번호가 사용되고 있다. 심지어는 99번을 외에도 0번을 쓰는 김강민(SK), 신주영(한화), 유재신(넥센) 선수와 세 자릿수를 사용하는 2군 소속인 KIA의 임한용(100번), 김영훈(107번), 박해민(115번) 선수도 생겨났다. 그러나 세 자릿수를 1군으로 오면서까지 사용할지는 미지수다. 워낙 이미지가 그저 그러니 아마도 코치진에서 바꿔주지 않을까 싶다.

한 · 미 · 일을 통틀어 100여 년간 야구팬들의 야구 보는 재미와 편리함을 위해 쓰였던 백넘버 중에는 지나간 이의 영광스런 자취가 남은 번호도 있으며, 새로이 가진 선수에 의해서 좋은 번호는 더 명품 번호로, 평범한 번호라면 그 때문에 후배들과 관중들이 기억하는 번호가 되어 갈 것이다. 장훈, 장종훈, 박찬호 선배들이 했었던 것처럼 말이다.

우리나라의 모든 백넘버가
사랑받는 그날까지
우리 야구인들이여
최선을 다합시다!

chapter 05

# 봉중근의
# 먹이사슬
## Thank You & Sorry

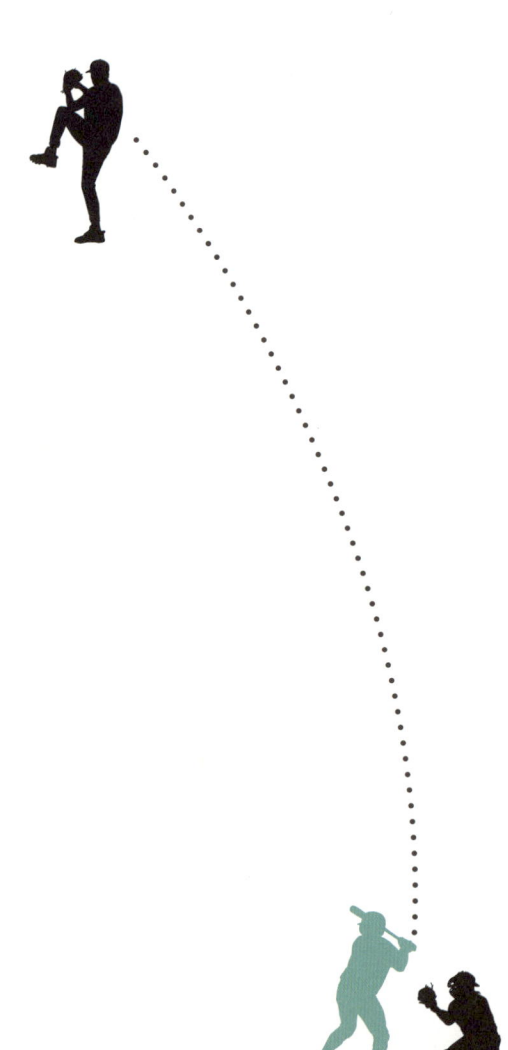

## 절대 약자와 절대 강자

야구는 아군과 적군이 싸우는 다분히 전투적인 성향의 스포츠이다. 그중에서도 팀 간에 긴장감이 가장 집중되는 순간은 투수와 타자가 맞서는 때이다. 18명이라는 선수가 있지만 늘 그 싸움은 타자와 투수의 1대 1 대립관계에서 시작하기 때문이다.

양 팀의 더그아웃에서 만들어지는 수많은 전략과 전술이 바로 이 두 사람의 대적에서 시작된다. 공격하는 팀에서는 어떻게 해서든 타자를 살려 내보내려 하고, 방어하는 팀에서는 그 절박함의 첨예한 끝 지점, 즉 타석에 서 있는 타자를 죽이려 한다. 그리고 이러한 관계를 우리는 절대 관계로 정의할 수 있으며, 여기에서 절대 약자와 절대 강자의 관계가 성립하게 된다.

때로는 분명 누구도 범접할 수 없는 절대 파워를 가진 선수가 존재하기는 한다. 하지만 사람인 이상 그 어떤 투수도 완벽하게 막을 수 없으며, 또 그 어떤 타자도 완벽하게 공격할 수 없다. 흔히 말하는 최고 수준의 타자 조건인 3할과 최고 투수의 조건으로 꼽는 퀄리티 스타트, 평균자책점, 승수 등과의 사이에서 그러한 관계는 존재하기 마련이다. 그리고 이러한 중간 접점에서 발생하는 천적의 관계에서 이론적으로 설명이 안 되는 절대 관계가 성립되고 말이다.

그렇다면 투수 봉중근과 성립되는 절대 관계의 선수들은 누가 있을까? 나를 두려워하는 타자와 내가 두려워하는 타자는 과연 누굴까? 언론과 많은 전문가의 분석이 있겠지만 실제 경기를 치러내는 투수로서 야구팬들의 궁금증을 풀어보려 한다. 뭐 이건 전적으로 내 주관적인 견해이므로 이견이 있을 수 있다. 하지만 이견과 논란마저도 이야기의 재미를 크게 만드는 양념 같은 요소일 테니 걱정할 필요는 없다. 자, 그럼 지금부터 시작해보자.

## 투수와 타자, 그리고 노림수와 타이밍

어떤 투수에게 타자가 강하다는 것은 크게 두 가지로 나뉠 수 있을 것이다. 첫 번째는 하나의 공을 노리고 기다리는 노림수이고, 두 번째는 타자와 투수와의 타이밍의 조화이다. 좀 더 쉽게 표현하면 타이밍의 궁합이라고 할 수 있겠다.

이는 팀마다 타자마다 성향이 다르고, 그래서 투수도 이를 고려한 작전을 세우게 되는데 너무나 다양하고 복잡해서 잘 안다고 해도 모두 방어할 수 있는 건 아니다. 그렇다고 간과할 수도 없는, 현대 야구에서 매우 중요한 요소이다.

### 최고의 골칫거리 노림수

SK 구단은 프로구단 중 최고의 분석력을 자랑한다. 상황별 투수의 구질 선택과 상대 타자의 타구 성향을 분석한 공격과 수비 대처 능력이 정말 뛰어나다. 그래서 투수들이 가장 까다로워하는 팀이다. 마치 내 일거수일투족은 물론 내 머릿속까지 감시당하고 있는 느낌인데, 이 대목에서 당신은 이런 궁금증을 가질 수 있을 것이다. '상대가 노리는 노림수를 역이용하면 되지 않을까?'

이론적으로 맞기도 하고, 실제로도 많이 시도된다. 그러나 여기에는 두 가지 문제가 발생한다. 첫 번째는 나의 평소 습관을 바꾸기가 매우 어렵다는 것이다. 수만 번의 반복 훈련으로 만들어진 나의 투구 습관을 바꾸기란 정말 쉽지 않다. 가령 커브를 노리고 있는데 커브를 던지는 척하면서 슬라이더를 던진다든가 하는 일이 그렇다. 그래서 이럴 때 빛을 발하는 투수가 바로 한화의 류현진 선수다. 언제나 똑같은 투구 자세로 던져 타자들의 노림수가 작용할 수 없는 골치 아픈 투수다. 표정도 없고, 투구 버릇도 없으니 단지 기대할 거라곤 내가 노린 것이 맞기를 바라거나, 실투를 노리는 것이다.

두 번째 문제는 수 싸움이다. 상대가 노리고 있는 노림수를 내가 예상하고 다른 수를 쓰려고 하는 순간 이런 고민이 발생한다. '타자가 직구를 노리고 있으니 이번에는 슬라이더를 던질까? 흠, 그런데 직구를 노리는 게 확실할까? 아니면, 내가 직구를 예상하고 슬라이더를 던질 걸 눈치채고 오히려 슬라이더를 던지게 하려고 직구를 노리는 척하는 것인가?'

때로 아주 영리한 타자들은 투수의 생각에 혼란을 주려고 일부러 노리지도 않는 공에 스윙하는 연출을 하기도 한다. 그래서 노림수에 대해 물어보면 나는 다음과 같이 대답한다.

"타자에게는 노림수가 있을 수 있지만, 투수에게는 노림수가 있을 수 없다."

물론 이건 투수가 타자보다 유리한 위치에 있기 때문이다. 타자는 투수가 던지는 수많은 공 중에서 하나를 골라야 하는 상황이고, 투수는 타자의 하나의 노림수를 피해 던질 공이 많이 있기 때문에, 선택의 여지가 많은 투수한테 노림수는 어울리지 않는 표현이라고 할 수 있다. 그래서 타자의 노림수에 대한 투수의 가장 좋은 방어는 자신의 공을 '자신 있게' 구사하는 것이다. 물론 마운드에 서기 전 많은 연습을 통해 좋은 공을 던질 수 있는 능력을 키우는 게 당연히 선행될 과정이다.

나는 내 공에 대한 확신을 갖고 '때릴 테면 때려봐'라는 마음으로 던진다. 이것이 타자의 노림수에 대처하는 가장 좋은 투수의 자세라고 생각한다. 흔히 우리가 타자와 투수와의 싸움에서 이런 표현을 쓰곤 한다. "타자는 자신만의 스트라이크 존을 만들어야 유리한 싸움을 할 수 있다." 스트라이크 존이야 정해져 있는 것이고 판단은 심판이 하는데, 타자가 스트라이크 존을 만들어간다? 선뜻 이해되지 않는 말이겠지만, 이 말에는 투수를 리드하는 타자의 보이지 않는 싸움이 있다는 걸 의미한다. 타자의 노림수의 범위에서 투수가 던질 수 있는 공들의 범위를 좁혀서 결국엔 타자에게 유리한 공을 유도해 내는 타자만의 투수 공략법이다.

이런 전략적인 접근이 없는 타자라면 투수의 유인구에 따라다니다가 결국 불리한 볼카운트에서 다급한 마음에 어이없는 볼에 역시 어이없는 스윙으로 삼진을 당하기 일쑤일 것이다. 반대의 경우라면 볼에는 철저하게 참아내고, 노리지 않은 스트라이크 볼은 커트해내며 결국 타자가 기다리던 보기에도 치기에도 먹음직스러운 볼을 던지게 하고 마는 것이다.

결국 둘 사이에는 적게는 1개, 많게는 20개가 넘는 볼을 던지면서 눈에 보이지 않는 싸움이 쉴 새 없이 일어난다.

이러한 노림수는 상대 투수에 관한 다양한 연구와 경험을 통해서 그 정확도는 더욱 높아지기 마련이며, 특히 투수 출신 타자의 경우엔 투수의 마음과 정신에 대한 이해도가 높아 일반적으로 노림수에 강하다고 할 수 있다. 투수 출신으로서는 예전 롯데의 김응국 선수나 이승엽, 이대호, 추신수 선수가 그런 예인데 출중한 야구 센스의 덕도 있겠지만 투수 경험이 그들의 타격에 도움이 되는 것은 자타가 인정한 바 있다.

하지만 이러한 노림수도 꾸준한 노력과 정성으로 만들어진 공의 위력에는 당해내지 못하게 된다. 삼성의 마무리투수 오승환 선수의 공은 알아도 못 친다고 하지 않는가? 중요한 건 상대 타자가 노리는 것을 피하는 게 능사가 아니라는 거다. 때로는 정면승부가 강한 투수가 되는 가장 기본적인 비결 중 하나이다. 타자가 가장 좋아하는 투수는 자신이 노리는 공을 던져 주는 투수가 아니라, 자신을 피하려 하는 투수이기 때문이다. 자신감 없는 투수야말로 타자가 가장 부담 없이 상대할 수 있는 투수라는 뜻이다.

자기 볼에 대한 자신감을 갖고 100%의 능력을 쏟아부을 수 있는 투수야말로 진정 두려운 투수가 될 수 있다. 마운드에 올라간 순간 투수가 지녀야 할 생각은 자신을 인정하는 것이다. 마운드 위에서는 그저 두려움 없이 공을 던지는 것만이 중요하다. 그리고 타자가 쳐낸 공의 일부만이 안타가 된다는 사실을 절대 잊지 말아야 한다.

### 투수와 타자의 야구 궁합?

혹자는 야구가 과학이라는 학문이 가장 많이 적용된 스포츠라고 생각한다. 뭐, 다양한 이유가 있겠지만 그 중 가장 구체적으로 체감할 수 있는 것은 야구가 회전운동이라는 기본적인 물리현상에서 출발하기 때문일 것이다. 여기에 원심력, 구심력, 궤적, 반사와 지레의 원리, 무게와 운동에너지, 바람에 의한 풍동에너지, 일사각과 수비 위치와의 관계, 마찰력, 저항 그리고 이러한 모든 것이 만들어낸 결과에 의한 숫자와 확률과의 관계 등등 쪼개고 쪼개면 다양한 과학 요소들이 나온다.

최고 160km로 날아오는 약 지름 7cm(7.15cm ~ 7.25cm) 공을 그보다 좀 더 작은 지름 7cm에 못 미치는 배트로 맞춰야 하는 것이 야구다. 결국 공과 배트라는 2개의 회전운동에서 둘이 만나는 하나의 접점이 만들어져 안타가 돼야 하는데, 이는 굉장히 어려운 일이다.

그래서 타자는 투수의 타이밍에 자신의 타이밍을 맞추기 위해 많은 훈련을 하고, 타석에 들어서기 전에도 지속해서 투구를 보면서 타이밍 맞추기 연습을 하고 들어선다. 또한 투수가 하나의 구질만을 던지지 않으니 다양한 속도에 대한 타이밍과 다양한 변화구의 좌에서 우로, 위에서 아래로 또는 사선으로 변화된 회전 궤적에 대한 타이밍을 맞춰야 한다.

이는 좀 과장한다면 아폴로 우주선이 지구를 떠나 정확하게 달 궤도에 진입해 착륙선을 보내고, 다시 회수하고, 달의 회전력을 이용해 한 바퀴 돌아 지구로 돌아오기만큼이나 어렵다고 할 수 있겠다. 흠, 이 정도라면 야구선수들은 미국 NASA에 있는 연구원 수준일 수도 있겠다. 어쨌거나 정말 어려운 일이다. 조금만 빨라도 또는 조금만 늦어도 또는 조금만 빗겨가도 안타는 물 건너간 낙동강 오리알처럼 돌아올 수 없는 지나간 1구에 그친다.

그런데 이 어려운 확률 게임을 하고 있는 투수와 타자의 관계에서 이상하게도 그 하나의 접점을 만들어내는 타이밍이 잘 맞아떨어지는 관계가 있다. SK의 이재영 선수는 왼손투수한테는 귀신같은 컨택 능력을 갖추고 있으며 프로야구 초창기 시절 롯데 자이언츠의 김용철 선수는 아래로 떨어지는 공을 걷어 올리는 골프 스윙의 달인이었다. 참고로 위에서 아래로 떨어지는 공은 대단히 치기 어렵다. 이는 공도 배트도 위에서 시작하는 회전궤도를 만들기에 아래쪽에서 타점을 만들기란 다른 어떤 공보다도 어렵다. 이런 특성 속에 존재하는 타이밍의 관계 속에서 투수와 구단, 투수와 특정 타자 사이에 천적관계가 형성되며, 물론 나도 이러한 천적관계에서 벗어날 수는 없다.

## 나는 네가 지난여름에 기다린 구질을 알고 있다

자, 그럼 본격적으로 앞에서 설명한 두 가지 환경에서의 내 천적관계를 정리해보자. 지금부터 나열되는 타자는 객관적으로 강력한 경쟁력을 가지고 있음에도 유독 나에게 상대적으로 약했던 선수들을 위주로 정리하였다.

하지만 이들은 언제라도 나를 두들길 수 있는 훌륭한 타자이며, 나의 운과 앞서 밝힌 다양한 이유로 인해 천적관계임을 밝힌다. 그러니 사랑하는 후배님들과 팬 여러분의 너그러운 양해를 바란다.

### 1위 박병호

사랑하는 나의 후배 병호야, 미안해! 네가 1번이다~~.

LG의 박병호는 프로 입단 때부터 대단히 촉망받는 대형 타잣감이었다. 그땐 기회를 잡지 못해 자신의 능력을 보여주지 못했지만, 넥센으로 트레이드된 후에 2012년 타격 부분 3관왕(홈런, 타점, 장타율)을 차지한 아주 훌륭한 타자다. 100kg에 육박하는 육중한 몸의 거포임에도 20(홈런)-20(도루)클럽에도 가입했다.

교타자의 기본 요건 중의 하나인 밀어치기에 능할 뿐만 아니라 밀어치기로 홈런까지 칠 수 있으니 투수에게는 절대 밟으면 안 되는 지뢰와도 같은 타자이다. 그런데 이렇게 훌륭한 박병호 선수가 나는 가장 편한 타자다.

특히 그는 내 변화구 공략을 까다로워한다. 그럼 박병호 선수가 변화구를 못 치는 선수인가? 프로 입단 이후 직구 공략에는 탁월했지만 변화구에 약하던 단점이 있었으나, 2011년 넥센에서 주전으로 자리 잡은 뒤 2012년 그의 활약은 이전의 단점을 완벽하게 보완하였으며, 타격 3관왕이라는 결과로 입증하였다. 하지만 정말 고맙게도 리그 최고의 강타자가 나에겐 유독 약했으니 나는 그저 고마울 따름이다. 특히 내가 던지는 구질 중에 가운데 손가락만으로 회전을 만들어내는 너클커브에 많이 약했던 것 같다. 시즌 중에는 거의 안타를 맞아본 기억이 없다. 물론 나의 너클커브는 내 주 무기 중의 하나기도 하지만 마무리 특성상 마지막 1회 정도를 전력으로 던지기 때문에 타자로서는 상대하기 더 어려웠던 것도 이유일 수 있다. 만약 선발에서 만났다면 지금보다는 훨씬 많은 안타를 내주었을 것이고 그의 홈런왕 타이틀에 나의 기여도도 올라갔을 것이다.

지금 생각해보면 LG 구단에서 같이 있었던 시간도 내겐 도움이 되었을 것 같은데, 노림수를 피하기보다는 정면 승부를 즐기는 내 스타일과 최고 타자로서 입지를 다진 박병호 선수라는 두 가지 요소를 조합해본다면 역시 이는 둘의 타이밍 궁합이 안 맞는 게 가장 큰 이유일 것이다. 왜냐하면 그는 나보다도 훌륭한 투수의 공을 마구마구 넘겨버리는 대단한 타자이기 때문이다. 그저 둘 사이에 생경한 리듬감을 주신 조물주에게 감사할 따름이다.

하지만 2013년에도 그러한 관계가 성립하겠느냐고 묻는다면…… 글쎄 장담할 수 없다. 그는 지금도 무섭게 성장하고 있으며 다음 시즌에는 더욱더 성장할 것이 틀림없기 때문이다. 하지만 겁내지 않는다. 그리고 나는 나의 공에 자부심을 느끼고 박병호 선수에게 당당하게(?) 말할 것이다.

"병호야! 살살 쳐줘! 나이든 형이 불쌍하지도 않니?"

### 2위 최정

최정은 전 구단을 통틀어 투수들이 경계하는 최고 타자 중 하나다. 그는 강타자이다. 그리고 투수 출신이다. 180cm의 작지 않은 키에도 동안이어서 그런지 왠지 작아 보이는 느낌은 스트라이크존까지 좁아 보이게 하는 이상한 녀석이다. 그리고 LG 킬러라 불릴 만큼 LG전에서는 4할이 넘는 불방망이를 선보인다. 항간에 소문에 의하면 시합 전 살짝 방망이를 불에 그슬린다는 믿지 못할, 정말 말도 안 되는 소문도 있다. 여기에 리그 1%에 해당하는 엄청난 끈기와 파워, 그리고 SK 구단의 특성상 노림수가 강하다는 장점을 가지고 있다.

나는 개인적으로 노림수가 좋은 타자를 굉장히 싫어한다. 노림수로 싸우는 걸 즐기지 않고 내 공에 대한 자신감으로 승부를 겨루는 스타일인데, 이런 좋은 타격감과 힘을 가진 타자가 노림수까지 가지고 있으면 나는 그때부터 골치가 아프다. 특히 마무리를 시작한 이후로 한방에 시합이 뒤집힐 수 있는 상황에 등판하기 시작한 이후로는 더더욱 심해진 듯하다.

그런데 이리도 까다로운 스타일의 타자가 나는 왜 편할까? 그 이유는 둘의 구질 선호도에서 시작한다. 정이는 몸쪽 승부를 싫어한다. 그런데 나는 몸쪽 승부를 좋아한다. 통계적으로 볼 때 정이에게 144km 이상의 몸쪽 공이 들어가면 정이의 배트 스피트가 못 따라오는 경우가 많다. 물론 절대적인 건 아니다. 그런 공도 간혹 홈런을 만들어내기 때문이다. 그래서 데이터는 신봉할 게 못 된다. 그럼에도 나와의 승부에서는 타격 성공률이 낮은 편이다.

좋은 타자로 가는 단계는 몇 가지가 있는데, 가장 마지막 단계에 속하는 것이 종변화구와 몸쪽 공에 대한 대처라고 할 수 있다. 이대호 선수가 일본에서 데뷔 첫해에 성공적으로 적응한 것도 몸쪽 공에 대한 대처가 좋고, 큰 키와 부드러운 스윙으로 바깥쪽 공까지 커버하니 투수들로선 던질 공에 대한 선택의 폭이 좁아지기 마련이다. 정이와 나는 구질에 대한 호불호가 반대이다보니 나에게는 편한 타자가 된 듯하다.

특히 LG 킬러인 그가 나에게는 상대적으로 다소 약한 모습을 보여주니 팀의 주전 마무리로서 면도 서서 정이에게 참으로 감사한다. 그러나 정이 역시 박병호 선수와 마찬가지로 앞으로 어디까지 발전할지 모르는 훌륭한 타자이므로 나와의 천적관계는 길지 않을 것이다. 당장 2013년 그가 어떤 모습으로 나올지 모를 일이다.

### 3위 김태균

김태균 선수는 올해 1994년 이종범 현 한화 코치님이 세웠던 0.393 이후 4할 타율에 가장 많이 근접했던 타자로, 한국을 대표하는 강타자다. 특히 힘이 좋은 슬러거의 장점과 안타 생산 능력이 좋은 교타자의 장점을 모두 가지고 있다. 한 TV 프로에 김태균 선수의 일본 진출 당시 박경완 선수와 김태균 선수의 대화 장면이 나온 적이 있는데, 그의 일본 진출을 들은 박경완 선수는 매우 기뻐하며 "야, 너 때문에 안 그래도 없는 머리숱이 더 빠졌는데 잘 됐네. 너만 나오면 던질 데가 없어, 던질 데가"라고 말했다.

던질 데가 없는 타자란 투수가 가장 두려워하는 존재다. 즉, 약점이 없는 타자이며 어떤 공에든지 반응하는 타자가 바로 이런 타자다. 보통 타자는 자신이 생각하는 노림수를 가지고 타석에 들어서고 투수와의 수 싸움을 통해서 그 공을 유도해낸다. 반대로 투수는 피해 가기 마련인데, 김태균 선수는 무슨 생각을 하는지 알기도 어려우며, 노린 공이든 아닌 공이든 모두 쳐내는 선수다. 바깥쪽, 안쪽, 어느 곳이든 밀어치고 당겨치고 자유자재다. 정말 투수와 포수가 싫어할 만하다.

그런데 이상하게 나는 김태균 선수를 만나면 편해진다. 그리고 제구가 잘 된다. 타자마다 체형이 다르고, 타석에서의 스탠스의 차이가 있는데, 어떤 타자가 나오면 스트라이크존에 대한 감이 도통 안 잡히고 어떤 타자는 마치 어두운 도로에서 길을 안내하는 야광 표지판처럼 투수에게 스트라이크존으로 가는 길을 인도한다. 나에게는 김태균 선수가 그렇다. 그러한 미묘한 차이는 말로 설명하기 어려운, 그저 느낌에 관한 부분이다. 투수에게 가장 중요한 덕목 중의 하나가 제구력인데 갑자기 제구력이 상승한다면 투수에게는 천군만마를 가진 것이고, 타자에게는 성벽 하나가 허물어지는 것과 같은 상황이 된다. 그래서 내가 컨디션이 좋지 않은 날에도 그는 언제나 이렇게 말한다.

"형, 공 좋은데요."

다른 선수들이 오늘 봉중근의 컨디션 바닥이라고 하는 날에도

그는 언제나 "형, 공 좋은데요." 나의 컨디션이 좋은 날도, 좋지 않은 날도 언제나 그는 "형, 공 좋은데요." 아, 나로서는 다행이다. 이런 행운이 대한민국 최고의 타자에게 얻어걸리다니! 하늘에 감사할 따름이다. 아마 김태균 선수는 이렇게 생각할 것이다.

'다들 오늘 중근이형 공이 별로라는데…… 이상하네, 내가 보기에는 좋기만 하구먼. 흠…….'

워낙 말도 없는 그의 스타일 상 혼자서 끙끙 앓으며 생각하고 있을 것을 생각하니 한편으로는 미안하기도 하다.

김태균 선수와 나의 관계처럼 타자들의 이미지에 따라서 투수들은 각기 다양한 투구 이미지를 갖게 되는데, 모든 투수가 싫어하는 타자가 있으니, 바로 KIA의 김선빈 선수다. 키가 165cm의 김선빈 선수는 일단 키가 작아서 상하의 스트라이크존이 무척 좁다. 좌우는 홈플레이트 기준으로 설정되기 때문에 상관없으나, 위아래가 작아지다 보니 좌우 폭의 느낌에도 영향을 미치는데, 타격 솜씨도 좋은 그와의 대결은 내가 지금 야구를 하는 건지 골프를 하는 건지 착각이 들 정도로 고역이다. 좁은 스트라이크존에 공을 넣어야 하니 공을 맘껏 던지기도 힘들고, 변화가 많은 공은 자칫 빠질세라 자신 있게 던지기가 어렵다.

특히 김선빈 선수는 용병들이 가장 힘들어하는데, 워낙에 신체 조건이 좋은 그들에게는 초등학교 때 만났던 선수의 느낌이 들 정도라고 한다. 내가 몸담은 LG의 리즈 선수는 김선빈 선수만 들어서면 일종의 공황 상태가 된다.

하지만 김태균 선수는 키도 크고 모두가 두려워하는 타자인데도 나에게는 늘 편안한 휴식처처럼 안정된 제구를 이끄는 인도자가 되고 있으니 정말 고맙다. 뭐, 그렇다고 내가 그를 압도하고 나올 때마다 삼진으로 처리하거나 그런 것은 아니다. 그저 편하게 던지니 다른 선수들보다 좀 수월하다는 이야기다.

"태균아, 나 지금 너의 체형이 딱 맞거든. 살 빼지도 찌우지도 말고 딱 그 느낌 그대로 있어줘~~~."

## 내 안에 너 있다! 나만 만나면 펄펄 나는 타자들

### 1위 김동주

2012년 시즌에는 부상으로 많은 활약을 못한 타자지만 김동주는 이미 범아시아급의 강타자였다. WBC나 올림픽과 같은 국제대회에서도 늘 꾸준한 활약을 했던 그는 대한민국 대표 강타자라고 해도 부족함이 없다. 결정적인 득점 기회와 같은 극적인 장면과의 인연이 적어서 그렇지 우리나라의 국제대회의 대단한 역전극과 감동적인 장면의 앞과 뒤, 그리고 그 중심에 늘 있었던 타자가 김동주 선수다.

그는 100kg의 거구면서도 과연 저 스윙이 그 대단한 몸에서 나올까 싶을 정도로 유연한데, 그 부드러움 속에는 어마어마한 파워가 숨어 있다. 여기에 스트라이크가 아니면 여간해서는 방망이가 나오지 않는 선구안이 있어 유인구에 속지 않는 선수 또는 삼진 안 당하는 선수로도 유명하다.

보통 타자는 좋은 타자를 크게 교타자와 강타자로 구분하는데 교타자는 안타를 많이 만들어 출루율이 높은 타자를 말한다. 이를 위해 큰 스윙보다는 컨택력을 높이는 정교한 스윙과 선구안에 많은 노력을 기울인다. 강타자는 주자를 불러들이기 위한 장타를 만들어내는 타자로, 파워 있는 큰 스윙을 선호한다. 그런데 김동주 선수는 강타자이면서 교타자이다. 흔히 하는 말로 공을 보는 타자다. 투수들은 이런 타자를 가장 무서워한다. 루상에 주자가 채워진 상태에서 등장한다면 투수는 다시금 마음을 다잡고 심기일전해야 하는 타자이다.

나도 공에 자신을 갖고 던지지만, 그 또한 자신의 타격에 자신을 가지니 그와의 대결은 언제나 많은 공력을 쏟아부어야 한다. 설사 잘 막았다 해도 그에게 들어간 기운의 여파는 다음 타자에게까지 미치니 골치는 물론이고 나의 사지를 고달프게 한다. 나뿐 아니라 모든 구단의 투수들이 상대하기 힘들어했으며, 아마도 지금 다루고 있는 천적관계에서 "김동주의 천적은 나다"라고 말할 수 있는 투수는 없을 것이다. 오죽하면 국내외로 공인된 최고의 투수 류현진의 천적으로도 불렸던 그가 아닌가? 그러니, 내가 그를 나의 천적 1호로 뽑은 것에 대해서는 전혀 부끄럽지 않음을 밝히는 바이다.

### 2위 정근우

이 선수를 뭐라고 할까? 발 빠른 톱타자라서 내보내면 여간 골치 아픈 게 아닌 선수이면서 크지 않은 체격에도 홈런도 칠 수 있을 정도의 파워가 있는 타자다. 오죽하면 2008년 베이징올림픽 때 홈런 치는 모습을 보면서 외국의 코치들이 깜짝 놀랐겠는가? 그들에게는 그 체격으로 담장을 넘기는 것이 굉장한 충격이었다고 한다.

그는 이런 파워가 있으면서 또한 노림수에 아주 능하다. 아니 노림수라기보다는 수 싸움에 능하다고 하는 게 맞겠다. 투수와의 구질에 대한 수 싸움은 물론이고, 루의 상황과 상대의 수비 시프트 그리고 볼카운트에 따라 다양한 수 싸움을 한다. 단타를 칠 것인지, 장타를 칠 것인지, 아니면 포볼로 걸어갈 것인지 상황에 따라 스윙 스타일을 바꿔가며 다른 전술을 펼쳐낸다.

볼카운트가 불리해 삼진의 위험이 오면 짧은 스윙으로 스트라이크를 커트해내어 자신에게 유리한 공을 유도하거나 포볼을 만들어낸다. SK 특유의 노림수와 앞서 소개한 김동주 선수의 선구안과 파워, 여기에 커트의 달인 이용규 선수의 모습도 있다. 이건 뭐 1명의 타자를 상대하면서 4~5명은 상대하는 듯한 느낌이다.

특히 까다로운 건 내보내는 순간 내야를 휘젓는 그의 주루 플레이다. 물론 내가 견제에는 일가견이 있지만 그렇다고 부담이 없는 건 아니다. 온 힘을 다해서 견제를 해야 하기 때문이다. 그리고 더 답답할 노릇은 나에게 강한 것을 그도 안다는 것이다. 우리 팀과 경기가 있는 날이면 마치 초콜릿 냄새를 맡고 숲에서 나와 텐트 주변을 어슬렁거리는 한 마리 곰처럼 우리 더그아웃을 기웃거리며 이렇게 이야기한다.

"오늘 중근이 형 안 나와요?"

으, 어찌해야 하는가? 방법은 하나…… 우리 팀 투수 중에 정근우 킬러를 만드는 수밖에 없다. 내가 킬러가 되려 하니 머리가 아프다. 이래저래 뭔가 꼬인다. 그러나 어쩌겠는가? 철저하게 분석해서 정근우를 위한 근우 킬링 피처를 만들어야 한다. 정근우의 모든 것을 분석해서 대덕연구단지나 NASA에라도 보내야만 할 것 같다. 지금도 내가 나오길 기대하면서 싱글벙글 웃고 있을 정근우 선수에게 이 자리를 통해 전하고 싶은 말이 있다.

"근우야, 네 소원대로 형 마무리돼서 매일 나와. 그러니까 이제 우리 더그아웃 오지 마."

### 3위 홍성흔

얼굴, 몸매, 헤어스타일 그리고 파이팅까지 연예인급 비주얼과 언제나 한결같은 파워 넘치는 플레이는 가히 메이저리거를 무색하게 만드는 우리나라 프로야구계의 보물이다. 그러나 나에게는 까다로운 타자 순위 3위에 매겨지는 고약한 선배다.

매우 공격적인 스타일로 타석에 서 있는 홍성흔 선수의 눈빛을 보고 있노라면 "빨리 던져, 다 쳐 버릴 테다. 빨리빨리!"라고 이야기하는 듯하다. 보통은 이런 공격적인 타자는 투수와의 대결을 자신의 템포로 주도하게 되면 기대 이상의 플러스 알파의 결과를 만들어내는 경우가 많다. 그래서 이런 타자를 만나면 투수들은 반대로 자신만의 빠르기로 속도를 조절하며 타자의 애를 태우는 게 상책이다. 그러다 보면 타자들이 제풀에 지쳐 자신의 타이밍을 잃는 경우가 많다. 하지만 그것도 어느 수준을 넘어가면 효과에 한계가 있기 마련이다. 지명타자로 전향한 이후 그는 꾸준히 3할대의 높은 타율을 보이고 있으며 올해에도 2할 9푼 2리로, 거의 3할에 육박하는 활약을 보여주었다.

홍성흔 선수는 잘 맞으면 홈런, 빗맞아도 안타라고 할 정도로 이상하게도 나와의 대결에서는 평소보다 더 좋은 타격을 보여주고 있다. 이러한 현상은 내가 컨디션이 좋은 날에도 거의 변함이 없다. 홍성흔 선수와 나의 공통적인 느낌은 그의 타격 타이밍과 나의 투구 타이밍이 기가 막히게 잘 맞는다는 것이다. 투수와 타자의 타이밍에서 설명했던 수많은 변수 속에서 우리 둘의 타이밍은 백년해로를 기약할 만큼 궁합이 잘 맞는다고 할 수 있다. 그래서 SK 정근우 선수 말고도 우리 팀과의 경기 때 꼭 나를 찾는 또 하나의 선수가 홍성흔 선수다.

"중근아~ 오늘 안 나오냐?"

나를 좋아해도 너무들 좋아한다. 그런 그에게 나도 할 말은 있다.

"형, 나 마무리라서 8회에 3점 차 이내 리드면 나가요. 8회에 3점 차로 져주시면 나갈게요. 그리고 형, 내공 많이 쳐도 좋으니까 부상 없이 오래오래 야구하셔서, 즐거운 게임 만들어 주세요."

## 봉중근의 기호 세계

누구나 그렇겠지만 야구선수인 나에게는 야구선수로서의 기호가 있다. 작게는 야구공부터 크게는 구장까지 다양한 기호 세계가 존재하는데 이는 나뿐만 아니라 모든 선수에게 해당되는 이야기일 것이다.

### 상대팀

타자와의 승부에서 호불호가 있다면 팀 차원에서도 호불호는 있기 마련이다. 선수별로 특정 팀에 강한 선수들이 있는데 이는 팀별 천적관계로 발전하게 된다. 나는 가장 상대하기 싫은 팀이 SK 와이번스다. 지금은 조금 나아졌지만, 김성근 감독님이 계시던 시절엔 더했다.

보통 경기에 임할 때 투수는 나름대로 전략을 짜게 되는데 예를 들어 두산이나 한화는 번호별로 특색이 있다. 이는 두산, 한화뿐만 아니라 일반적인 특색인데, 1~2번까지는 단타 위주의 발이 빠른 선수, 3~5번은 파워 히터, 6~9번은 상대적으로 타격이 약한 하위 타순 식으로 특징이 나뉘고 이에 대해 투수는 타자별로 전략을 짜는데, 예를 들면 1~2번은 최대한 살아나가지 않게, 3~5번은 좀 피해 가고, 하위 타선은 좀 쉽게쉽게 가고……. 이런 식으로 나름 정리하는데 SK는 도무지 갈피를 잡을 수 없다. 1~2번은 발도 빠르고 홈런을 칠 만큼 힘도 있고, 그렇다고 3~5번이 발이 느리고 힘만 센 것도 아니고, 하위 타선이라고 만만하게 할 수 없는 팀이 SK다. 특히 쉴 새 없이 나오는 더그아웃의 작전은 상대 투수에게는 잠시도 마음을 놓을 수 없는 고역인데, 중요한 것은 1~9번까지 하나같이 작전 수행 능력이 뛰어나서 쓰리아웃을 잡고 더그아웃으로 들어가는 순간까지 긴장의 끈을 놓을 수 없는 팀이 바로 SK 와이번스다.

혹자는 재미없는 야구를 한다 하고, 끝까지 물고 늘어지는 그들에게 불평하는 선수들도 있지만 이기는 야구를 하는 그들에게 누가 뭐라 할 수 있겠는가! 이기기 위해 모든 방법을 동원하는 SK에게 전문가들은 가장 수준 높은 야구를 한다는 찬사를 아끼지 않는다. 결과적으로 SK의 엄청난 훈련과 다양한 전술 시스템은 다른 팀에도 영향을 주었다고 생각하며, 우리가 WBC와 같은 국제대회에서 그 누구를 만나도 대등하게 싸울 수 있는 근본적인 이유 중에는 SK의 승부욕과 열정이 반드시 작용했다고 믿는다.

### 포수

투수에게 있어 포수는 배우자만큼이나 중요한 존재이다. 배터리(battery)라고도 부르는 투수와 포수의 관계는 (+)와 (-)가 늘 한 몸에 붙어 다니는 배터리처럼 가까운 사이이다. 경기에서 승리하기 위해서 가장 선결되어야 할 것이 바로 이 두 사람의 호흡이다.

그래서 아무리 좋은 투수가 있다 해도 그의 능력을 100% 뽑아낼 수 있도록 도와주는 포수가 없다면 그 투수의 능력은 평범해질 수밖에 없다고 해도 과언이 아니다. 포수는 늘 투수의 컨디션을 체크하고 그날 그의 구질에 따른 성격을 최대한 빨리 분석하여 타자별 상대 전략을 구상해야 하고 투수와 협의하면서 한 구 한 구 최선을 다해 경기를 치르게 된다. 고등학교 때부터 미국과 한국에서 선수생활을 하면서 수많은 포수를 만났었고 모두 훌륭한 포수였지만, 1명을 뽑으라고 한다면 나는 주저없이 현 LG의 배터리코치이신 김정민 코치님을 이야기한다.

1993년에 2차 1순위로 LG 트윈스에 입단한 김정민 코치님은 당시 LG의 주전 포수 김동수 선수와 1998년에 입단한 조인성 코치에 밀려 많은 경기를 뛰지는 못했다. 그의 포수로서의 능력이 낮아서가 아니라 워낙 걸출한 포수 자원에 의해서 많은 기회를 갖지 못했을 뿐이다. 통산 696경기에 나섰던 그는 언제나 LG의 든든하고 안정적인 백업 포수로서 자리를 지켰는데, 그와 함께했던 경험은 나에게 많은 것을 깨닫게 했던 좋은 추억이다. 김정민 코치님과 배터리를 이루었을 때는 내 기억에 한 번도 문제가 없었다. 간혹 포수와 투수 간의 의견차이로 불협화음이 나기도 하고, 그 불협화음은 승패에 영향을 주기도 한다. 하지만 타자에게 안타를 주건, 홈런을 주건 단 한 번도 그에게 서운했던 적은 없었다. 오히려 내가 부족했다는 느낌과 미안한 마음이 들었다. 그 이유는 그분의 훌륭한 인간성 때문이었다.

2006년 9월 24일, 두산전을 끝으로 은퇴하고 한동안 구단의 스카우트로 활동하다가 팀 포수 자원 부족을 메우기 위해 불혹을 앞두고 2008년 다시 현역에 복귀한 그는 뒤늦게 온 주전 포수의 기회에서 두각을 나타냈다. 지금 생각해보면 그가 잠깐 복귀했었던 게 뒤늦게 LG에 합류한 나에겐 행운이었다. 하지만 그는 항상 쪼그려 앉아 있어야 하는 모든 포수들의 고질병인 아킬레스건 파열로 2009년 이후 다시 돌아오지 못하게 된다. 당시 그의 활약으로 2위까지 올라갔던 LG는 그의 부상과 함께 급격한 하락세를 보이게 되는데 그의 빈자리가 더욱 크게 느껴지는 순간이었다.

그는 야구장 안에서나 밖에서나 행동 하나하나가 후배인 나에게는 믿음이 가고 존경하게끔 만드는 삶의 연속이었다. 게으른 나를 대신해서 늘 상대팀 타자에 대해 연구하고 분석하였으며, 경기에 나서지 않는 날도 경기장에 가서 타자에 대한 분석으로 시간을 보내는 모습을 보면서, 그에 대한 믿음은 더욱 확고해져만 갔다. 그래서 어쩌다 상대 타자에게 안타를 맞아 내게 미안해하는 그에게 "선배님, 제가 죄송합니다"라는 말이 저절로 나오게 되는 정말 훌륭한 포수였다. 그와 함께할 때 던지는 모든 공엔 확신이 있었고, 그래서 결과에 대해서도 후회하지 않을 수 있었다.

투수에게 확신을 갖고 자기의 능력을 믿고 던지게 하는 포수가 바로 김정민 포수다. 지금도 배터리코치로서 그의 인성과 능력은 유감없이 발휘되는데, 그에겐 '절대로 더그아웃에서 사인을 내지 않는다'는 불변의 법칙이 있다. 간혹 경기가 다급해지면 그라운드의 배터리를 믿지 못하고 더그아웃에서 볼 배합을 간섭하는 때가 종종 있는데, 그는 절대로 그라운드 배터리의 영역을 침범하지 않는다. 그는 이렇게 말했다.

"벤치에서 볼 배합 사인을 내주면 그 포수는 절대 성장할 수 없다. 더그아웃 사인만 보고 따라간다면 당장은 잘 할 수 있겠지만 이 과정이 계속될수록 보람은 없어지고, 나중에는 책임감마저 사라지게 된다. 실패를 경험하더라도 부딪치면서 본인이 괴로워해야 한다. 그렇게 실패를 지속하다 보면 팀에 미안한 마음이 생길 것이다. 그게 바로 좋은 포수로 성장할 밑거름이다."

그리고 배터리코치로서의 지론 하나를 더 말한다.

"포수의 실책에 대해 보내는 주변의 따가운 시선을 막고, 포수들이 평상심으로 경기를 치르게 하는 것이 나의 역할이다."

그와 호흡을 맞췄던 또는 그를 지켜봤던 수많은 사람들이 '어머니처럼 따뜻한 포수'라고 불렀던 이유가 바로 이런 인간적이며 후배를 사랑하는 마음이 자연스럽게 드러났기 때문이다. 아마 그의 야구

철학이 당장 성과가 나지는 않겠지만 LG의 포수들은 해가 갈수록 더욱 성장할 것이며, 올해보다 2013년 시즌에는 더욱 좋은 성과를 낼 것이라고 기대해 본다.

"김정민 코치님, 존경합니다. 그리고 사랑합니다~!"

### 구장

내가 가장 선호하는 구장은 잠실구장이다. 홈구장이기도 하고 시설도 좋지만 정작 이유는 가장 큰 구장이기 때문이다. 좌우 펜스의 길이는 100m, 가운데는 125m나 된다. 펜스가 멀리 있으니 투수로서는 홈런 걱정 없이 마음껏 투구할 수 있다. 보통 장타를 허용하지 않기 위해서 낮은 볼 위주의 볼 배합을 하게 되는데, 낮게 던진다는 게 투수에게는 쉬운 일도 아닐뿐더러 낮은 볼 일색의 볼 배합을 하다 보면 투구 밸런스도 종종 흐트러지게 마련이다.

그렇다면 가장 싫어하는 구장은 어디일까? 답은 나왔다. 가장 작은 구장이다. 그중에서도 한화가 가끔 사용하는 청주구장인데 좌우 펜스 거리는 99m, 가운데 펜스 거리는 110m이다. 다른 구장 같으면 플라이 아웃이 될 타구도 그곳에서는 홈런이 되기 일쑤이다. 메이저리그에서 홈런이 가장 많이 나와 투수들의 무덤이라고 부르는 쿠퍼스 필드 야구장의 한국판이라고 보면 된다. 하지만 주 경기는 대전구장에서 이뤄지는데, 크기로 따지면 작은 편이었던 대전구장은

 잠실 구장은 홈구장이기도 하고 펜스가 멀리 있어 투수로서 홈런 걱정 없이 마음껏 투구할 수 있어서 선호한다. ⓒ kuma

김응룡 감독님 부임 이후 120m까지 늘인다고 하던데, 감독님 청주구장도 어떻게 좀 안 되겠습니까?

　청주구장과 함께 꺼리는 구장이 하나 더 있는데, 바로 목동구장이다. 이곳은 청주구장보다는 크지만 이상하게 타구가 멀리 나간다. 외야 쪽으로 가면서 지대가 낮다고 하는데 실제로 재보지를 못했으니 단정 지을 수는 없지만, 모두의 공통된 의견이다. 공이 실제 비거리보다 더 나간다는 것이다. 또한 목동야구장은 동대문야구장 철거 이후 아마 리그를 겸하고 있어 구장 훼손 정도가 심해서 야수들에겐 부상의 위험이 항상 도사리고 있는 악명 높은 경기장이다. 지대가 낮아서 멀리 날아간다는 이야기가 맞는다면 외야를 높여야 할 텐데…… 음, 쉽지 않은 일이다. 하루빨리 서울에 멋진 구장이 하나 더 생기기를 기다릴 수밖에…….

### 마운드

투수가 공을 던지는 곳을 마운드라고 하는데 평지보다 40cm 내외로 올라와 낮은 구릉의 형태이다. 여기에 투수가 디딤판으로 쓰는 투수판이 있는데, 이 판 때문에 투수가 경기에 나가는 것을 '등판'이라고 표현한다.

그런데 이 마운드의 규격이 딱 정해진 게 아니라서 구장마다 높이와 흙의 질감이 차이가 있다. 그 작은 차이가 투구 밸런스에 영향을 미치는데 투수에게는 여간한 골칫거리가 아닐 수 없다.

개인적으로 가장 선호하는 마운드는 SK의 문학구장이다. 경기장 시설, 잔디, 관중석 등 모든 부분에서 국내 최고 수준을 자랑하는 문학구장의 마운드는 한마디로 미국 스타일이다. 내가 미제를 선호한다는 의미가 아니라 투수가 앞발을 디뎠을 때 땅이 많이 파이지 않는다. 다시 말하면 잘 다져놓았다고 할까? 늘 일정하게 투수가 발을 내디딜 수 있어서 부상의 위험이 적을 뿐 아니라 일정한 릴리스 포인트(던지는 지점)가 가능하다.

또한 문학구장의 내야에는 투수와 포수 사이에는 잔디를 심지 않은 라인이 형성되는데, 이것이 투구 시 스트라이크존에 대한 감을 잡는 데 매우 유용하다. 이것을 잘 활용하지 않는 투수들도 있지만 나는 이 라인을 제구에 활용해서 많은 도움을 받고 있다. 그래서 내가 문학구장의 마운드를 더욱 선호하게 된 것이다.

반면에 내가 꺼리는 마운드는 광주구장 마운드인데, 발을 디디면 늘 생각보다 더 내려간다. 그러다 보니 투구 자세가 흔들리고 제구에 영향을 주는 것은 물론 부상의 위험이 있어서 늘 조심하게 된다. 경기를 유심히 보면 광주 구장에서 유독 마운드 정리에 많은 공을 들이는데, 다 그런 이유에서이다. 구장 전체를 새로 만들 수는 없겠지만 작은 부분부터 개선해 나간다면 언젠가는 좋은 야구 환경이 만들어지지 않을까 하고 바람을 가져본다.

### 공

한국 프로야구에서 쓰이는 공인구는 맥스, 스카이라인, 빅라인 세 가지 종류다. 해마다 3개의 업체를 선정하는데 그중 구단에서 1개 회사를 선정하면 홈경기 구단이 쓰는 공이 경기에 쓰이게 된다. 개인적으로는 스카이라인 공을 좋아하지만 모든 구단이 그 공을 쓰는 것은 아니므로 운에 맡길 수밖에 없다. 요즘에야 거의 매일 대기하는 마무리이니 선호하는 브랜드는 물 건너간 지 오래다.

10.8cm의 한주먹거리밖에 안 되는 야구공은 기계만으로 만들 수 없는 민감한 작업이 필요한데, 특히 마지막에 가죽을 덧씌우고 붉은 실로 꿰매는 작업은 100% 수작업이다. 이러다 보니 같은 회사의 공이라도 미세한 차이가 발생한다. 경기 중 투수는 심판에게 공을 받으면 이리저리 살피게 되는데 크게 세 가지를 중점적으로 본다.

- **실밥:** 실밥이 터진 곳은 없는가? 전반적으로 실밥은 높이가 높은가, 낮은가?
- **가죽:** 끈적이는 편인가, 미끄러운 편인가?
- **사이즈:** 크기가 큰가, 작은가?

실밥이 터진 곳이 있으면 당연히 바꾸겠지만 이미 몇 차례 검사를 통했기 때문에 거의 그런 일은 없다. 보통 투수들이 공을 바꾼다면 그것은 실밥의 높낮이가 문제가 된 경우다. 높으면 손가락에 더 많이 채이므로 회전을 주기에 유리할 수 있으나, 나는 손끝이 아파서 선호하지 않는다. 선호하는 정도는 선수마다 차이가 있다.

가죽의 점성도 살짝 끈적이는 느낌이면 손에 착 달라붙는 느낌이 강하고, 미끄러우면 깔끔한 느낌이라 좋은데, 이 또한 선수마다 차이가 있다.

하지만 사이즈에 있어서는 모든 투수가 선호하는 동일한 기준이 있는데, 작은 볼이다. 같은 회사 볼이라 해도 실이 감긴 정도, 마지막에 꿰매는 강도의 차이에 따라 공의 크기는 미세하게 변하는데 신기하게도 투수들은 그것을 느낄 수 있다. 이는 마치 초밥 명인이 매번 똑같은 수의 밥알을 집어 초밥을 만드는 것처럼 투수도 미세한 크기의 차이를 가려낼 수 있다. 만약 평소 잡던 것보다 크다 싶으면 바로 교환을 요청한다. 이것 말고도 선수마다 특별히 살피는 곳이 존재하는데, 나는 상표를 살핀다. 왜냐하면 내가 그립을 잡는 곳이기 때문이다.

## 영원한 서울 라이벌 2   LG TWINS vs 두산 BEARS

경기가 끝나면 선수들은 서둘러 자신의 짐을 챙겨 더그아웃 뒤편을 통해서 구장 밖으로 나간다. 그런데 이때가 참 애매한 시간이다. 특히 서울 라이벌전이 끝나면 이긴 팀과 진 팀이 같은 길로 나간다는 게 무척 어색하게 된다. 더욱이 두 팀은 서울 라이벌로, 어찌 보면 앙숙 같은 사이가 아닌가?

### 외나무다리에서의 어색한 만남

경기 후에 양팀 선수들이 같은 길로 구장을 나서는 문제가 오랜 기간 골칫거리로 남아있었다. 특히 2012년 시즌 상반기엔 예년과 비교해 LG가 이기는 경기가 많아지자 두산 선수들의 분위기는 전에 없이 어두워지는 느낌이었다. 그때 두산에서 코치생활을 하셨던 LG의 조계현 수석코치님이 양팀에 한 가지 제안을 했다.

> "이렇게 경기 끝나고 마주치니까 어색한데, 앞으로는 이긴 팀이 운동장을 통해서 나가면 어떨까? 이겼으니까 운동장으로 좀 돌아가도 되지 않겠어? 나가면서 응원해준 관중에게 인사도 하면 좋을 것 같은데 말이야."

이런 제안에 처음에는 무슨 그런 것까지 시시콜콜하게 신경을 쓰나 했었다. 그런데 막상 시행해보니 어색하지 않아서 좋고, 관중과 인사하면서 승리에 대한 기쁨을 더 맛볼 수 있어서 더욱 좋은 것이었다. 그래서 이제는 하나의 전통으로 자리 잡았고, 경기를 자세히 보면 이긴 팀이 운동장으로 나오는 것을 알 수 있을 것이다.

경기 후에 몸 관리 못지않게 정신적인 관리도 중요한데 조계현 코치님의 아이디어가 양팀에게 좋은 에너지를 주게 되었다.

chapter 05
봉중근의 먹이사슬 Thank You & Sorry

이런 좋은 제도는 다른 구장에도 널리 알려 시합 후 어색한 상황이 발생하는 구장이 있다면 시행토록 했으면 좋겠다. 팬도 좋고, 이긴 팀도 좋고, 진 팀은 부담 없게 말이다.

2012년 마지막 경기를 마치고 ⓒ painthyun

chapter 06

# 도대체
# 뭔 생각들일까?

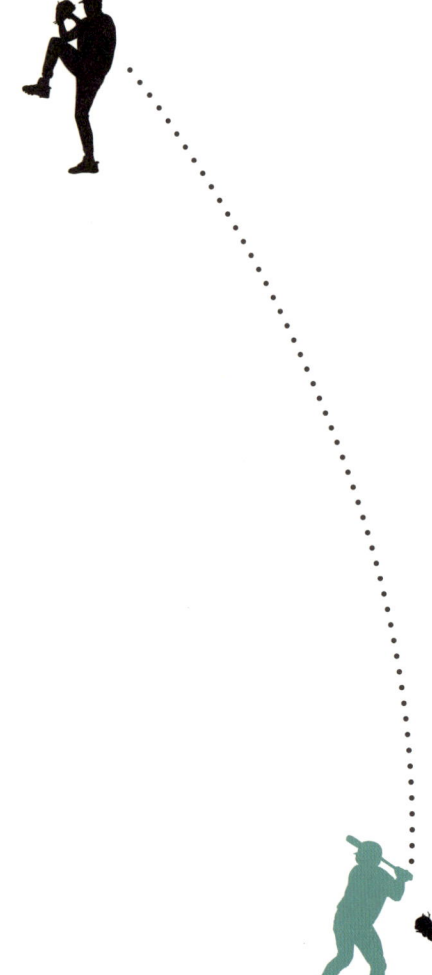

## 야구선수의 또 다른 모습

팬들이 보는 야구선수들의 모습은 늘 진지하다. 요즘에야 분위기가 많이 달라졌지만 초창기 때 야구장 분위기는 흡사 전쟁터에 나가는 장수와 병사들처럼 숙연한 분위기까지 느껴졌다. 최근에는 야구 관련 다양한 방송 프로그램과 중계 스타일도 예전과 달라 다양한 이벤트와 이슈 메이킹에 적극적이며, 더그아웃의 다양한 모습도 전파를 통해서 팬들에게 보여진다.

　마운드의 포커페이스의 대명사 류현진 선수의 더그아웃에서의 장난스런 표정과 귀엽기까지 한 행동들, 용병선수와 내국인 선수와의 때로는 진지하고 때로는 웃음 가득한 대화 장면을 보며 그들은 과연 어떤 언어로 어떤 깊이까지 이야기를 나누는가를 생각할 때 팬들의 야구에 대한 재미의 범위는 이제 야구장을 벗어나 상당히 넓은 범위로 확대되었다고 할 수 있다.

이런 야구선수들의 여러 가지 모습은 팬들에게 또 다른 재미를 주게 되는데, 언제부터인가 미디어를 통해 운동선수로서 역할 외에도 다양한 이미지가 자의든 타의든 만들어지기 때문에 가능한 변화라고 생각된다.

　자, 그럼 시합 때 보았던 그들의 모습과 평상시 또는 카메라 너머에 있는 모습들은 어떨까? 나의 경험을 통해 겪었던 나를 포함한 그들의 모습을 이야기해보도록 하자.

## 자, 퇴근 준비해라!

가끔 팬들은 야구복을 입지 않은 내 모습이 굉장히 낯설다고 말한다. 게다가 가족과 함께 있는 모습을 보면 전혀 다른 느낌 때문에 저 사람이 그 선수가 맞나 하는 생각이 든다고도 한다. 하긴, 똑같은 옷을 입고 마치 죄수인 양 등번호로 구분하며, 클로즈업된 얼굴 사진은 대부분 시합 중의 진지한 모습뿐이니 당연한 반응일지도 모른다.

하지만 우리도 역시 이 책을 읽고 있는 여러 사람과 마찬가지로 한 가정의 가장으로서 아빠요, 남편이요, 아들이며, 사위다. 그리고 야구장이라는 회사에 출근하는 회사원이라고도 할 수 있다.

 사이판 전지훈련 때 팬의 딸과 함께. 야구선수도 한 가정의 가장으로서 아빠요, 남편이요, 아들이며, 사위다.

어느날 한 팬이 "도대체 더그아웃에서는 무슨 이야기를 하는 거죠? 거의 작전에 관한 이야기겠죠?"라고 물었다.

여기에 대한 답은 상황에 따라 달라지는데 일반적인 상황에서의 더그아웃 분위기를 지극히 인간적이며 솔직하게 전해보도록 한다. 그러나 소개 이전에 앞서 알아주었으면 하는 건 이후에 소개할 상황은 한국시리즈와 같이 중요한 시합 때와는 좀 차이가 있다는 점이다.

### 더그아웃 분위기 변화

> **1~3회:** 선두타자를 필두로 상대 투수의 볼에 대한 특성에 대한 정보 공유가 가장 활발하게 이뤄진다. 어떤 공이 좋고, 구속은 어떠하며, 오늘 심판의 스트라이크존의 특성을 전달한다. 정보를 받는 선수도 모든 촉을 세워 참고하며 기억하기에 바쁘다.

이는 일반적인 회사에 비교한다면 아침 출근 후 이뤄지는 업무 미팅과 하루의 일정을 점검하며 성공적인 하루의 업무를 준비하는 것과 같은 분위기다.

> **4~6회:** 슬슬 긴장감이 떨어지며 5회 내외로 선발투수의 투구 수가 채워져 가면 그날의 경기에 대한 판단이 서기 시작한다. 그리고 하나의 공감대가 형성되기 시작한다. "오늘 경기는 몇 시에 끝날까?"

회사로 치면 점심을 먹고 오후 1차 업무를 바짝 진행한 오후 3시경에 해당한다고 할 수 있다. 클라이언트와의 미팅 후 금일 남은 일정과 정시 퇴근이 가능한지에 대한 가늠이 이뤄지는 단계라고 볼 수 있다.

> **6~9회:** 경기 막바지로 넘어가면서 슬슬 배가 고파오기 시작한다. 점수 차와 금일 타자들의 타격 컨디션과 상대팀 투수의 컨디션을 비교 분석하며 시합 종료까지의 대략의 일정이 정리된다. 이때 오랜 경험을 쌓은 선수들의 노련미가 빛나기 시작한다.
> 선수들은 진지하게 시합 후 메뉴에 대한 협의가 이뤄지며 원정경기가 많은 야구의 특성상 원정지의 맛집에 대한 정보가 가장 많은 지역 연고자 또는 선배들의 제안이 강력한 설득력을 발휘한다. 보통 먹거리가 많은 광주를 연고로 하는 KIA와의 원정경기 시에 선수들의 기대감은 매우 커지는데 이러한 기대감은 제10구단이 전주를 연고로 해야 한다는 모종의 기대 세력을 키우고 있다는 루머를 낳기도 한다.

이 시간대는 회사로 치면 4~6시 사이로 퇴근에 임박하여 불안정한 심박 수와 심리 상태를 갖게 되는 샐러리맨의 생리적·심리적 상태와 유사하다. 물론 사장님이 퇴근해야 나갈 수 있다는 평행이론이 감독님 퇴장과 연동하게 된다.

> **10회~:** 연장전 상황으로, 정시 퇴근에 대한 기대는 이미 날아간 지 오래다. 회사로 치면 야근에 해당하는 시간대이지만 차이가 있다면 "저녁 먹고 길게 할래? 안 먹고 좀 짧게 할래?"와 같은 옵션이 야구장에서는 해당하지 않는다. 야구장은 늘 안 먹고 짧게 하자로 결정된다. 하지만 간혹 회사에서 안 먹고 빨리 가려다 밥도 못 먹고 일은 일대로 끝까지 하는 것과 같은 상황이 발생하기도 한다.

그러나 야구선수의 연장전, 즉 야근은 일반적인 회사의 야근과는 다르다. 야근 종료 시각이 실시간으로 집에 중계된다는 것이다. 즉, 야근 후 시간을 자율적으로 활용할 수 있는 폭이 줄어든다.

생각해보라. 당신이 일하는 회사 책상 앞에 당신의 일거수일투족을 집으로 중계하는 카메라가 있다면? 당신의 저녁생활은 전혀 불가능할 것이다. 흔히 하는 상갓집 핑계? 부장님의 지시 때문인 야근? 갑작스러운 프로젝트 할당? 이 모든 거짓말이 우리한테는 해당되지 않는다. 아! 이 비참한 현실이여……

## 카메라에 불이 들어오면

야구는 그 어느 경기 못지않게 정신력이 많이 요구되는 스포츠다. 잠시라도 긴장의 끈을 놓치면 투수는 실투하기 마련이고, 타자는 헛스윙을 하거나 천금 같은 투수의 실투를 그냥 흘려보내며 타자로서 가장 부끄러운 루킹 삼진(꼼짝없이 지켜보고 있다가 당하는 삼진)을 당하기도 한다. 야수라면 토종 암탉에 뒤지지 않는 멋진 포즈로 토실토실한 알을 까기도 한다. 이는 경기장 내의 선수에게만 해당하는 게 아니다. 주루 코치가 긴장이 풀리면 잘 달리던 주자를 오버런시켜 주루사를 당하게 하고, 심판이 긴장을 놓치면 '어, 방금 뭐지?' 하며 안방에서 다시보기를 즐기는 시청자가 한없이 부러워지기 시작한다. 야구는 이렇게 1초도 안 되는 찰나의 순간에 너무나 많은 일이 일어나는 스포츠다.

그런데 이렇게 승부와 직결된 다양한 상황 외에도 우리가 긴장의 끈을 놓지 않는 것이 있으니, 바로 중계 카메라다. 특히 더그아웃에 있는 동안 우리를 주시하고 있는 외야 카메라의 성능은 늘 우리의 간담을 서늘케 하는 무서운 존재이다. 카메라 울렁증이라고 할 수도 있겠으나 일반적인 울렁증과는 좀 다르다.

수비를 끝내고 공격을 준비하며 더그아웃에서 잠시나마 휴식을 취하는 우리에게 허락된 그 짧은 시간은 우리에겐 너무나 달콤한 꿀맛 같은 시간이다. 연일 밤새워 공부하던 수험생에게 허락된 점심시간 이후의 10분간의 쪽잠과도 같은 시간이 바로 그때이다. 이때 선수들은 서로 희로애락을 나누며 즐겁게 어울리고, 시합의 피로와 효율적인 공격력의 날을 갈기 위해서 노력한다.

그러나 행복도 잠시……. 외야 카메라에 빨간 불이 들어오는 순간, 모든 것은 바뀐다. 특히 긴장의 끈이 다소 풀어지는 5회 이후가 우리에겐 매우 조심해야 할 때이다. 혹시라도 팀이 지고 있다면 우리의 장난스러운 행동과 해맑게 웃는 표정은 자칫 승부에 목말라 있는 팬들에게는 세상에서 가장 꼴 보기 싫은 밉상으로 보일 수도 있기 때문이다. 타석이나 수비 중에 자칫 흥분해서 입 밖으로 나오는 육두문자는 오히려 경기에 대한 열정의 하나로 보일 수도 있지만, 더그아웃에서만은 다르다. 우리의 실제 더그아웃 분위기와 팬들이 생각하는 그것엔 차이가 있겠지만, 어찌 됐건 팬들의 사랑을 먹고 사는 우리는 프로이기 때문에 누가 먼저랄 것도 없이 그 먼 거리에 있는 카메라맨의 미세한 움직임과 작은 불빛의 변화를 읽어내면 더그아웃 전체에 그 사실을 전파한다. 물론 티 나지 않게, 때로는 생전 배워본 적 없는 복화술까지 동원해가며 말이다.

작게는 10년에서 길게는 20년 넘게 총알 같은 타구를 받아치던 프로선수들이다보니, 그동안 닦아온 선구안은 이때 빛을 발하여 일단 카메라의 움직임이 포착되면 우리의 표정과 자세와 눈빛은 그 어느 때라도 진지하게 리셋된다. 이글거리는 눈빛은 상대 선수에게 꽂히며, 시합의 진행에 온몸으로 반응한다. 그리고 길지 않은 시간이 지나고 카메라 불빛이 사그라들면…… 우리는 또다시 자유로운 영혼이 되어 우리만의 시간을 즐긴다.

하지만 완벽한 방어란 없는 법. 간혹 방심한 틈을 타서 전광석화처럼 밀고 들어오는 카메라에 당하기라도 하는 날에는 절묘하기 그지없는 캡처는 물론이고, 온라인을 타고 급속도로 퍼져 때로는 엄청난 악플에 시달리기도 한다.

아! 그 먼 거리에서 당겨버린 화면이 어찌도 그리 선명하게 나오는지. 우리나라 방송기술의 발달에는 경의를, 뭔가 잡혀버린 동료에게는 조의를 표할 수밖에 없다. 마운드에서의 카리스마로 먹고 사는 나는 특히 조심해야 할 부분이다. 워낙에 더그아웃에서 가만히 있지 못하고 들썩거리는 내가 혹시라도 우스꽝스러운 캡처의 희생양이 된다면 마운드 위 승부력의 2할에 해당하는 공력이 사그라질지도 모르는 일. 조심하고 또 조심해야 한다.

"카메라 기자님, 가능하면 멋있을 때, 진지할 때 잡아주세요. 아니면 미리 신호라도 주시면 감사하겠습니다."

## 더그아웃 착석 & 탈출의 유형

한 시합에는 26명(체크)의 주전선수와 감독, 코치진과 진행요원을 포함해서 약 35명(체크) 내외의 인원이 더그아웃에 들어가게 된다. 더그아웃은 우리에게는 사무실이요, 대기실이요, 휴게실과 같은 공간이다. 시합이 진행되는 시간의 절반을 보내는 본향 같은 곳으로 홈팀은 1루쪽, 원정팀은 3루쪽 더그아웃을 쓰게 된다.

더그아웃을 우리말로 하면 선수 대기실이라고도 하는데 뻥 뚫려 있는 모양새가 실이라고 하기에는 좀 그렇고 선수 대기 공간 정도가 어울리겠다. 영어식 표기로는 'Dug out' 또는 'Dugout'으로 표현되는데 사전적 의미로는 전쟁 시 땅에 구덩이를 파고 만든 대피호가 원래의 용도이다. 전쟁이라…… 그러고 보니 야구의 치열한 승부의 단면을 보여주는 적절한 의미로서 딱 맞는 표현이다. 여기에 언제 날아올지 모르는 포탄(타구)을 피하는 것도 일맥상통하니 야구에서 이보다 더 어울리는 표현이 있을까? 그래서일까? 다른 종목에 비해 남다른 전우애가 느껴지기도 한다.

그럼 더그아웃에서의 자리 배치에는 어떤 규칙이 있을까? 일단 한쪽 끝에는 감독님 자리가 마련되어 있다. 그리고 불펜 투수들의 투구를 언제라도 볼 수 있는 모니터와 경기 기록 등을 위한 책상이 마련되어 있다. 감독님 옆으로는 수석코치를 포함한 코치진이 자리 잡는다. 이후의 배치는 감독님 자리에서 가장 먼 곳부터 채워지는데,

그러다 보면 결국 감독님 주변에는 웬만해서는 선수들이 앉지 않게 된다. 이유? 물어보나 마나 회사에서 회식 자리에서 가장 늦게 채워지는 자리가 사장님 옆자리인 것과 같은 이유이다. 일반적으로 더그아웃의 자리는 인원보다 부족하기 마련인데 선발로 게임에 뛰는 선수들 위주로 배치가 끝난 후에는 더그아웃 바깥쪽에 쪽의자를 놓고 앉을지언정 여간해서 그 자리에 앉는 선수가 거의 없다. 고참 선수들도 부담스러운 자리인데 하물며 자리 배치에서 가장 후순위가 되는 신인 선수들은 더 말할 것도 없다.

 더그아웃은 선수들에겐 사무실이요, 대기실이며, 휴게실과 같은 공간이다. 시합이 진행되는 절반의 시간을 이곳에서 보낸다. ⓒ kuma

이 책을 보고 있는 당신이 야구선수가 아니라 그 오묘한 분위기가 잘 느껴지지 않는다면, 당신이 회사에 다니는데 온종일, 그것도 근무하는 1년 내내 사장님과 같은 방을 쓴다고 생각해보자. 그곳에는 부사장님, 전무님, 상무님, 부장님 또한 같이 자리 잡고 앉아 있다. 어떤가? 이제 좀 감이 오는가? 상상만 해봐도 그런 공간에서 일하는 건 여간한 강심장이 아니고서는 쉽지 않다. 상황이 이렇다 보니 지사에 파견 나가 있는 주재원처럼 불펜에서 몸을 푸는 투수들이 간혹 부러워지기도 한다. 아, 그러고 보니 선발 투수할 때는 선발경기 외에는 주구장창 더그아웃에 있었는데, 마무리한 이후로는 늘 불펜에 있었다. 잘 느끼지 못했는데 마무리를 하니 이런 장점도 있다.

하지만 감독님은 드라마나 영화에서처럼 서류뭉치를 집어 던지며 소리를 질러대는 그런 상사와는 다르다. 검은 안경 뒤로 자신의 감정을 숨긴 채 선수들이 위축되지 않도록 상당한 배려를 해주신다. 이는 상대팀에게 심리를 읽히지 않으려는 의도도 있지만, 좁은 공간에서 같이하는 선수들의 경기력에 영향을 주지 않으려는 게 가장 큰 이유일 것이다. 특히 공포의 외야 카메라가 가장 많이 타깃으로 잡는 게 감독님인지라 포커페이스가 대단히 중요한 요소라 할 수 있다. 그러나 아무리 완전한 포커페이스라 하더라도 우리는 다 느낄 수 있다. 누군가 그랬던가? "말하지 않아도 알아"라고 말이다.

이렇게 오밀조밀 모여 있는 더그아웃에는 간간이 발생하는 이벤트가 있는데. 바로 홈런이다. 누가 홈런이라도 치게 되면 시원한 가을바람에 단풍구경 나가는 아낙네인 양 우리는 단체 마실을 나간다. 뭐 나가봐야 엎어지면 코 닿을 거리지만 쪼그렸던 몸을 피며 홈런 주자에게 하이파이브하며 기쁨을 나누게 된다.

더그아웃에서 우리는 이처럼 기쁨의 순간도 누리고, 선배와 후배의 야구에 대한 열정과 기술에 관한 이야기, 고민과 상담의 시간도 이뤄지며 잠시나마 팬들의 눈을 피해 눌렸던 숨통을 트이고 다음 공격을 위한 힘을 비축하기도 한다.

더그아웃에서 기다리는 가장 최고의 순간은 경기를 승리로 끝내고 모두 함께 뛰쳐나가는 최후의 그 순간이다. 특히 마지막 끝내기 안타나 홈런으로 역전으로 끝났을 때는 미친 듯이 뛰어나간다. 역전타를 때려낸 타자를 쫓아다니며 축구의 골 세레머니와는 비교도 안 되는 강렬한 힘과 속도로 승리의 세레머니를 하게 된다.

생각해보니 승리 세레머니와 비슷한 상황이 하나 더 있긴 하다. 바로 '벤치 클리어링'이다. 이해하기 쉽게 하면 벤치가 싹 비었다는 뜻인데, 좀 격한 표현으로 '패싸움' 정도로 이해될 수 있겠다. 양 선수 간에 험악한 분위기가 나오면 양 팀의 선수들이 동료를 보호하려는 의도로 몰려나가긴 하는데 진짜로 패싸움이 나는 것은 아니다. 싸움이 커지지 않도록 말리는 사람이 대부분이고, 흥분한 선수를 대신한 한두 명의 대변인 역할을 하는 선수가 상황을 주도하고 이내 정리된다. 이때 고참 선수들이 적당한 타이밍에 다독거리며 선수들을 추스르는 것이 일반적이다.

그런데 아이러니하게도 '벤치 클리어링'이 야구 관람에 있어 또 하나의 재미 요소라고 하니 역시 구경 중에 제일은 싸움구경이라는 말이 맞나 보다. 50여 명의 선수가 운동장으로 뛰어나오는 장면은 그 스케일이 여간 대단하지 않다. 생각해보니 이 정도 규모로 양 팀이 대치할 수 있는 스포츠가 있을까? 음, 역시 야구는 대단한 스포츠임에 틀림이 없다. 하지만 아무리 재미있는 구경이라 해도 선후배님과 친구들아, 우리 사이좋게 지내자꾸나!

## 나만 아는, 선수들의 이런 모습 처음이야

나는 사람 사귀기를 좋아해서 나이와 분야에 관계없이 많은 사람을 알고 지낸다. 어떤 사람은 한 다리 건너니 나를 알더라고 할 정도로 넓은 인맥을 가진 편이다. '인간 페이스북'라 해도 과언이 아니다.

이렇다 보니 당연히 야구에 있어서도 많은 사람들과 친해지게 되었는데, 한국 복귀 후에 LG에서만 있었음에도 수 차례의 대표팀 생활 덕분에 그렇게 되었다. 상대팀으로 만났던 선수를 대표팀에서 만나보면 간혹 내가 알고 있던 이미지와 상당히 다른 경우도 있는데, 이번에는 몇몇 선수들의 또 다른 모습에 대해서 이야기해보도록 하자.

**류현진**

대표팀에서 나와 함께 쭉 룸메이트를 하고 있는 류현진은 고등학교 졸업 후에 바로 프로생활을 시작해 올해로 벌써 프로 데뷔 7년차다. 나이에 어울리지 않는 침착한 플레이를 하기로 유명하다. 그를 상대한 타자들의 공통적인 의견이 공의 힘은 20대인데 노련하기는 40대 수준이라고까지 한다. 이런 침착한 플레이는 187cm 키에 100kg에 육박하는 육중한 체구와 함께 그 빛을 더 발한다. 주자가 나가도 긴장하는 법이 없고, 어쩌다 루상에 주자가 있으면 곧바로 파워를 올려 타자를 삼진으로 잡아버리는 타고난 선발투수가 바로 류현진이다.

TV를 통해 그의 표정을 보면 정말 얼음같이 차가운 카리스마가 돋보인다. 그런데 야구장 밖에서 만난 류현진은 〈개그콘서트〉의 박지선 씨가 이야기한 것처럼 '귀여운 편입니다' 그 자체다. 해맑게 웃는 얼굴과 도톰한 볼살 그리고 야구장에서는 육중한 전사의 몸으로 보였던 둥글둥글한 몸매는 〈쿵푸 팬더〉의 포가 인간의 모습으로 나타난 게 아닌가 착각이 들 정도다. 그리고 결정적인 건 그의 목소리다. 책을 통해 전달할 수 없다는 것이 너무나 아쉬울 따름인데, 너무 앳된 목소리를 듣고 있노라면 몸 안에 다른 사람이 있어서 누군가 더빙하는 건가 착각이 들 정도다.

그리고 야구장 밖에서 보여주는 애교스런 장난들은 몸은 20대인데 하는 건 10대라고 할 만큼 천진난만한 모습이다. 그와 이야기하고 있다 보면 이 친구가 정말 쿠바를 잡았던 그 녀석이 맞나 싶을 정도로 전혀 다른 모습을 보여준다.

얼마 전 TV에 방영되었던 한 초등학교 야구선수와의 대화로 '지못미 류현진(지못미: 지켜주지 못해 미안해)'이란 말이 검색어에 오른 적이 있었다.

> 초등학교 선수: 강타자가 딱 타석에 들어섰을 때 무슨 생각하고 던지세요?

> 쿵푸팬더 현진: 넌 타자가 들어앉어, 무슨 생각하고 던져?

> 초등학교 선수: 그냥 수비 믿고 던져요.

> 쿵푸팬더 현진: 수비 믿고 던지면 안 되지. 네가 잡아야지. 내가 이겨야 한다. 이 타자를 무조건 잡아야 한다. 삼진으로 무조건 잡아야 한다. 이런 생각으로 말이야."

수비 믿고 던진다고 다소 약하게 이야기하는 어린 선수에게 투수로서 공격적으로 하라는 의미였던 것 같은데, 마침 타격 지원이 없던 류현진을 보고 팬들은 그 이야기에 많은 공감을 했던 것 같다. 어쨌거나 그 일화가 류현진의 마인드를 말해주는 듯하다.

하지만 류현진은 반드시 잡기 위해 힘을 오버하지는 않는다. 선발투수로서 전체를 보는 적절한 안배가 뛰어나다. 고요한 듯하지만 이미 머리와 가슴속에서는 그 누구보다도 강렬한 전투욕으로 가득 차 있는 선수가 바로 류현진이다. 이제는 메이저리거가 된 사랑하는 후배가 늘 해왔던 것처럼 잘하리라 믿는다.

### 최정

최정은 내가 아는 선수 중 가장 열심히 하는 선수다. 훈련량이 많기로 유명한 SK에서조차 인정한 선수가 그이다. 지금은 타격은 물론 골든글러브까지 수상한 최고의 수비를 자랑하는 3루수지만 입단 초기에 그의 수비는 형편없었다고 한다. 하지만 그 모든 것을 성실 하나로 극복하여 최고의 자리에 올라왔다.

프로야구 선수를 모두 모아 놓고 "당신은 하루에 야구를 몇 시간이나 생각하는가?"라고 물으면 어떤 대답이 나올까? 다른 사람은 몰라도 내가 보기에 최정은 "24시간이다." 국가대표팀에서도 훈련이 끝나고 밤에 스윙하는 선수는 최정밖에 없다. 솔직히 국가대표는 굉장히 영광스럽고 감사한 자리이다. 그럼에도 선수들 간에는 몸을 사리는 부분이 전혀 없다곤 할 수 없는데, 특히 부상 위험은 항상 경계하는 게 사실이다. 이는 개인적인 욕심보다는 시즌이 끝나지 않은 팀에 대한 마음 때문에 어쩔 수 없이 그러는 때가 많다. 그렇기에 국

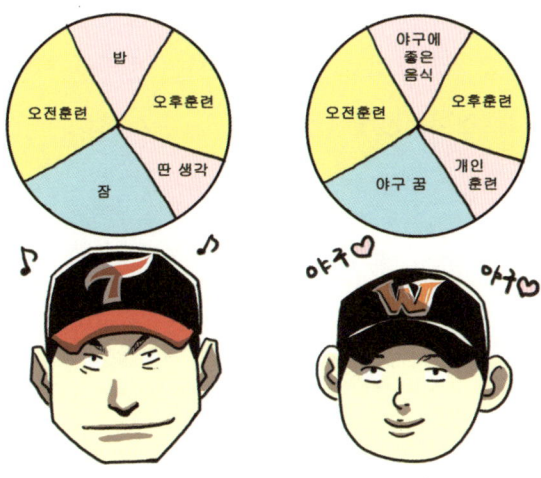

봉중근과 최정의 야구 생각 일과표

가대표가 틈만 나면 개인훈련을 한다는 것은 마치 수학여행에 참고서를 들고 가는 학생과 같은데, 열정이라면 열정이요 극성이라면 극성일 것이다. 하지만 최정은 열정이라고 하는 게 맞다.

그의 머릿속에는 온통 야구생각으로 가득 차 있으며 틈만 나면 더 좋은 타격, 더 좋은 수비를 위한 고민과 훈련으로 하루도 모자라다. 이렇게 야구에 목숨 건 남자 최정은 성실하면서도 대단히 순박하고 겸손하다. 그 정도의 위치라면 좋은 브랜드의 후원을 얼마든지 받을 수도 있으련만 누군가 주면 쓰고 안주면 마는, 그저 야구만 열심히 하는 그런 친구다. 요즘 젊은 선수 같지 않게 야구를 잘하는 것 외에는 그다지 관심이 없는 모습이 대단해 보이기도, 때로는 답답해 보이기도 하지만 그가 다른 선수들에게 주는 영향력은 대단히 크다고 할 수 있다. '열심히 하는 사람이 잘한다는 진리'를 그는 몸으로, 그리고 결과로 보여주는 멋진 선수다.

### 동안 외모에 마초적인 그들, 베이초 선수들

어려 보이는 얼굴에 좋은 몸매를 지닌 여자 분들을 베이글녀라고 부른다고 한다. 그래서 나는 귀엽고 순할 것 같은 외모에 마초적 (남성적) 성향이 있는 선수들을 '베이초'라고 불러보려 한다. 사실 처음에는 '베마초'라고 하려 했으나 어감이 왠지 불량식품 느낌이 나서 '베이초'로 결정했다.

첫 번째 소개할 베이초는 두산의 임태훈 선수로 2007년 신인왕을 수상한 대단히 훌륭한 투수이다. 불같은 강속구가 일품이고 포크볼을 주 무기로 쓰는 젊고 유망한 투수이다. 누군가 프로선수 중에 귀여운 선수가 누구냐고 묻는다면 많은 사람이 두산의 임태훈 선수를 꼽을 것이다. 하지만 실상 그는 뜻밖의 강한 모습을 보여준다. 비교하자면 두산의 김동주 선수와 같은 포스를 풍긴다. 매우 강한 마초적 성향을 보이며 때론 매우 진지하고 때론 거친 느낌이다. 아직 젊은 나이임에도 그러니 앞으로 더욱 마초적 성향이 강해지지 않을까 싶다. 간혹 그를 보고 있으면…… 그보다 먼저 태어나게 해주신 부모님께 감사를 드리기도 한다.

임태훈 선수 외에도 같은 팀의 오재원, KIA의 한기주, LG의 오지

환 같은 선수들이 마초 라인을 형성한다. 그들의 강한 성품과 스타일은 가끔 야구에서도 그대로 드러난다. 간혹 오재원 선수는 남성적인 파이팅과 더불어 간간이 나오는 자신의 실수를 못 이겨 분한 모습을 보여주곤 하는데, 작년 한화와의 게임에서 삼진 후에 배트를 부러뜨린 적이 있다. 그는 한 손으로 땅을 쳐서 부러뜨린다. 대단히 창의적인 스타일이며 순간 밀려오는 경기에 대한 그의 열정과 욕심, 분함 등이 제대로 나타나는 모습이다.

어떤 사람은 오재원 선수의 그런 모습을 보고 순한 선수인 줄 알았는데 어디서 그런 모습이 나오는지 모르겠다고 말하기도 한다. 물론 감정을 추스르지 못했다고도 할 수 있지만 더 열심히 하고 싶어 하는 선수의 순수한 열정으로 보아주면 고맙겠다. 실제로 그런 욕심이 있는 선수에게서 몸을 던지는 멋진 플레이가 나오는 것이 사실이다.

KIA의 이용규 선수도 마찬가지다. 그는 키가 작은 편이지만 타석에서도 수비에서도 늘 에너지가 충만한 선수다. 2009년엔 펜스에 부딪혀 발목이 골절됐는데, 펜스를 향해서 발목이 부러질 정도로 질주하는 건 굉장히 어려운 일이다. 아니, 정말 두려운 일이다. 그런데 오랜 기간 재활 뒤에 돌아온 그의 플레이는 전혀 위축되지 않았으니 그의 열정이 어느 정도인지 짐작할 수 있다. 늘 콧수염을 기르는 그 역시 동안의 모습과 더불어 끊임없이 피어오르는 남자의 기운을 구장 가득히 펼쳐내는, 진정한 '베이초'로 인정하는 바이다.

### 그 선수의 지독한 한글 사랑

이번에 소개할 선수는 익명으로밖에 소개할 수 없다는 것에 미리 양해를 구하려 한다. 힌트를 주자면 그는 잘 생겼으며, 야구를 잘하며, 늘 진지한 학구적인 모습까지도 보여주는 선수다. 아마 당신의 머릿속에는 적게는 몇 명에서 많게는 수십 명의 선수 얼굴이 지나치고 있을 것이다. 예상하기 쉽지 않을 테니 힌트를 좀 더 주자면 내가 속한 LG 소속이며, 음…… 에러를 좀 많이 하는 편이다.

아, 야구를 좀 아는 사람이라면 여기서 뭔가 실마리를 잡았을 것이다. 에러를 많이 하려면 공이 많이 가는 내야일 확률이 높고, 방향은 3루 쪽일 것이다. 여기서 잘 생긴 사람을 찾아내면 그가 누군지 알 것이다. 사람마다 호불호가 있으니 그 답은 달라지겠지만 이 정도로 힌트를 정리하고 이야기를 계속해본다. 왜 익명으로 했는지에 대한 이유는 곧 알게 된다.

그 친구는 제목과는 다르게 영어에 상당히 관심이 많다. 영어를 잘하고 싶어 하는 선수다. 그렇다면 혹시 그의 목표는 메이저리그? 확인해보지 않았지만 어쨌거나 그가 영어에 관심이 많다는 건 틀림없다. 그래서 나에게 영어에 대한 질문을 많이 하는데, 아마도 그에게 나는 영어를 대단히 잘하는 사람으로 보이나 보다.

사실상 고등학교 2학년 때 미국으로 건너가 10여 년을 보내고 온 나는 영어를 잘하는 편이다. 물론 토익 시험을 보거나 CNN 뉴스를 보면서 설명을 해보라면 당황스럽다. 그저 생활영어의 수준에서 볼 때 잘하는 편이다. 아마도 12~15세 정도의 네이티브 수준 정도가 아닐까?

자, 그럼 지금 이야기하는 미지의 인물이 왜 한글을 사랑할 수밖에 없는가? 이유는 영어에 관심이 있지만 영어를 잘 못하기 때문이다. 못해도 너무 못하는 그의 영어 실력은 과연 어느 정도일까? 겨울 해외 전지훈련을 떠나던 날, 그는 나에게 이런 질문을 하였다. 그리고 그날 나는 그의 영어 실력이 어느 정도인지 가늠하게 된다.

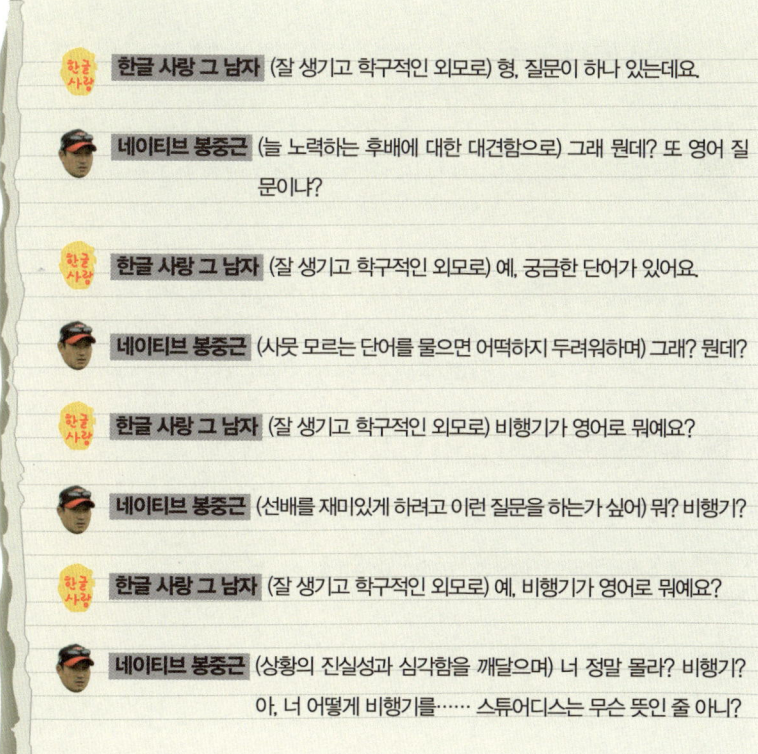

**한글 사랑 그 남자** (잘 생기고 학구적인 외모로) 형, 질문이 하나 있는데요.

**네이티브 봉중근** (늘 노력하는 후배에 대한 대견함으로) 그래 뭔데? 또 영어 질문이냐?

**한글 사랑 그 남자** (잘 생기고 학구적인 외모로) 예, 궁금한 단어가 있어요.

**네이티브 봉중근** (사뭇 모르는 단어를 물으면 어떡하지 두려워하며) 그래? 뭔데?

**한글 사랑 그 남자** (잘 생기고 학구적인 외모로) 비행기가 영어로 뭐예요?

**네이티브 봉중근** (선배를 재미있게 하려고 이런 질문을 하는가 싶어) 뭐? 비행기?

**한글 사랑 그 남자** (잘 생기고 학구적인 외모로) 예, 비행기가 영어로 뭐예요?

**네이티브 봉중근** (상황의 진실성과 심각함을 깨달으며) 너 정말 몰라? 비행기? 아, 너 어떻게 비행기를…… 스튜어디스는 무슨 뜻인 줄 아니?

비행기라면 airplne, plane, aircraft, aeroplane까지 다 알 필요는 없다. 그저 airplane 정도만 알아줘도 고마울 것 같은데, 지나다가 흘려들어도 백 번은 들었을 것 같은데, 왜 그걸 모르는 건가? 잘생기고 학구적인 외모를 가진 네가? 그 이후 그가 물어오는 단어는 늘 그런 식이었다.

 **한글 사랑 아까 그 남자** (여전히 잘 생기고 학구적인 외모로) 형, 오이가 영어로 뭐예요?

 **아까 충격받은 봉중근** (이 녀석 이제 정말 열심히 영어공부를 하려나?) 오이? 그건 왜?

 **한글 사랑 아까 그 남자** (여전히 잘 생기고 학구적인 외모로) 실은 서브웨이에서 샌드위치 시키는데요, 그냥 this, this, this 하기가 재미없어서요. 그래서 다른 건 하겠는데 오이를 모르겠어요.

 **또 충격받은 봉중근** (아, 그런 심오한 이유가 있구나) 그래 그래, 큐컴보(cucumber)야.

 **샌드위치 사랑 그 남자** (살짝 당황하며) 예? 오, 좀 어렵군요.

몇 번을 되뇌며 돌아간 그 남자는 결국 서브웨이에서 "큐, 큐쿰부? 큐컴보?"를 외치며 주문에 성공했다는 이야기다. 그 사람이 누구일까? 아, 입이 근질근질하다. 하지만 절대 말할 수 없다. 앞으로가 창창한 그의 야구 인생을 위해서 말이다. 힌트를 이미 줬으니 나머지는 알아서 해결하시길 바란다. 마지막으로 그 후배에게 격려의 말을 전하려 한다.

"영어에 관심 많은 한글 사랑 후배여~ 너무 낙심하지 마라. 이미 너는 수많은 영어를 알고 쓰고 있단다. Strike, Ball, Dugout, play, double, one, two, three, pitcher, catcher, save, Relief, coach 와 같은 수많은 단어에 hit by pitch ball, in field fly 등 다소 긴 조합까지 일일이 나열하기도 힘들구나. 아마 야구 영어로 토익을 본다면 너는 반드시 상위 1% 안에 들 거다. 그러니 너무 걱정 말고 관심 있는 영어니까 재미있게 공부하렴.

그리고 한 가지 부탁이 있는데, 모르는 단어 다른 데서는 묻지 말고 꼭 나한테 물어주기 바란다. 형이 너 아끼는 거 알지?"

## 야구 두 배로 재미있게 보는 방법

### 투수와 주자의 수 싸움

타석에서의 승부에 승리한 타자가 루상에 나가게 되면 투수는 골치가 아파지기 시작한다. 투수는 타석의 타자와 루상의 주자 2명을 상대해야 하기 때문이다. 특히 1루에 1명 있을 때가 제일 골치 아프다. 여기에 이용규, 정근우, 이종욱 같은 발빠른 주자들이 나가 있기라도 하면 정말 맘 같아서는 1루에 말뚝을 박아서 족쇄라도 채우고 싶은 심정이다. 타자도 봐야 하고 곁눈질로 주자도 봐야 하는 일은 여간 신경 쓰이는 게 아니다. 주자의 견제 특히 1루 주자의 견제에서는 마주보게 되는 왼손투수가 오른손투수보다 유리한데, 나 역시 견제 능력이 굉장히 뛰어난 편이다.

한때 "도루가 뭐예요"라는 팬들의 애칭 아닌 애칭이 붙을 정도로 인정받은 나의 견제 능력은 2회 WBC 때 이치로 견제 사건으로 더욱 유명해진 바 있다.

내가 왼손의 이점으로 견제 능력에 도움을 받은 선수라면 현 KIA 타이거즈의 감독인 선동열 감독님은 현역 시절 빠른 1루 견제로 유명했다. 1루에서 2루의 도루는 준족을 보유한 많은 주자들이 우선시하는, 승부에 있어서 매우 중요한 작전 중의 하나이다. 도루를 허용한다는 것에 대해 많은 투수가 스트레스를 받는데, 이는 단타와 포볼이 2루타가 되고 점수를 내어준다는 이유도 있지만, 뭔가 둘 사이에 작용하는 자존심 싸움이 더 크다고 할 수 있다.

투수가 이기면 주자는 가장 창피한 플레이 중 하나인 견제사 또는 주루사를 당하게 되고, 주자가 이기면 도루라는 단어에서처럼 뭔가 도둑맞은 듯한 찜찜한 기운이 상대 팀에게 전달되고 더 나아가서는 점수를 도둑맞는 기분 나쁜 결과를 초래하게 된다. 투수와 주자와의 수 싸움 대결을 읽을 줄 안다면 당신의 야구 재미는 지금보다 훨씬 강력해질 것이다.

### 포수의 '앉아 쏴!'

도루 주자의 마지막 견제는 포수의 2루 송구로 마무리되는데, 그래서일까? 도루에 대한 책임이 포수에게 더 많이 가는 것도 사실이다. 포수의 송구도 중요하지만 느린 투구 속도와 타자에게 타이밍을 읽힌 투수의 책임이 더 크기 마련인데 애꿎은 마무리 역할을 하게 되는 포수에게 그 책임이 더 할당되는 건 포수에게는 매우 억울한 일이 아닐 수 없다.

포수 중에서는 현 SK의 조인성 선수가 비교 불가의 견제 능력을 과시하는데 일명 '앉아 쏴'라 불리는 그의 2루 송구는 일어서지 않고 앉은 자세에서 바로 날아가는 것으로 유명하다. 홈에서 2루까지는 꽤 먼 거리이므로 일어선 후 송구를 위한 예비 동작이 있어야 빠른 송구를 할 수 있음에도 그는 앉은 자세에서 강한 어깨로 종종 주자를 잡아내곤 한다. 이는 우리나라는 물론 일본이나 미국에서도 보기 드문 멋진 플레이로, 팬들이 환호하는 재미있는 구경거리 중의 하나이다.

chapter 07

# 징글징글한
# 징크스 이야기

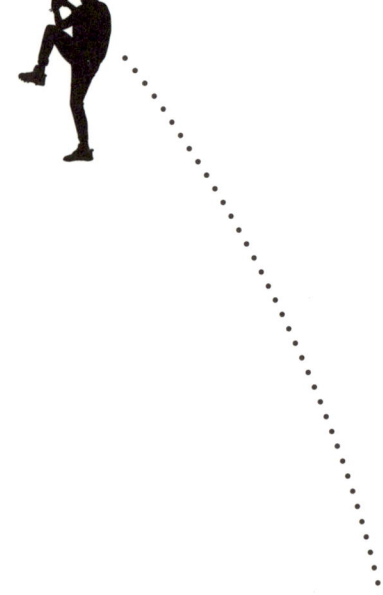

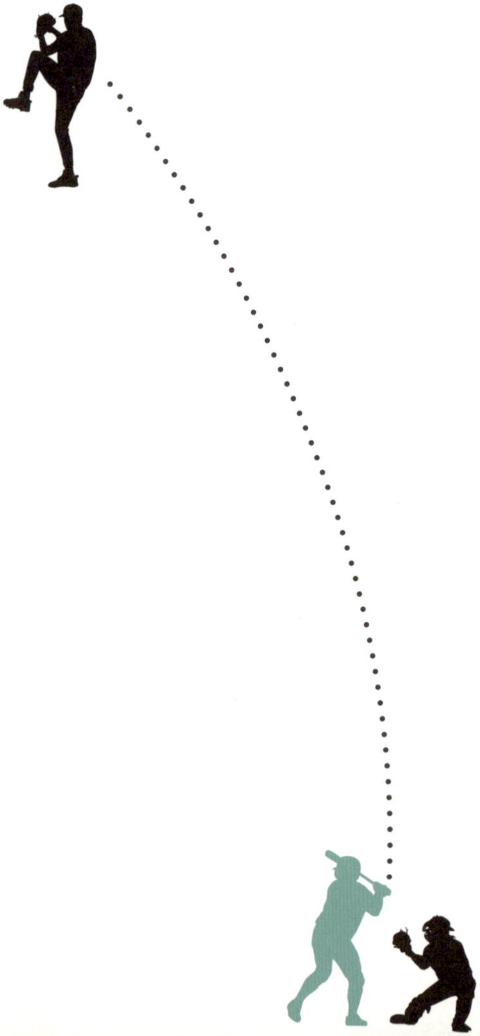

## 스포츠와 징크스

징크스(jinx)라는 말을 들어본 적이 있는가? 불길한 일, 사람의 힘이 미치지 못하는 운명적인 일을 일컫는 말로서 재수 없거나 불운을 가져다주는 사람 또는 사물, 일 등을 의미하기도 한다.

원래 고대 그리스에서 마술에 쓰던 딱따구리의 일종인 개미잡이(wryneck/Jynx torquilla)라는 새 이름에서 유래했다고 한다. 서양에서 13일의 금요일을 불길하게 여기거나 동양에서 4자가 한문의 死(죽을 사) 자를 연상시킨다고 하여 층수나 병실 번호 등에서 제외하거나 F(four의 머리글자)를 대치해서 사용하는 것이 모두 징크스를 피하려는 나름의 방법이다.

요즘에야 이런 비과학적인 믿음에 대해서 무시하는 경향이 많지만 멘탈과 운이 많이 관여하는 운동 경기에서는 아직도 여러 가지 징크스가 있는데, 특히 야구 경기에 대단히 많다. 아마도 경기 횟수가 많고 더그아웃에서 머무는 시간이 길어 대화가 잦은 탓에 그러한 이야기의 생산과 전파가 활발하며, 그 검증에 대한 다양한 경험담이 쏟아지기 때문인 듯하다.

그렇다면 우리나라 선수들은 어떤 징크스가 있을까? 인터넷이나 신문을 통해서 간간이 몇몇 감독님과 코치, 선수들의 징크스가 소개된 적이 있지만, 좀더 꼼꼼하게 야구 선수의 눈으로 본 야구인들의 징크스를 소개해보려고 한다.

## 봉중근의 침묵 징크스

겉보기에 강할수록 속마음은 여리다고 했던가? 늘 공격적으로 임하는 나에게도 실상은 몇 가지 징크스가 있다. 그 중에는 몇몇 소소한 징크스와 꽤 굵직한 징크스 하나가 있는데 먼저 소소한 것부터 소개해본다.

야구선수들의 공통적인 징크스라고도 할 수 있는데, 시합 전에는 절대로 미역국이나 바나나를 먹지 않는다. 보통 수험생들에게서 종종 볼 수 있는 징크스인데 야구인에게도 같게 적용된다. 모두 아는 것과 마찬가지로 미끄러진다는 의미 때문이다. 특히 투수에게 미

 나는 원래 로진 팩을 쓰지 않는다. 그런데 간혹 경기가 안 풀리는 날엔 나도 모르게 만지게 된다. ⓒ kuma

끄러진다는 말은 영원히 어울릴 수 없다. 공이 미끄러지지 않기 위해 시합에 임하는 내내 송진 가루를 발라가는 마당에 감히 바나나 미역이 낄 틈이 있겠는가? 뭔가 우리에게는 맞지 않는 어감이다.

그런데 일명 로진 팩이라고 불리는 송진 가루와 나는 일반 선수와는 다른 인연이 있다. 송진 가루는 소나무의 진을 말려 만든 것으로 끈적한 송진의 성격대로 미끄럼 방지 기능이 있다. 특히 비 오는 날에는 주머니에 넣고 최대한 손에서 공이 미끄러지지 않게 사용한다. 그런데 나는 원래 로진 팩을 쓰지 않는다. 그저 살짝 침을 바르고 옷에 문질러 닦는 정도로 손가락을 정비한다(손에 이물질을 바르는 것은 규정에 어긋나므로 침을 바르면 반드시 잘 닦아야 한다). 다소 더럽게 느껴지겠지만 그래야 투구가 잘 되니 어쩔 수 없다. 이것은 나 외에도 꽤 많은 선수가 쓰는 방법이다.

그런데 간혹 로진 팩을 쓰는 날이 있다. 경기가 잘 안 풀리는 날에 나도 모르게 만지게 되는데, 로진 팩을 만져서 안 풀리는 것인지 아니면 안 풀려서 로진 팩을 만지는 것인지 마치 닭이 먼저냐 달걀이 먼저냐를 따지는 것처럼 나와 로진 팩은 궁합이 잘 맞지 않는다. 그래서 웬만하면 로진 팩을 잘 만지지 않으려고 한다. 앞으로 내가 뛰는 경기를 볼 때에 내가 로진 팩을 만지는지 안 만지는지를 눈여겨본다면 그동안 몰랐던 숨겨진 모습을 볼 수 있을 것이다.

그 외에도 시합 전 양말을 신을 때는 반드시 오른쪽부터 신는다. 이것은 나의 변하지 않는 규칙과도 같은 것이다. 이유를 물으면

똑 부러지게 대답할 수는 없다. 그저 그것이 맘이 편하기 때문이다. 그리고 좋은 경기를 치른 날에 입는 훈련복, 이너복(경기복 속에 입는 옷)은 경기가 잘 안 풀리기 전까지 바꾸지 않는다. 이러한 복장에 대한 징크스는 많은 선수에게서 볼 수 있다.

그런데 나의 가장 심한 징크스라 할 수 있는 것이 바로 '침묵 징크스'이다. 경기가 잘 풀리는 날에 말을 하면 경기가 다시 꼬이는 징크스이다. 그래서 좋은 경기 흐름이 있을 때는 끝날 때까지 말을 하지 않는다. 사실 나는 보기와는 다르게 말이 많은 편이다. 조잘조잘 재잘재잘 참 말하기를 좋아한다. '수다 봉'이라고 불러도 어울릴 만한 내가 말을 하지 않고 시합이 끝날 때까지 버텨야 한다는 건 정말 어려운 일이다.

그래도 요즘에는 그나마 나은 편이다. 마무리로 뛰기 때문에 보통 1회, 길어야 2회 정도를 소화하면 되니 말이다. 선발투수일 때는 최소 5회 이상을 책임져야 하는데 시간으로 따지면 3시간을 훌쩍 넘기는 게 보통이었다. 특히 공격 시에는 투수이기에 더그아웃에서 조용히 침묵의 시간을 보내야 했다. 왠지 말을 하면 좋은 기운이 빠져나가는 느낌…… 그것을 지울 수가 없다. 그래서 나는 침묵한다.

"나와 같은 팀에서 뛰는 선수 또는 코치님! 감독님! 혹시라도 저의 이런 침묵 징크스를 모르셨다면 지금부터라도 제가 침묵하는 날은 경기가 잘 풀리는 날이라 생각하시고 저를 그냥 내버려 두시면 감사하겠습니다. 정말 저의 침묵은 금이랍니다."

## 김성근 감독은 징크스의 본좌, 대부, 종결자!

현재 독립 리그 소속인 고양 원더스 감독으로 계시는 김성근 감독님은 수많은 승리 횟수만큼이나 많은 징크스를 보유하고 있는 대표적인 징크스맨이시다. 누군가의 통계에 따르면 무려 24개가 넘는 징크스를 가지고 있다고 한다. 메이저리그의 명예의 전당에 오른 전설적인 타자 웨이드 보그스가 무려 80개의 징크스를 가지고 있었다고 하는데, 그만큼은 아니지만 정말 대단한 숫자라고 할 수 있다. 감독님의 징크스는 다음과 같다.

- **진통제 징크스:** 1976년 충암고 감독 시절 진통제를 먹고 승리하자 대회 마지막까지 진통제를 복용함.
- **특정 속옷을 입으면 승리한다:** 쌍방울 레이더스 시절 연승가도에서 갈아입지 않음. 아이러니한 것은 쌍방울은 속옷 회사였다는 사실.
- **삼각 김밥 징크스:** LG 감독 시절 삼각 김밥을 먹으면 승리한다는 징크스. 한동안 저녁 메뉴는 삼각 김밥으로 쭉 가게 된다.
- **원정경기 징크스:** 2007년 SK 와이번스 감독 시절 원정경기만 가면 빵빵 터지는 타선 때문에 한국시리즈 6차전에 홈경기장에서 점퍼 속에 원정 유니폼을 입음. 정말 톡톡 튀는 대단한 징크스 감각이시다. 결국, 이해 1, 2차전 2연패에도 불구하고 4연승으로 한국시리즈에서 우승하게 되는데, 홀로 원정 유니폼을 입었던 6차전이 마지막 경기였다. 결국, 속에 입은 원정 유니폼 때문에 점퍼를 벗지 못하고 우승 헹가래를 받게 된다.
- **나훈아 징크스:** 나훈아 노래를 들은 날에는 경기가 잘 풀린다.
- **방광 징크스:** 화장실만 갔다 오면 상대팀 타선이 터지는 탓에 언젠가부터 경기 중에는 절대로 화장실을 안 가게 됨.
- **리베라호텔 징크스:** 잠실 원정 시 늘 묵었던 호텔로 2007,

2008년 우승 당시에도 묵었다. 2009년 한국시리즈 때도 묵으려 했으나 상대팀 KIA 역시 잠실 원정 시 이용했던 호텔이었던 것. 결국 정규 시즌 1위 팀에게 우선권이 있다는 유권 해석으로 광장동 워커힐호텔로 옮기게 된다. 그리고 그해 한국시리즈 7차전에서 SK는 KIA에게 9회 말 끝내기 홈런으로 패한다. 역시 징크스의 힘인가?

- **야한 속옷 징크스:** OB 베어스 코치 시절 노란 속옷을 입고 우승한 경험에 비추어 한때 중요 게임엔 야한 속옷을 입게 됨.
- **수염 징크스:** 연승할 때는 수염을 깎지 않는다.
- **머리카락 징크스:** 머리를 짧게 깎으면 연승한다. 조금이라도 길어지면 특정 이발소에서 살짝 다듬는다.
- **식당 징크스:** 구장마다 정해진 식당과 식단이 있다. 패하면 바꾼다.
- **이지윤(전 KBS 아나운서) 징크스:** 그녀가 더그아웃을 찾아오면 승리한다.
- **이긴 날 했던 패턴을 이어간다:** 양말을 왼쪽부터 신었으면 계속 왼쪽부터 신는 식으로.

어느 정도 알려진 것만 정리해도 10개가 넘는다. 야구 명예의 전당에 징크스 부분이 있다면 가장 먼저 들어가실 분은 아마도 김성근 감독님이 아닐까 싶다. 아마 이 이야기를 감독님이 들으신다면 "명예의 전당에 들어가는 것이 승리의 징크스라면 받아들이겠지만, 그 반대라면 안 들어간다"고 말씀하시지 않을까? 징크스가 많다는 건 그만큼 승리를 위한 열망이 크다는 의미일 것이다. 김성근 감독님, 오래오래 감독님으로 현장에 계셔 주세요.

## 박석민 선수의 한대화 감독 악수 징크스

삼성의 대표적인 스타 이승엽 선수는 아시아 홈런 신기록을 가진 대한민국 대표 홈런타자였다. 그런 이승엽 선수가 일본에 진출한 이후 삼성의 차세대 거포로 관심이 쏠렸던 선수가 바로 박석민 선수다. 타석에서 배트를 뒤로 크게 들어 올리며 몸을 뒤로 젖히는 독특한 예비 동작을 가진 박석민 선수는 이후 기대대로 크게 성장하여 삼성의 간판타자가 되었다. 그런 그의 불같은 타격 뒤에는 한 사람의 멘토가 있었다.

그러나 그 멘토는 우리가 보통 생각하는 멘토와는 다르다. 그저 해주는 것이라고는 경기 전 악수 한 번 정도뿐인 이상한 멘토와 멘티의 관계다. 박석민 선수는 한화와 경기가 있는 날이면 반드시 한화의 더그아웃을 방문하는데, 상대편 더그아웃은 특별한 일이 없으면 잘 가지 않는 것이 일반적임에도 꼭 방문한다. 한대화 감독님과 악수하면 불방망이를 휘두른다는 수상한 징크스 때문이다. 실제로 그의 한화전 타율은 3할 5푼에 이르는 높은 타율을 기록하고 있다.

한대화 감독님은 현역 시절 리그 최고의 타자로서 특히 찬스에 강한 타자였다. 특히 '역전의 명수'라는 표현이 정말 잘 어울리는 선수였다. 그래서일까? 악수로 감독님의 기운이 전해져서인지 박석민 선수는 현역 시절 감독님만큼이나 폭발적인 타격감을 뽐내곤 한다.

그렇다면 이 사실이 알려진 후에도 한대화 감독님은 박석민 선수와 악수해주셨을까? 피하자니 쩨쩨해 보이고, 감독님 체면에 이래저래 곤란한 상황이 아닐 수 없었을 것이다. 시합을 잘해보려는 후배의 노력이 가상지만, 정작 팀에는 해가 되니 유쾌한 마음은 아니셨을 텐데 여태까지 악수를 거부했다는 이야기는 들어보지 못했다. 아마도 늘 여유 있고 사람 좋으신 분이시라 껄껄 웃으며 기분 좋게 악수해주셨을 것이다. 마치 아들을 낳기 기원하는 여인네들이 돌하르방의 코를 만지듯, 간절한 후배 선수 모습에 웃으시며 기꺼이 자기의 기운을 나눠주셨을 것이다.

지금은 잠시 한화에서 물러나 야인으로 돌아가셨지만 그 고마운 마음 씀씀이에 박석민 선수는 많은 은혜를 입었으니 그도 후배들을 위해서 악수든 포옹이든 아낌없이 베풀어야 할 의무가 생겼다.

"석민아, 지금처럼 계속 멋진 모습 보여줘. 그리고 훗날 너의 기운 받기를 원하는 후배들이 오면 아군이건 적군이건 기꺼이 나눠주렴."

## 손아섭 선수의 방망이 눈빛 교환 징크스

야구인들 사이에서 손아섭 선수는 연습벌레, 악바리로 통한다. 그는 야구를 더 잘하고 싶은 마음에 손광민에서 손아섭으로 개명까지 한 선수다. 술과 담배를 전혀 하지 않고 오로지 연습에 매진하는 그가 이름까지 바꿀 정도라면 야구에 대한 열정은 그 누구에게도 뒤지지 않으리라. 그런 손아섭 선수에게도 역시 징크스는 있었으니 타석에 들어서기 전 방망이를 곧추세우고 뚫어지게 쳐다보는 것이다. 그리고 방망이를 보면서 주문을 외운다.

"무조건 친다. 이 힘든 시간을 이겨내야 더 성장할 수 있다."

그렇게 하고 타석에 들어서면 한결 마음이 편해진다고 한다. 이때 손아섭 선수의 눈빛과 전체적인 분위기는 마치 구도승처럼 숙연하며, 전장에 들어서는 무장처럼 강렬한 힘이 느껴진다. 그는 타격할 때나 주루와 수비를 할 때도 보면 '어쩌면 저렇게 열심히 할까?'라는 생각이 들게 하는, 선후배를 떠나 존경심이 생기는 선수다.

그런데 그가 야구를 하기 전 뒷이야기가 있었는데 어린 시절 집에서 빚을 내서라도 지원을 해줄 테니 골프 선수가 되어보라는 권유를 받았다는 것이다. 가정 형편을 걱정한 그는 결국엔 골프선수가 아닌 야구선수가 되었다. 아마도 그의 열정과 소질이라면 KBO가 아닌 PGA도 가능하지 않았을까? 만약 그가 골프선수가 되었다면 그는 샷을 하기 전 골프 클럽을 바라보며 주문을 외웠을까? 두 가

지 상황을 비교해보니, 이왕이면 주문을 외울 거라면 야구방망이가 훨씬 모양새가 좋아 보인다. 딱 벌어진 그의 어깨와 얇은 골프채라…… 영 어색하다.

"아섭아~ 언제나 열심히 하는 너를 보고 언제나 많은 도전을 받는다. 이제부터 나랑 만날 때 네가 외롭지 않게 나도 내 공을 보고 주문을 외울게. '무조건 잡는다. 아섭이를 삼진으로 잡아야 더 성장할 수 있다'라고 말이야. 하하하!"

## 최동수 선수의 태극기 부적 징크스

1971년생인 최동수 선수는 현역 선수로는 나이가 많은 편이다. 올해 이종범, 양준혁, 이승용 선수가 은퇴했으니 현재 프로야구 현역 선수 중 최고참이다. LG의 김기태 감독님과는 2살 차이니 그가 얼마나 자기 관리에 충실한지 알 수 있다. 혹독한 연습으로 유명한 김성근 감독님조차 연습을 만류했다는 일화는 그가 얼마나 지독한 연습 벌레인지를 말해준다. 아직 은퇴 계획이 없으니 당분간 큰형님으로서의 활약은 지속될 예정이다.

그에게는 정말 독특한 징크스가 있는데 일명 '태극기 징크스'

다. 타자 중에는 대타 전문 요원으로 좋은 활약을 하는 선수가 있는데, 최동수 선수가 대표적인 경우다. 그런데 그가 선발이 아닌 대타일 때 더 좋은 활약을 하는 이유가 매우 독특하다. 선발 출장 시에 태극기를 보고 국민의 례를 하면 이상하게 게임을 망친다는 것이다. 대한민국 국민이 태극기를 보면 경기를 망친다니 웃을 수도 뭐라 할 수도 없는 애매한 징크스다. 만약 국가대표로 발탁된다면 어떻게 하나? 태극기를 보는 수준이 아니라 몸에 달고 있어야 하는데, 마치 이마에 부적을 붙인 강시처럼 그의 모든 힘이 다 빠져나가는 것은 아닐까?

## 김동주 선수의 사인 징크스

내가 상대하기 가장 어려운 선수로 꼽았던 김동주 선수에게도 징크스는 있다. 경기 전 상대팀 팬에게 사인을 해주면 진다는 징크스다. 그래서 혹자들은 두산과의 경기에서 이기고 싶다면 김동주에게 끈질기게 사인을 받으라는 이야기를 하곤 한다.

그런데 여기서 잠깐 하나의 궁금증이 생긴다. 상대팀 팬에게 사인을 해줘서 진다면, 우리 팀 팬에게 사인을 해주면 어떻게 될까? 반대로 되지 않을까? 1명이라도 많이 해주면 상쇄가 되고 오히려 승리의 기운이 솟을 것 같은데 말이다.

아, 그렇게 된다면 김동주 선수는 매우 피곤해지겠다. 다가오는 팬에게 사인할 때마다 어느 팀 팬인지 확인하고, 계산해가며 우리 팀 팬을 찾아 사인을 해줘야 하니 말이다. 프런트에서 좀 관리를 해줬으면 좋겠다. '김동주 사인 총량제'라는 이름으로 팀별 팬 수를 조정해서 두산팬 사인 '+1'이라는 승리 공식을 유지하면 어떨까?

## 홍성흔 선수의 왕자 징크스

리그 최고 파이팅플레이의 상징 홍성흔 선수의 징크스는 '왕자'다. 왕의 아들 왕자가 아니라 임금 왕(王)이라는 글씨에 대한 징크스다. 팀 선배 최기문 선수가 어느 날 장난으로 홍성흔 선수의 장갑에 '왕(王)'을 써줬는데 신기하게도 그날 이후 방망이가 터지기 시작해 결국 타격왕이 되었다. 수차례 타격 2위로 시즌을 마감했던 그였는데 말이다.

얼굴 잘생긴 홍성흔 선수와 왕자라…… 전 구단을 통틀어 가장 어울리는 선수가 아닐까? 홍성흔 선수가 왕(王)자를 쓴 장갑 하나로 타격왕을 차지했으니 장비마다 하나씩 늘려 가면 효과가 더 높아지지 않을까? 타자가 1등할 수 있는 분야가 9개이니까 헬멧, 글러브, 방망이, 수비 장갑, 스파이크, 양말, 저지, 벨트까지 다 왕자를 써넣으면 8개 추가가 어렵지 않을 듯하다.

홍성흔 선수가 야구를 해서 참 다행이다. 장비가 많이 필요한 스포츠라서 말이다. 만약에 수영을 했다면? 음, 아무리 짜내도 3개를 넘지 않는다.

"형님 덕분에 야구를 더 재미있게 하고 있습니다. 오래도록 같이 야구하고 싶어요."

## 이종범 코치의 월드컵 징크스

한국 프로야구 사상 최고의 야구선수로 통하는 한화의 이종범 코치님의 현역 시절은 정말 믿을 수 없는 기록의 연속이다.

하지만 그에게도 징크스가 있었으니 바로 '월드컵 징크스'다. 이상하게도 월드컵이 열리는 해에 안 좋은 일이 생기곤 하는데, 1998년 프랑스월드컵이 열리던 해에는 일본 주니치 드래건스에서 '바람의 아들'이라고 불리며 큰 활약을 하고 있을 때 상대 투수의 몸쪽 공에 오른쪽 팔꿈치 골절을 당해 크게 다쳤다. 재활 후 복귀하지만 그 이후 몸쪽 공에 대한 부담과 부상의 후유증으로 아쉬움 속에 4년간의 일본 생활을 마친다.

2001년 한국으로 복귀해 꾸준히 3할 전후의 타격을 보여주는 등 좋은 활약을 하다가, 이후 한일월드컵이 열린 2002년엔 투구에 얼굴을 맞아 광대뼈가 함몰되는 부상을 입는다. 그 이후 로마 검투사의 투구를 연상시키는 보호 헬멧을 쓰게 되었다. 그리고 2006년

독일월드컵이 열리는 해에는 성적 부진으로 2군으로 강등되었다. 2010년 남아공월드컵이 열리던 해에는 2할 4푼 5리로 부진했으니 4년마다 찾아오는 전 세계가 열광하는 월드컵이 그에게는 반갑지 않은 손님일 수밖에 없었다.

하지만 그때마다 엄청난 시련으로 야구 인생까지도 위협을 받았지만 늘 늠름하게 돌아와서 자신의 자리를 지켰던 그가 있기에 야구팬들은 정말 행복했다. 후배들에게 폐가 된다고 은퇴 경기까지 마다했던 그를 떠나보낸 팬들은 그동안의 활약을 떠올리면 지금도 가슴이 뛰어오르는 흥분을 느낀다고 하니, 우리나라 야구사에 남긴 발자취는 그 누구보다도 크다고 할 것이다. 팬들이 선사한 그의 천재성에 대한 예찬을 다시금 읽어보며, 화려했던 그의 선수 시절을 가슴속에 담아 본다.

"야구라 쓰고 이종범이라 읽는다."

> **깨알 같은 기타 징크스**
>
> **박진만 선수:** 안타를 못 치면 장갑, 손목보호대 등 장비를 바꾸고 칠 때의 장비는 못 칠 때까지 유지한다.
>
> **양준혁 해설위원:** 지명타자 시절 수비 시에 경기장에서 타격 훈련을 하면 점수를 주는 징크스. 그래서 항상 라커룸에 가서 스윙 연습을 함.
>
> **김현수 선수:** 2008년부터 계속되고 있는 한국시리즈 징크스. 정규 시즌에선 고감도의 타격감을 보여주다가도 한국시리즈만 되면 갑자기 페이스가 안 좋아짐.

### 영원한 서울 라이벌 3

명절이 다가오면 방송을 통해서 청렴 경영을 지향하는 기업들이 한결같이 '안 주고 안 받기' 운동을 하면서 허례허식을 막으려고 노력하는 모습을 보이곤 한다. 그럼 LG와 두산도 청렴 경영이라도 하는 것일까?

#### 우리는 안 주고 안 받는 사이!

LG와 두산은 라이벌 팀답게 상대팀과의 트레이드가 거의 없는 편이다. 가장 가까운 트레이드가 2008년 2대 2 맞트레이드였으니 팀간 트레이드가 빈번한 요즘 야구에서 두 팀 사이만은 그렇지 않은 것 같다. 라이벌 팀 간의 트레이드 지양은 야구뿐 아니라 다른 종목에서도 마찬가지인데, 실수라도 해서 상대편 전력에 도움이 된다면 그 욕을 두고두고 먹기 때문이다.

그리고 이상하게도 트레이드를 당한 선수는 자극을 받아서인지 지난 시즌보다 더 좋은 활약을 보인다. 이때 트레이드한 구단의 더 큰 고민은 팬들에게 더 많은 상실감을 남겨줄 수 있다는 점이다. 특히 팀의 간판선수의 이동은 야구 자체에 대한 관심마저 흔

들리게 할 만큼 크게 영향을 미친다. 예전 롯데의 최동원 선수가 삼성으로 트레이드되거나, 삼성의 양준혁 선수가 해태나 LG의 유니폼을 입었을 때 관중들은 어색해했다. 아마도 선수 하나하나가 팀과 연계된 유기체처럼 느끼는 팬들의 관심 때문일 것이다. 그래서인지 LG에서 뛰던 선수가 어느 날 두산 유니폼을 입고 건너편 더그아웃에 있는 모습은 상상하기 힘들다. 물론 반대의 경우도 마찬가지이다. 그래서 LG와 두산의 트레이드는 늘 제약이 따른다.

간혹 3팀 간의 3각 트레이드를 하기도 하는데 역시 선택의 폭이 좁다. 특히 LG는 트레이드 실패 사례로 유명한데, 데려온 선수가 대박 나는 경우는 거의 없으나, 보낸 선수의 대박 사건은 종종 있기 때문이다. 현재 넥센의 박병호 선수와 KIA의 김상현 선수가 그렇다. 두 선수 모두 트레이드 후에 홈런, 타점, 장타율 3개 부분에서 타이틀을 차지하게 된다.

만약 그들이 두산에서 그런 성적을 올렸다면 성난 팬들의 항의 전화와 댓글에 잠 못 이뤘을 것이다. 앞으로도 두산과 LG의 트레이드의 정체기는 더욱 오래될 것 같은데 아마도 두 구단 사이에 전통 아닌 전통으로 굳어질지도 모르겠다.

chapter 08

# 봉중근이
## 존경하는 야구인

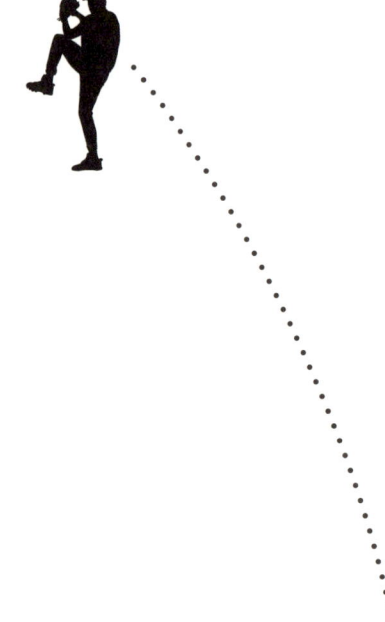

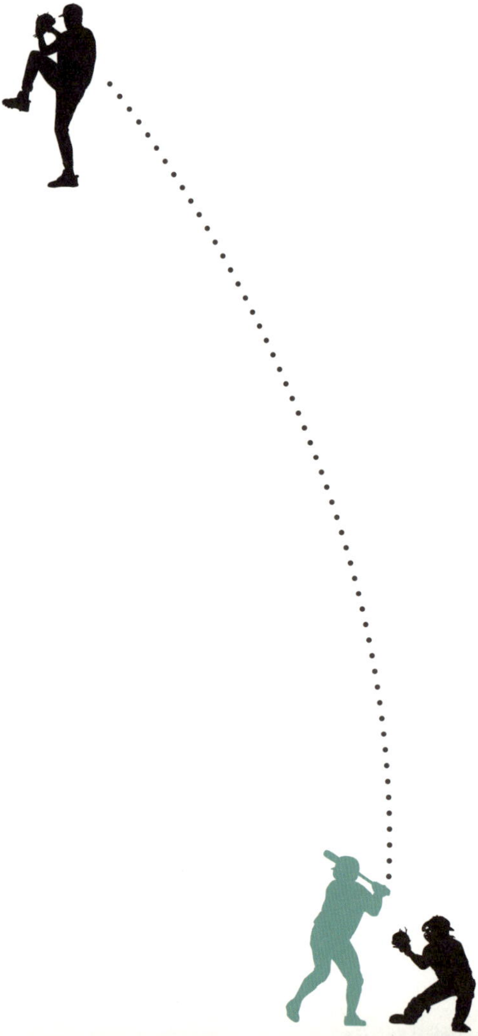

# 투수편

### 이상훈 선배님

내가 프로야구 경기장에 처음 간 것은 초등학교 6학년 때 잠실 야구장이었다. 야구를 시작한 지 5년째 되던 때니까 조금 늦은 경향이 있으나, 당시 입장권이 비싸기도 했고 기회가 쉽사리 생기질 않아서였기도 하다. 그때 본 '야생마'라는 별명답게 긴 머리를 흩날리던 이상훈 선수의 모습은 어린 나에게 정말 강렬하게 꽂혔다. 공격적인 투구로 상대를 윽박지르던 특유의 카리스마가 넘쳐나던 모습에 나는 한눈에 반해버린다.

'나도 커서 꼭 저런 투수가 되어야지.'

이상훈 선배를 보면서 야구선수에 대한 꿈을 키웠다. 팬서비스 차원에서 어린이날 기념으로 가발을 쓰고 '이상훈 퍼포먼스'를 해봤다. ⓒ b-1207, sgone25

그 꼬마는 어느덧 그 사람보다 10cm나 더 커버렸고, 그가 섰던 잠실구장의 LG 마무리가 되었다. 팬들이 평가하는 지금의 내 모습은 과연 20년 전 내가 보았던 선배님의 모습과 어느 정도 닮아 있을까?

### 선동열 감독님

그는 더 말이 필요 없는, 수많은 투수의 롤 모델이 되고 있다. 타고난 천재성과 부단한 노력으로 최고의 투수가 되었던 그는 한국과 일본에서 모두 성공하였으며, 특히 '스타플레이어는 좋은 지도자가 될 수 없다'는 편견을 깨고 지도자로서도 인정받고 계시다. 그는 최고 투수 출신답게 투수 조련에도 일가견이 있는데, 현재 리그 최강의 투수력을 보유한 삼성의 투수진이 바로 그의 작품이다. 가능성만을 가지고 입단한 투수들을 그만의 조련법으로 하나같이 좋은 투수로 만들어낸 능력은 후배 투수들이 가야 할 길을 몸소 보여주신 것이다.

WBC 1차 대회에서 보여주었던 귀신 같은 투수 운용을 나는 잊을 수 없다. 왼손과 오른손, 오버와 사이드, 언더를 섞어가면서 상대의 허를 찌른 그의 투수 기용은 그가 왜 천재라고 불리는지를 보여주는 일화로 지금도 많은 사람에게 회자되고 있다. 내가 잘하는 것은 노력하면 되지만 누군가를 잘하게 하는 것은 쉽지 않은데, 그 두 가지를 모두 완벽하게 해내신 모습은 오래도록 참고하고 따라야 할 좋은 사례이다.

### 류현진 투수

후배임에도 나는 류현진 선수를 존경한다. 일단 팀을 위해 누구보다도 많은 이닝을 소화하는 그의 능력에 점수를 주고 싶다. 매 시즌 200 내외의 이닝과 경기당 120~130개까지 가는 투구를 소화하는 그는 요즘 같은 시대엔 보기 드문 투수이다.

많은 이닝을 소화하기 위해선 선발투수로서 적절하게 자신의 힘을 조절하는 능력과 팀을 위한 희생정신이 필요하다. 5이닝만 넘기면 선발투수로서 승수 요건을 갖추기에 많은 투수가 이것을 염두에 둔 투구를 하기 마련인데 류현진은 다른 팀에 비해 약한 팀의 타선을 고려하여, 되도록 긴 이닝을 소화하려고 애쓴다.

물론 이러한 운영은 그가 타의 추종을 허락하지 않는 기량을 갖고 있기에 가능한 것이다. 고등학교를 졸업하고 프로에 입단한 첫해엔 신인왕과 MVP를 동시 수상했으며 2012년에는 아쉽게 9승에 그쳤지만, 지난해까지 매년 10승 이상을 해왔다. 철저한 자기관리가 있지 않고서는 절대로 이룰 수 없는 대단한 기록을 어린 나이에도 묵묵히 이뤄내고 있는 그는 한눈팔지 않고 오로지 야구를 위해 온 힘을 다하는 최고의 투수이다.

### 오승환 투수

아시아 세이브 신기록의 주인공인 오승환 선수는 알고도 못 친다는 대표적인 언터처블 피처다. 강력한 삼성 투수진은 가장 뒷자리에 그가 있기에 가능한 것이다.

내가 그를 존경하는 투수로 꼽은 가장 큰 이유는 그의 강력한 투수로서의 능력 때문이 아니라 투수로서는 치명적일 수 있는 두 번의 팔꿈치 수술을 받고도 다시 예전의 기량을 찾았기 때문이다. 나 또한 두 번의 수술을 했기에 그것이 얼마나 어려운 일인지 잘 알고 있다. 또한 오랜 재활의 과정을 견디는 것만큼이나 어려운 것이 예전의 기량을 다시 찾는 것이기에, 그가 걸어온 과정에 대해 더 큰 찬사를 보내게 된다.

## 타자편

### 박정태 코치님

현재 롯데 자이언츠에서 타격코치로 계시는 박정태 코치님은 현역 시절 독특한 타격 폼으로 많은 인기를 얻었던 분이시다. 일명 '흔들 타법'으로 불리던 이 타법은 한손을 잡는 듯 마는 듯 배트와 몸을 흔들며 타이밍을 잡았던 그만의 전매특허인데 김성한 코치님의 '오리궁둥이 타법'만큼이나 화제를 몰고 다녔다. 독특한 타법이면서 잘 때리니 그에 대한 팬들의 사랑은 롯데 시절 이대호 선수가 부럽지 않았던 대단한 선수였다.

지금은 추신수 선수의 외삼촌으로도 알려진 그는 타석에 들어섰을 때 공 하나하나에 그 누구보다도 최선을 다했었다. 강렬한 승부욕으로 끈질기게 투수와 대결했으며, 그의 열정은 롯데 자이언츠가 부진할 때마다 더 빛을 발하여 동료 선수들에게 나아갈 길을 제시하는 단골 메뉴가 되었다.

## 김형석 선수

1985년 OB 베어스에 입단하여 1997년까지 OB 베어스에서 활약했으며, 1998년 삼성에서 은퇴한 선수다. 역대 일곱 번째로 1천 안타를 때렸으며 1994년 8월 18일에는 607경기 연속 출장 기록을 세웠다. 이후 역대 여섯 번째 600타점과 네 번째 2천 루타를 쳤으며 1998년 삼성에서 622경기 연속 출장 기록을 세우고 은퇴하게 된다. 최동원 킬러로도 알려진 그는 지금은 없어졌지만 승리 타점 타이틀 최다 수상자이기도 하며, 중요한 타이밍에 중장거리포를 때려내던, 찬스에 강한 인상적인 플레이를 펼쳤다.

내가 김형석 선수를 좋아하는 이유는 준수한 야구 실력도 있지만 실은 그의 멋진 외모에 반해서다. 야구장에서 본 그의 모습은 프로선수로서 보여줄 수 있는 최상의 비주얼을 완성하였다. 만약 그가 지금 요즘 시절에 선수생활을 했다면 야구장은 연일 여성관객으로 넘쳐났을 것이다. 그만큼 그는 멋진 선수였다.

### 이대호 선수

이대호 선수는 투수로 입단했다가 타자로 전향한 케이스다. 입단 당시 100kg의 체중은 이후 더 불어나기 시작한다. 2002년 롯데의 백인천 감독님의 살을 빼라는 지시 하에 무리한 운동으로 무릎 연골과 허리를 다치기도 했다. 부단한 노력 끝에 2006년 양상문 감독님 부임 이후부터 우리나라 최고 타자로 성장한다. 2006년엔 KBO 사상 역대 두 번째 트리플크라운을 달성하기도 한다.

특히 2010년에는 도루를 제외한 타격 7개 부분에서 1위를 기록하며 야구 사상 최초로 타격 7관왕과 MVP를 수상한다. 2012년에 일본 오릭스로 이적하여 한국 선수로는 최초로 퍼시픽리그 타점왕에 오르기도 했다.

그럼 이런 대단한 기록들 때문에 그를 존경하는 타자로 꼽은 것일까? 물론 그의 기록은 정말 대단하다. 타격 7관왕은 아마 수십 년 내에 안 나올지도 모르는 대기록이다. 하지만 내가 그를 존경하는 진짜 이유는 불리한 신체적인 조건을 이겨냈다는 점 때문이다.

대부분의 선수가 처음 그를 보았을 때 어떻게 저 몸으로 타격하려는 건가 싶어서 반신반의했었다. 그래서 많은 투수가 몸쪽 승부를 즐겼었다. 배가 나와서 도통 몸쪽 공을 칠 수 없을 것 같았기 때문이다. 하지만 그는 그런 모든 단점을 꾸준히 노력으로 이겨냈고 정확한 선구안을 만들어냈다. 그리고 결국 타격 7관왕이라는 전무후무한 기록까지 세우게 된다. 나는 그런 모든 과정을 잘 알고 있기에 그의 일본 데뷔 첫해 활약에 대해서 그다지 놀라지 않는다. 아마 이대호라면 올해보다 내년이, 그리고 그다음 해가 더 발전할 것이다.

"대호야, 내년에는 일본에서도 트리플크라운 한번 가자~!"

## 감독편

### 김인식 감독님

감독님을 선수로서 만난 것은 WBC 2차 대회였다. 한국 복귀 시 LG에서 시작해 줄곧 LG에서 선수생활을 하던 나는 감독님을 그렇게 가까이에서 팀의 일원으로 만나 뵙는 건 그때가 처음이었다.

감독님은 선수들 사이에서 인격적이며 선수 하나하나를 존중하고 대우해주시는 분으로 통한다. OB 베어스 출신의 선배는 그분의

OB 베어스 감독 시절 이야기를 해주었다. 보통, 감독이 되면 때로는 선수들이 원하지 않는 것도 해야 할 때가 있다. 이것은 감독 개인의 욕심이라기보다는 팀을 위한 결정인 때가 대부분이다. 그러다 보면 아무리 좋은 감독이라 해도 최소 한두 명은 불만이 생기기 마련인데, 당시 OB 베어스에는 그런 선수들이 한 사람도 없었다고 한다.

멀리서 보기에 좋아 보이는 사람은 많다. 하지만 정작 바로 옆에 있는 사람이 인정해주는 훌륭한 사람은 많지 않다. 하지만 김인식 감독님은 곁에 있을 때 오히려 진가가 나타나는 덕장이시다. 늘 따뜻하게 선수들을 감싸주고, 든든하게 이끌어주시는 모습을 보면 애틀랜타 시절 나에게 무한지지를 보내 주었던 바비 콕스 감독님을 보는 것만 같다.

감독님의 인품을 반만이라도 닮아서 나 또한 곁에 있는 후배들과 동료에게 인정받는 선수가 되고, 나중에 좋은 지도자가 될 수 있다면 얼마나 좋을까? 건강이 많이 안 좋아지셔서 이제는 현역에서 잠시 물러나 계시지만 한 번쯤은 다시 현역에서 그의 푸근한 리더쉽을 보여주시는 날을 기대해 본다.

### 김성근 감독님

감독님은 모두가 인정하는 명장이시다. 특히 약팀을 강팀으로 만드는 데 일가견이 있으신 분이다. 연습 후에 이어지는 그의 강연은 야구하는 마음가짐을 새롭게 하고 야구를 하는 이유에 대해서 진지하게 생각하게 만든다고 한다. 어떤 사람은 그의 혹독한 훈련 방식과 경기 방식에 대해 무리한다, 재미없다는 등의 반응을 보이지만 다른 팀에서 퇴물로 취급받던 선수들을 다시 살려 활약하게 하고, 약체 팀들에겐 승리와 우승이라는 선물을 주는 진정한 프로 중의 프로라고 생각한다.

2002년 리그 4위의 LG를 이끌고 한국시리즈 결승까지 올라가 치열한 접전 끝에 준우승했을 당시 삼성의 감독이던 김응룡 감독님이 했던 "야구의 신하고 하는 줄 알았습니다. 정말 힘들었습니다"라는 인터뷰 이후로 야신으로 통하시고 있다.

하지만 정작 그는 야신이라는 별명을 그다지 좋아하지 않는다. 당시 김응룡 감독의 인터뷰가 앞뒤가 맞지 않는다는 것이다. "내가 야신이면 야신한테 이긴 김응룡 감독은 무엇인가?"라고 반문했다고 한다. 그런데 그런 김성근 감독님이 한 TV 프로그램에 출연해서 좋아하는 선수를 묻는 말에 주저 없이 류현진, 봉중근을 답변하셨다. 존경하는 감독님에게 그런 이야기를 들으니 몸 둘 바를 모를 정도로 기분이 좋다.

3년 전, 하루는 우천으로 SK와의 경기가 취소된 적이 있었는데 불펜에서 연습투구를 하는 나를 뒤에서 유심히 보시더니 SK 왼손투수 정우람 선수까지 데려오셔서 나의 피칭을 끝까지 지켜보셨다. 감독님은 훈련이 끝난 뒤 나에게 "기분이 좋아질 정도로 멋진 피칭이

볼펜에서 연습 투구하는 나를 유심히 보시더니 "기분이 좋아질 정도로 멋진 피칭이었다"고 칭찬해주신 김성근 감독님의 말씀을 잊을 수가 없다. ⓒ kuma

었다. 한국 투수들을 다 불러서 피칭 훈련은 이렇게 하는 것이라고 보여주고 싶을 정도"라고 극찬을 해주시기도 하셨다.

이후에 들은 이야기지만 가토 투수코치에게 "오늘 처음으로 뒤에서 봤는데 82년 요미우리의 에가와, 니시모토, 그리고 가토의 불펜 피칭 이후 최고의 컨트롤을 본 것 같다. 일본에서도 10승 이상 거둘 투수다"라며 즐겁게 이야기를 나누셨다고 한다.

그런데 최고의 투구라고 칭찬받은 그 다음 날 치른 SK와의 경기에서 나는 패전한다. 전날 너무 자세히 보셨던 나의 투구가 김성근 감독님께 어떤 영향을 주었는지 모르겠지만, 살짝 찜찜한 마음은 감독님의 칭찬으로 충분히 상쇄되고도 남는다.

나이를 잊은 그의 변하지 않는 열정과 끝까지 포기하지 않는 승부에 대한 근성을 나는 존경한다. 지금은 독립리그 고양 원더스에서 선수 양성에 모든 힘을 쏟고 계시지만, 꼭 한 번은 감독님 아래에서 선수로 뛰어보고 싶은 생각이 간절하다. 쉽지는 않겠지만 말이다.

"언제가 될지 모르겠지만 꼭 한 번은 감독님께 가르침을 받고 싶습니다. 건강하시고 오래오래 감독님으로 남아주세요!"

# Bong's Baseball Story II

1. 2012년 재활 후 첫 등판할 때 썼던 모자 'MIRACLE' 이라고 적었다.

2. 클래식데이용 MBC 청룡 유니폼.

3. 2008년 베이징올림픽 선수단 유니폼. 함께했던 선수들의 사인이 담겨 있다.

4. 봉중근 피규어. LG 선수 중에는 박용택 선수와 함께 단 2명만 있는 희귀품이다.

5. 2009년 WBC 국가대표 유니폼.

6. 일본 명인 마코토가 직접 제작해 선물해준 글러브. 세상에 단 하나뿐인 명품이다.

7. 2012년 시즌 마지막 세이브 공과 오른손등을 다치고 나서 재활 때 썼던 글러브.

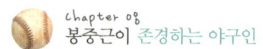

chapter 08
봉중근이 존경하는 야구인

chapter 09

# 나의 가족
# 나의 인생

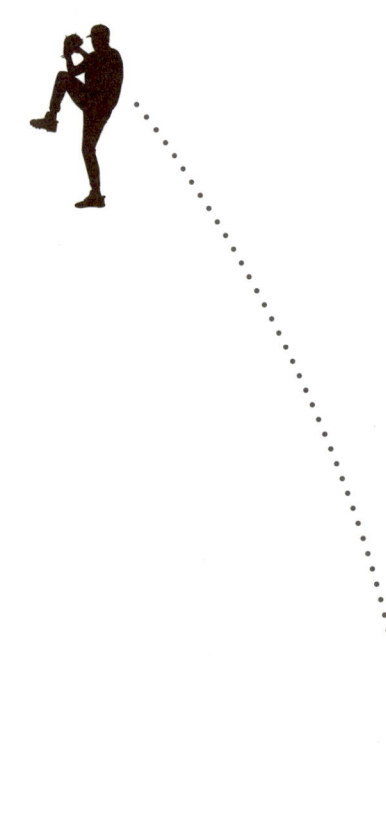

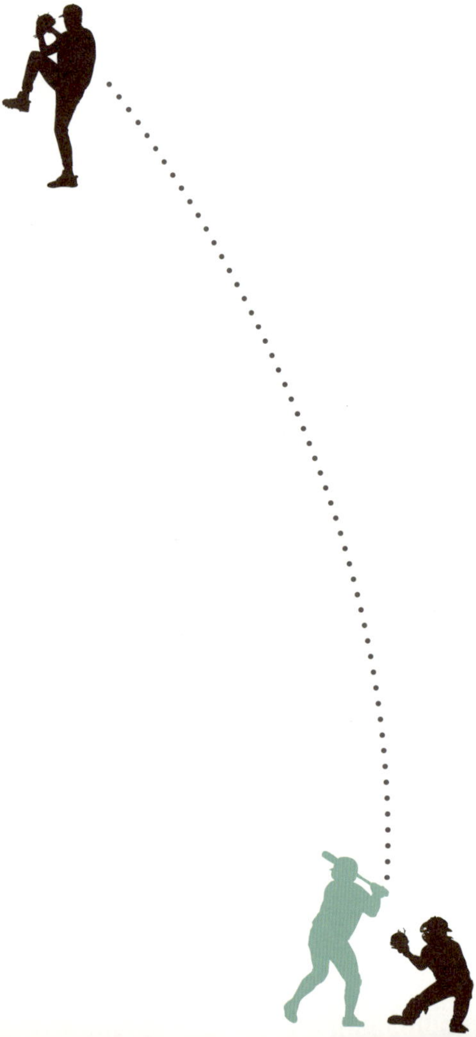

2012년 11월 5일 봉중근 선수의 아버지 봉동식 씨가 지병인 간암으로 별세하셨습니다. 이 글은 저자가 아버지 생전에 집필한 것으로, 저자와 의논하여 아버지를 향한 진심의 마음을 해치지 않기 위해 인위적인 수정 없이 그대로 싣게 되었음을 알려드립니다. (편집자 주)

## 오늘은 제가 포수입니다

누구에게나 그렇겠지만, 가족은 내가 살아가는 가장 큰 이유이자 원동력이다. 어른이 되어가면서 가정을 꾸리게 되고, 아내와 두 아이가 생기고, 두 분의 부모님이 더 생겼다.

그렇지만 언제나 마음 한쪽에는 어려운 형편에도 나를 위해 희생해준 아버지와 어머니 그리고 3명의 누님에 대한 고마움과 미안한 마음이 늘 함께 하고 있다. 그 마음 때문에 상대적으로 처가에 신경을 쓰지 못함에도 이해해주고 시부모에게 온 정성을 쏟는 아내를 보면 너무 고맙고 남편으로서 무신경한 것에 대해 미안하기도 하다. 이제는 병환으로 사실 날이 얼마 남지 않은 아버지를 볼 때마다 더 잘 해드리지 못한 것이 한없이 죄스럽다. 아마도 평생 지고 가야 할 짐이 될 것이다.

얼마 전 나는 생애 처음으로 포수가 되었다. 팀 동료 주키치가 아버지와 시구하는 것을 보며 못내 부러웠었는데 구단 측의 배려로 아버지를 시구자로 모신 것이다. 아버지가 투수 마운드에 서시고 당연히 나는 그 공을 받기 위해 포수 미트를 끼고 포수 자리에 앉았다. 간암 말기로 힘겨운 투병생활을 하고 계심에도 너무나 잘하셔서 눈물 나게 고마웠던 내 생애 가장 특별한 순간이었다.

오랜 투병으로 병색이 완연하신 아버지의 시구를 본 동료들은 숙연해하며 나와 함께 그 기쁨을 조용히 나누었다. 말 없고 무뚝

 얼마전 나는 생애 처음으로 포수가 되었다. 구단 측의 배려로 아버지를 시구자로 모신 것이다. ⓒ 정한범

 아버지가 투수 마운드에 서시고 당연히 나는 그 공을 받기 위해 포수 미트를 끼고 포수 자리에 앉았다. ⓒ 정한범

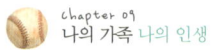

뚝하기로 유명한 박용택, 이진영 선수조차 슬쩍 다가와서 "짠하더라……" 하고 말하기도 했었다.

그런데 재미있는 것은 생전 야구라곤 해보신 적이 없는 아버지의 투구를 보고 어쩌면 그렇게 부자가 던지는 폼이 똑같으냐고 말들 하는 것이다. 나는 다른 투수들에 비해 투구할 때 팔 스로잉이 짧은 편인데 아버지도 나와 똑같은 자세로 던지셨다. 후에 나도 다시 봤지만 역시 많이 닮아 있었다. 이래서 피는 못 속인다고 했나 보다.

미국에서 선수생활을 할 때는 꿈도 못 꿨던 이날의 모습은 내가 늘 바라던 것으로, 너무 늦게 한 게 아닌가 아쉽기도 했다. 이렇게 좋아하실 줄 알았다면 진작 했을 것을……. 시구를 위해서 구장에 갈 때는 별말씀이 없으셨던 아버지는 시구를 마치고선 나에게 물으셨다.

"고맙다. 괜찮았냐?"
"아버지, 최고였습니다."

나는 공을 건네드렸고, 그 공에는 '아버지 사랑합니다'라고 아버지에게 보내는 내 마음이 적혀 있었다.

시구가 끝나고 껴안은 아버지의 어깨는 어린 시절 내가 보았던 큰사람의 것이 아닌 너무나 작아진 노인의 어깨였다. 이제는 그 작아진 어깨를 내가 보살펴 드리고 싶은데 그럴 수 있는 날이 많이 남

생전 야구라곤 해보신 적이 없는 아버지의 투구 폼이 나와 너무나 닮았다. 이래서 피는 못 속인다고 했나 보다.
아버지, 최고였습니다!

내 생애 가장 특별했던 순간의 기록들.

 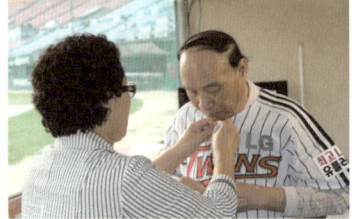 

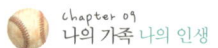
chapter 09
나의 가족 나의 인생

지 않았다는 생각만 하면 눈물이 나려 한다.

지금 나의 바람은 딱 1년만 더 사셨으면 좋겠다는 것이다. 내년에 WBC도 보시고, LG 트윈스가 한국시리즈 우승하는 것까지 보셨으면 좋겠다. 병원에서 하는 이야기로는 기대하기 쉽지 않다지만 조금만 더 오래 아들의 장한 모습을 더 보여 드리고 싶다.

## 무뚝뚝한 택시기사 아버지

어린 시절 우리 집은 내가 고등학교에 갈 때까지 단칸방에서 생활했었다. 부모님과 딸 셋에 막내아들까지 있었던 우리 집은 먹고살기가 가장 시급한 문제인 그 시대에 흔히 볼 수 있는 가난한 집이었다. 하나밖에 없는 아들이기에 부모님의 관심과 기대는 컸었고, 나 또한 집안을 일으켜야 한다는 책임감을 자연스럽게 가지게 되었다.

그래서인지 학교에서 돌아온 어린 아들이 갑자기 야구를 한다고 했을 때 아버지는 극구 반대하셨고, 착실하게 공부하기를 원하셨다. 하지만 곱슬머리에 막내이기까지 한 고집쟁이 아들의 성화에 못 이기셨고, 나는 야구를 하게 되었다.

어려운 살림에 야구를 하게 되자 부모님의 부담은 전에보다 더 심해지셨는데 야구란 게 워낙에 장비도 많고 돈도 많이 들어가는 운동인 데다가, 전지훈련이나 합숙에 필요한 비용은 학생들이 부담해야 했기에 부모님께서는 나 때문에 더 많은 고생을 하셨다. 택시 운전을 하셨던 아버지는 한 번이라도 더 승객을 태울 요량에 잠시도 쉬지 않으셨고, 어머니 역시 빠듯한 살림에 행여 내가 기라도 죽을까봐 이리저리 애쓰며 지원을 해주셨다.

운동하는 아들이 못 미더우셨는지 아버지는 내가 중학교 2학년이 될 때까지 한 번도 야구장에 오시지 않으셨다. 그러던 어느 날 학교에 오신 일이 있는데, 선생님과 다른 학부형들이 봉중근의 아버지라고 인사를 했더니 아는 체하며 내 칭찬을 했다는 것이다. 그때 아버지께서는 '아, 중근이가 야구를 잘하는구나'라고 생각하시면서 야구에 관심을 갖게 되셨고, 그 이후부터 모든 경기를 보러 오시게 됐다. 늘 그렇듯이 살가운 말씀은 하지 않으셨지만, 묵묵히 바라봐주시는 것만으로도 내겐 큰 힘이 되었다.

아버지께서는 가끔 출근 시간이 내 등교 시간과 맞을 때면 학교까지 태워주셨는데, 집에서 20분이면 가는 거리를 굳이 태워다 주시곤 하셨다. 가는 내내 택시 안에서도 별말씀이 없으셨는데 학교에 도착하면 내려주시곤 뒤도 안 돌아보시고 가셨다. 당시에는 어린 마음에 서운함도 있었는데 지금 생각해보면 당신만의 사랑 표현이었던 것 같다. 살가운 말씀 한마디 없이 조용했지만 어른이 되어서 돌아보는 그때 아버지의 택시 안은 아버지의 가슴속에 들어간 것마냥 포근한 공간이었다.

아버지의 무뚝함은 내가 미국에 갈 때에도 여지없이 발휘되는데, 아버지는 나에게 세 가지 주의령을 내리신다.

"여자 조심, 술·담배 조심, 도박 조심."

18살의 나이에는 감당할 수 없는 큰돈을 받고 가는 미국생활에 가족도 없이 홀로 살 것을 생각하니 가장 먼저 생각나는 게 이 세 가지였나 보다. 실제로 내 또래에 미국에 가서 일탈하는 걸 자주 보았으니 아버지의 당부가 내게는 많은 힘과 지침이 되었던 게 사실이다.

메이저리그에서 어느 정도 자리를 잡은 후엔 형편상 일을 그만두셔도 될 만한 상황이었는데도 아버지는 운전대를 놓지 않으셨고, 오히려 애틀랜타 시절엔 나에게 "네가 6승 하는 날 승객들한테 돈 안 받는다"라고 하시면서 나를 종용하기도 하셨다.

2003년에 대장암 선고를 받으시기까지 쉬지 않고 일하셨던 아버지는 결국 큰 병을 얻으시고야 운전대를 놓게 된다. 아버지 병환이 깊어짐에 따라 나 역시 플레이에 많은 영향을 받았는데, 그 당시 상반기 보여주었던 좋은 활약이 후반으로 갈수록 급격하게 무너진 것도 이런 상황들의 영향이 없지는 않았다. 당시 나는 아버지가 돌아가시면 다시 못 본다는 생각에 많은 고민을 하게 되는데, 2006년의 귀국 역시 아버지를 옆에서 돌봐드리고 싶은 게 가장 큰 이유였다.

그런 나를 보며 같이 있게 돼서 기쁘면서도 자식에게 짐이 된 듯하여 미안해하는 걸 보면서 한국으로 오기를 잘했다고 생각했다.

그리고 아버지의 병을 꼭 낫게 해드리자고 다짐했었다. 결국 대장암은 치료에 성공했으나, 간으로 전이된 아버지의 암세포는 이제는 손댈 수 있는 수준을 넘어섰다. 병원에서는 몇 개월 단위로 생존 가능성을 말하지만, 아버지는 조금씩 조금씩 버텨가면서 지금까지 생존해 계신다.

요즘 나는 이런 생각을 해본다. 그 옛날 나에게 믿음을 주었던 의사선생님께 했던 대로 이렇게 묻는 거다.

"우리 아버지 살 수 있을까요?"

그럼 재활코치가 나에게 해줬던 그 말을 의사선생님이 해주는 거다.

"Yes, only trust me!"

세상에 기적이 존재한다면 우리 아버지에게 딱 한 번만 일어났으면 좋겠다. 시구 후에 안은 아버지의 가슴팍으로 느껴지는, 이젠 너무나 커져 버려 피부를 밀고 튀어나온 암세포 덩어리가 어찌나 밉던지……. 할 수만 있다면 모두 떼어내고 싶다. 세상의 기준으로는 평범했던 택시기사이지만 나에게는 가장 특별한 존재였던 아버지. "아버지 오래오래 사세요"라고 말하지 못하고 "아버지 조금만 더 살아주세요"라고 말하는 이 현실이 너무나 아프지만, 24년 전 야구를 하겠다고 졸라대던 아들의 바람을 들어주셨던 것처럼 이제는 훌쩍 커버린 33세 아들의 조금만 더 오래 살아주셨으면 하는 부탁을 들어주셨으면 좋겠다.

세상에 기적이 존재한다면 우리 아버지에게 일어났으면 좋겠다. 나에게는 가장 특별한 존재인 아버지, 조금만 더 오래 살아주세요. ⓒ 정한범

## 내 삶의 4명의 여인

어린 시절 우리 집에는 2명의 남자와 4명의 여인이 있었다. 여인 중 1명은 우리 어머니이시고, 나머지 3명은 우리 누나들이다. 누나들부터 소개하자면 막냇동생을 늘 어여삐 귀여워해 주고 나를 위해서 많은 것을 포기해주신 너무나 고마우신 분들이다. 특히 셋째 누님은 공부를 무척 잘했음에도 나의 지원을 위해서 대학을 포기하고 상업계 고등학교로 진학하였는데, 나로서는 감당하기 어려운 희생으로 지금의 나를 있게 한 누님들이시다. 그래서 나는 부모님은 물론이고

 나만 보면 늘 안쓰러워하시는 어머니는 지금도 내가 그 옛날 막내아들로 보이시는지 용돈을 주시곤 하신다. 나는 감히 그 기쁨을 빼앗고 싶지 않아서 기쁘게 받는다.

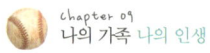

누님들에 대한 고맙고 미안한 마음이 언제나 가슴 한편에 남아 있고 프로선수가 된 이후로는 그 은혜를 갚기 위해 노력해 왔다.

또 다른 1명의 여인이신 어머니는 늘 다정다감하시며 행여나 잘못될까 늘 관심과 사랑으로 우리 4남매를 키워주신 분이다. 누구의 부모님처럼 자식을 강하게 키우기 위해 엄하게 하신 분은 아니셨지만, 나에게는 그 따뜻함이 오히려 나를 더욱 강하게 키워준 원동력이 되었다.

한 번은 미국에 있을 때 너무 힘들어서 집에 전화한 적이 있었다. 아버지께서는 워낙에 말이 없으신 분이라 대부분 통화는 어머니와 많이 했는데, 힘들어하는 나에게 어머니께서 이렇게 말씀하셨다.

"중근아, 힘들면 돌아와라."

외롭고 힘들어서 견디기 어려워하는 모습이 너무나 마음이 아프셨는지 어머니는 내가 어떤 곳에 있고, 이것을 견디면 어떤 보상이 따르는지에 대한 셈계산은 없는 채 그저 아들의 모습에 마음 아파했다. 그때 나는 마음이 약해지기는커녕 '아, 내가 아직 어머니에게 보여 드린 게 없구나!'라는 생각에 그날 이후 더 열심히 훈련하게 된다. 만약 어머니가 엄하게 꾸짖었으면 어린 나이에 오히려 나는 더 힘들었을지도 모른다.

나만 보면 늘 안쓰러워하시던 어머니는 내가 미국에 있는 동안 '아들을 미국에 팔았다'는 생각 때문에 죄스런 마음을 갖고 계셨다. 집안 형편만 좋았다면 굳이 미국까지 가지 않아도 될 텐데 가족들을 위해서 갔다고 생각하시면서 늘 미안해하셨다. 내가 어깨 부상을 당하고, 어깨 수술을 받은 것도 당신께서 아들을 미국으로 보내서 그런 거로 생각하셨다.

어머니는 내가 미국에 온 뒤에 받은 계약금을 보내드린 이후로 더 그런 생각을 하신 것 같았다. 당시 120만 달러에 계약했던 나는 미국에서 48%의 세금을 떼고 62만 달러 정도를 받아 그중 생활비를 제외한 40만 달러를 어머니에게 보내드렸다. 당시 마침 IMF로 환율이 1천800원까지 올라가 한국에서는 더 많은 가치가 있는 시기였다. 어머니는 보내드린 돈으로 이사를 하지 않고 굳이 살고 있던 단칸방의 집 땅을 사서 그 자리에 3층짜리 주택을 지으셨다. 그리고 1, 2층은 세를 주고 3층에서 사셨는데, 14년이 지난 지금도 그 집에 사신다.

그리고 지금도 그 집은 절대 안 판다고 말씀하신다. 아마도 내 어린 시절 여섯 식구의 행복한 추억이 담겨 있고, 막내아들이 성공해서 사준 첫 번째 집이기에 당신에게는 남다른 의미가 있나 보다. 세상 기준으로 보면 그 돈으로 더 괜찮은 데 투자했으면 지금 몇 배로 뛰었을 것이라며 비웃을 수도 있다. 하지만 그 집에는 일반적인 세상 가치로 따질 수 없는 우리 가족의 소중함이 담겨 있다.

언제나 알뜰하시고 절약하시는 어머니는 지금도 내가 그 옛날 막내아들로 보이시는지 용돈을 주시곤 하신다. 내가 생활이 어려워 보여서 그런 것은 아닐 테고, 그냥 주고 싶어서일 것이다. 세상의 모

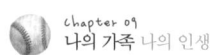

든 어머니가 그렇듯이 말이다.

그래서 나는 어머니가 모아주시는 그 용돈을 기쁘게 받는다. 감히 어머니의 그 기쁨을 빼앗고 싶지 않아서다. 물론 다양한 방법을 통해 다시 어머니에게 돌려드리려 하지만 언제나 어머니는 다시 내어놓으시곤 하신다. 길고 긴 두 번의 재활 과정을 지켜보신 어머니는 지금도 나만 보면 "아픈 데 없니?"라고 물으시며 걱정하신다. 머리에 백발이 들어도 자식은 늘 아기 같다고 했던가? 어머니에겐 190cm에 93kg의 거구인 내가 그렇게 보이나 보다.

아픈 아버지와 아들딸 걱정 때문에 하루도 맘 편한 날이 없으셨을 텐데, 이제는 정말 호강시켜드리고 싶다. 어머니께는 "오래오래 사세요"라고 할 수 있어서 다행이다. 어머니가 제게 주신 은혜를 다 갚을 수야 없겠지만, 영원한 막내아들 중근이가 늘 어머니 곁에서 재롱떨고 재미있게 해드릴게요.

"어머니, 사랑합니다."

## 미리 보는 야구 뉴스

나는 야구밖에 할 줄 아는 게 없다. 열심히 야구를 했고 나를 위해서 가족을 위해서 야구로 성공하고 싶었다. 결국, 야구를 통해 부와 명예를 얻었다.

　세상에 자기가 하고 싶은 일을 하면서 살아가는 사람이 몇이나 될까? 하지만 이런 생활을 얼마나 지속할 수 있을까? 야구선수의 생명은 길지 않다. 현역으로는 길어야 40대 초반이 한계점이다. 그렇다면 나에게는 7년 정도의 시간이 남았다. 그래서 나의 나머지 야구 인생의 포트폴리오를 만들어 봤다. 앞으로 야구선수로서 꼭 이루고 싶은 나의 바람들을 정리해본다.

### 마무리로서 성공, 그리고 LG 우승

　올해부터 나는 마무리투수로 보직을 전향하였다. 팀의 요구도 있었지만, 나이와 나의 몸 상태를 고려한 결정이었다. 두 번의 수술을 겪은 나로서는 늘 부상의 위험이 있어서 선발로는 아무래도 불안한 게 사실이었다. 많은 야구인도 나에 대해 늘 하는 말이 '부상 없이'였다. 그래서 좀 더 오래 야구를 하고 싶은 생각에 그런 결정을 했다. 지금의 계획이라면 목표한 대로 마무리투수로서 부상 없이 오랫동안 선수생활을 하고 싶다. 그 옛날 김용수 선배님과 이상훈 선배님이 하셨던 것처럼 철벽 마무리로서 팀의 승리를 지켜주고 싶다.

　그리고 더 나아가서 2013년 시즌에는 팀의 세 번째 한국시리즈 우승을 만들고 싶다. 아마도 나뿐만 아니라 모든 LG 팬들의 소망일 것이다. LG가 세 번째 우승하는 날 나는 잠실구장 마운드에서 아이

돌 그룹의 춤을 추며 그 기쁨을 만끽할 것이다. 나의 약속을 기억하는 LG 팬들은 그날 나와 함께 춤출 수 있기를 바란다.

그리고 기회가 된다면 미국 야구는 경험해봤으니 일본 야구를 경험해보고 싶다. WBC와 같은 단기전이 아닌 오랜 시간 동안 그들 속에서 한국 야구의 수준, 내 야구의 수준을 가늠해보고 싶다. 일본에서 철벽 마무리로 명성을 날린 선동열 감독님이나 임창용 선배님처럼 나도 최고의 마무리투수로서 인정받고 돌아오고 싶은 생각이다.

2013년 시즌에는 팀의 세 번째 한국시리즈 우승을 만들고 싶다. 나뿐 아니라 모든 LG 팬들의 소망일것이다. (사진 출처 - LG 트윈스)

### 타자 봉중근

늘 이야기하지만 타자는 지금도 미련이 남는 부분이다. 그래서 꼭 은퇴하기 전에 1년 정도는 타자로서 시즌을 치르고 싶다. 물론 쉬운 일은 아닐 것이다. 구단의 배려와 나의 지독한 노력이 있어야 가능한 일이다.

타자 봉중근에 대한 미련을 가지고 계시는 고마운 팬 분들과 지금도 배트 꾸러미를 안겨주면 베이브루스가 될 수 있다는 믿음을 가지고 계시는 빌 클라크 선생님을 위해서 전문가들의 의견을 물어 타자 봉중근의 가상 기록을 만들어 보았다. 상상력에 의한 기록일 뿐이니 가볍게 웃으면서 즐기길 바란다. 가끔 구단 팬 행사에서 보여주었던 타자 봉중근의 닉네임 '봉필립'의 기대 성적은 다음과 같다.

> 타율 0.280 / 홈런 12~15개 / 도루 20개 / 삼진 80개/ 400타수 / 포볼 65개

### 영구결번식

영구결번은 선수에게는 대단한 영광이며, 구단에게는 전설적인 프랜차이즈 스타를 배출했다는 자부심이다. 영구결번을 받기 위해서는 좋은 성적도 중요하지만, 꾸준히 한 구단에서 선수생활을 이어가는 게 더 중요하다. 팀을 자주 바꾸는 선수라면 아무래도 팬들이나 구단 입장에서 아무리 성적이 좋아도 영구결번을 하기엔 자격 조

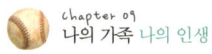

건에서 문제가 발생하기 때문이다.

지금까지 LG 트윈스의 영구결번은 단 1개만 배출되었으며, 그 주인공은 투수 김용수 선수의 41번이다. 그는 선발과 마무리를 오가며 팀을 위해 활약하였는데 프로야구 최초로 100세이브-200승이라는 금자탑을 쌓았다. 그의 통산 기록은 126승 89패 227세이브로 MBC 청룡 시절부터 LG 트윈스까지 팀이 필요한 곳이라면 어느 자리를 마다치 않고 활약한 우리나라 역사상 최고의 투수 중의 하나이다.

내 등번호가 영구결번이 되기 위해서는 최소 200세이브 이상을 올려야 하는데, 한국에서 지금까지 내 성적이 39승 26세이브 38패니까…… 앞으로 1년에 40세이브씩 7년 정도를 하면 될 것 같은데, 그렇게 되면 306세이브니까 세이브 점수로도 영구결번을 시켜주지 않을까? 쉽지 않겠지만, 뭐 꿈은 원래 크게 꿀수록 좋은 거니까!

### 클럽 야구단 창단

한국 야구는 학원 야구 중심으로 구성되어 성적 위주의 운영이 최대 문제로 꼽히고 있다. 이런 과정에서 몇몇 잘하는 선수들의 혹사 문제는 어제오늘의 이야기가 아니다. 최근에는 연일 경기를 지양하고, 주말 리그제를 도입하고, 투수의 연투를 막는 규칙을 만들긴 했지만, 여전히 투수들의 혹사 문제는 개선되지 않고 있다. 올해 LG에 입단한 10명의 신인 투수 중에 8명이 어깨, 팔꿈치, 근육 등에 문제가 있었다는 것만 봐도 아직 우리나라 야구 인프라와 시스템에 여러 가지 문제가 있다는 걸 말해주고 있다.

이러한 문제는 최근 활발하게 확장되고 있는 클럽 야구 시스템으로 많은 부분 해소될 거라고 본다. 일단 야구가 사회인체육의 하나로 자리 잡는 계기가 될 것이며, 이러한 인프라를 통해서 우수한 자원 발굴이 쉬워질 테고, 결과적으로는 우리나라 야구 경쟁력이 향상되는 결과를 낳으리라 기대된다.

야구하면서 가장 안타까웠던 일들이 실력은 있지만 제도에 막혀 대학을 못 가거나, 졸업 후에 프로 입단이 좌절되면서 하루아침에 자신이 할 일을 잃어버리는 선수들을 보는 것이었다. 이를 막기 위해 클럽 기반의 야구 인프라와 학업과 야구를 병행하는 시스템이 정착된다면 야구가 아니면 아무것도 할 수 없는 반쪽짜리 어른을 만드는 일이 상당 부분 줄어들 것이다.

많은 사람이 학원 야구 시스템이 무너지면 지금의 야구 경쟁력을 유지할 수 없다고 말한다. 하지만 그 외의 인프라가 다양해져서 재능 있는 인재의 발굴이 쉬워지면 오히려 야구 경쟁력은 높아질 거로 생각한다. 야구만 하는 우리나라나, 학업을 병행하는 미국이나 어차피 프로에 가면 최소 2~3년간의 훈련이 필요하고, 최종적으로 야구를 직업으로 선택한 단계에서부터 전력으로 노력해도 늦지 않다는 게 나의 생각이다. 그래서 그런 사회 인프라의 시작을 위한 지역 기반의 클럽 야구단 창단은 내가 욕심내는 일 중의 하나이다.

에필로그

# 뜯어진 실밥을 꿰매며

어느덧 26년이라는 세월 동안 나와 함께 한 야구…….
선배들의 땀 냄새가 좋아 시작했던 야구는 오랫동안 간직해온 상자에서 갓 꺼내온 하얗고 깨끗한 야구공처럼 순진하던 한 소년을 청년으로 만들었고, 아들을 아버지로 만들었다.

내가 마냥 좋아서 던졌던 공이 이제는 나를 바라보는 사람들을 위해 던지게 되었고, 나를 웃게 했으며, 눈물 나게 했고, 세상 그 누구보다 더 행복한 사람으로 만들었다. 한편으론 한없는 외로움과 고통을 주기도 해서 이제는 내가 그토록 좋아하던 야구공의 실밥처럼 굵직한 흉터가 2개나 생겨 점점 더 야구공을 닮아가게 되었다.

　지인들과 함께 내가 닮아버린 실밥 터진 야구공의 우스꽝스러운 모습에 빗대어 농담처럼 시작한 야구로 얽히고설킨 여러 사람의 이야기를 하다 보니 나와 이 글을 읽는 당신이 잠시나마 하나의 공간에 있는 듯한 느낌을 갖게 된다. 더불어 야구를 통해 웃음과 눈물을 나눌 수 있다는 점에서 나는 정말 행복한 사람이라는 생각을 해본다. 나에게 야구선수로서의 시간이 얼마나 남았는지는 알 수 없지만, 그 시간이 끝나면 나 역시 당신처럼 야구를 사랑하는 팬으로 내가 지

나온 길을 걸어올 후배들에게 응원의 박수와 환호를 보낼 것이다.

지난 11월 5일 하늘나라로 가신 나의 영원한 나의 든든한 버팀목이었던, 이제는 하늘에서 막내아들을 응원해 주실 아버지를 기억하며, 가슴 시리도록 허전한 나의 빈자리를 이전보다 더 따뜻한 사랑으로 채워주고 있는 어머니와 아내 박경은, 그리고 나의 아들 하준이와 딸 하영이에게 사랑한다고 말하고 싶다.

그리고 내가 야구를 하는 동안 이끌어주신 여러 감독님, 선배님들과 모든 동료 선수들, 그리고 지난 2년간 친형처럼 함께해준 Playades 정한범 대표님께 고마운 마음을 전하고 싶다.

마지막으로, 야구를 사랑해 주시고 넘치는 관심과 응원을 보내주신 많은 분께 다시 한 번 진심으로 감사의 인사를 드린다.

고맙습니다.

2012년 12월

봉중근

**초판 1쇄 인쇄** 2012년 12월 14일
**초판 1쇄 발행** 2012년 12월 21일

**지은이** 봉중근·최종선
**일러스트** 양세준 yangsejun.com
**촬영** 코즈 스튜디오 / 포토그래퍼 천상만
**펴낸이** 이범상
**펴낸곳** (주)비전비엔피·이덴슬리벨

**기획 편집** 고은주 박월 노영지
**디자인** 최희민 김혜림
**영업** 한상철
**관리** 박석형 이다정
**마케팅** 이재필 한호성 김희정

**주소** 121-894 서울특별시 마포구 잔다리로7길 12 (서교동)
**전화** 02)338-2411 | **팩스** 02)338-2413
**이메일** visioncorea@naver.com
**블로그** blog.naver.com/visioncorea

**등록번호** 제313-2009-96호

**ISBN** 978-89-91310-46-9 13690

· 값은 뒤표지에 있습니다.
· 잘못된 책은 구입하신 서점에서 바꿔드립니다.

이 도서의 국립중앙도서관 출판시도서목록(CIP)은 e-CIP홈페이지(http://www.nl.go.kr/ecip)와 국가자료공동목록시스템 (http://www.nl.go.kr/kolisnet)에서 이용하실 수 있습니다.(CIP제어번호: CIP 2012005656)